메시아닉 유대인이 말하는

여호와의 절기

갈보리에서
메시아 왕국에 이르는
하나님의
예언적 시간표

케빈 하워드, 마빈 로젠달 지음 | 박철수 옮김

Brad Books

값으로 매길 수 없는 내 마음의 여인, 나의 아내 쉐리에게
주께서 당신에게 언제나 룻과 에스더의 은총을 주시기를.

나의 아들 벤자민과 제라드에게
주께서 에브라임과 므낫세처럼(창 48:20) 축복하시기를.

이스라엘의 남은 자들에게
"남은 자 곧 야곱의 남은 자가
능하신 하나님께로 돌아올 것이라"(사 10:21)는
말씀이 우리 시대에 이뤄지길 바라며….

목차

감사의 글 · 006
이스라엘의 성전 · 007

절기에 관한 개론

1장 봄의 절기 · 009
2장 가을의 절기 · 031
3장 유대인의 시간 · 045

레위기 23장의 절기들

4장 유월절 · 069
5장 무교절 · 095
6장 초실절 · 109
7장 샤부옷-칠칠절 · 131
8장 로쉬 하샤나-나팔절 · 153
9장 욤 키푸르-대속죄일 · 177
10장 수콧-초막절 · 203

부가적 규례

11장	티샤 바브-다섯째 달의 금식	• 227
12장	하누카-수전절, 헌신의 절기	• 239
13장	부림절-제비뽑기의 절기	• 269
14장	희년	• 295

유대인의 명절 시간표 • 309
참고문헌 • 310

감사의 글

이 책이 출간되기까지 주께서 주신 재능과 혼신의 노력을 기울여 준 특별한 친구들에게 감사의 인사를 전한다.

흥미진진한 책의 배열과 다채로운 삽화로 책에 활기를 불어넣어 준 톰 알렌(Tom Allen), 주목해야 할 수많은 본문 내용을 섬세하게 교정해 준 제니스 윌스(Janice Wills)와 존 숀필드(Jon Schoenfield), 그리고 창조적인 표지 디자인으로 시간 개념과 유대 문화(yiddishkeit)를 매력적으로 보여 준 데이비드 로젠달(David Rosenthal)에게 야곱의 하나님께서 우리 수고의 열매를 기뻐하시길 바랍니다.

여호와는 크신 하나님이시요 모든 신들보다 크신 왕이시기 때문이로다(시 95:3)

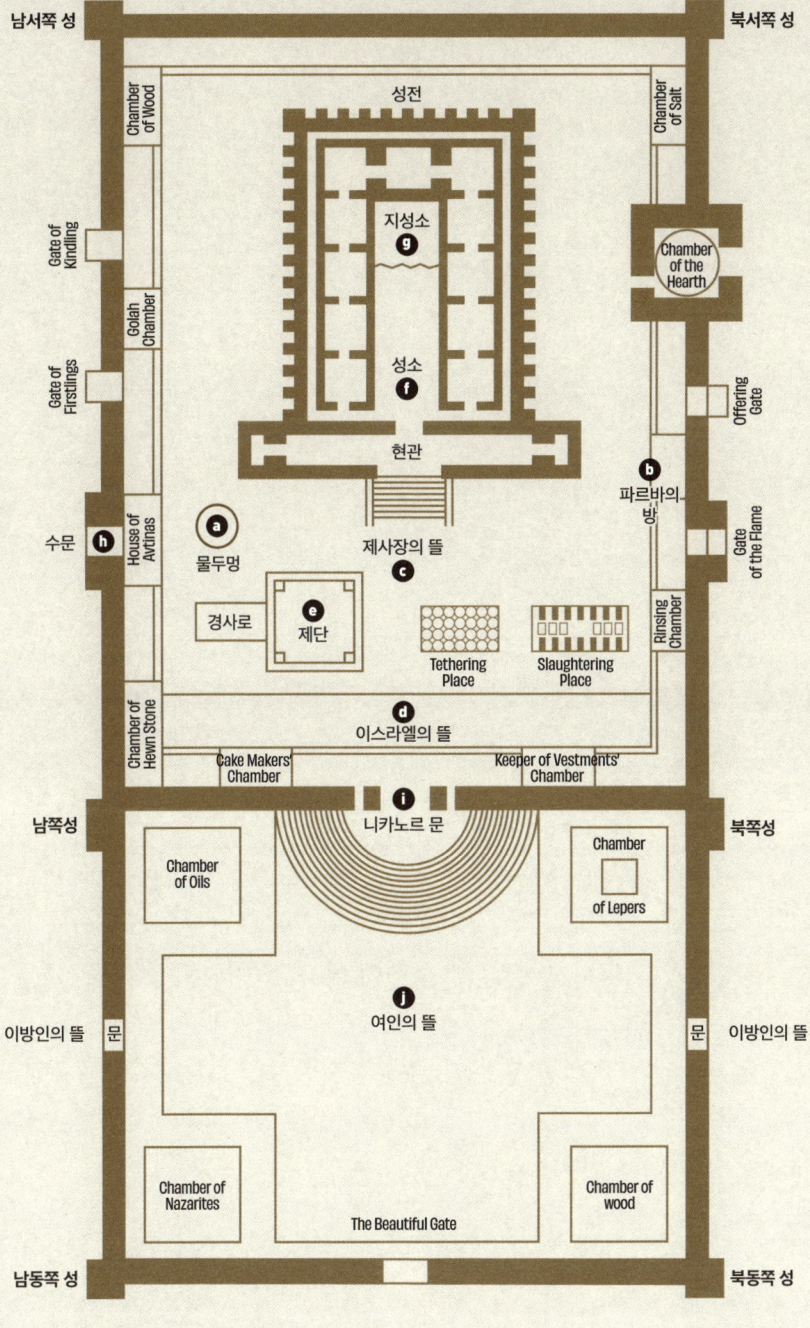

이것이 너희가 그 정한 때에 성회로
공포할 여호와의 절기들이니라(레 23:4)

1장

봄의 절기

마빈 로젠달

세상 사람들은 명절(holidays)을 지킨다. 아마도 세상에 특별한 축제의 날이 없는 나라는 없을 것이다. 심지어 원시 사회를 이루어 사는 이들에게도 축제는 있다. 명절은 종종 중요한 정치적 사건들을 기념한다. 국가적 영웅들의 출생일을 기념하기도 하고 그저 종교적 신념과 미신을 지키기 위해 수시로 고안하기도 한다. 전 세계적으로 사람들은 매년 수많은 명절을 지키고 있다.

이와는 아주 대조적으로 영원하신 하나님은 오직 일곱 절기를 제정하셨다. 인간이 특별한 축제의 날을 지정하는 것은 부적절하지는 않지만, 그 중요성에 있어서 하나님께서 제정하신 일곱 절기와 비교할 수 없다. 일곱 절기는 구약과 신약, 곧 성경 전반에 걸쳐 다루고 있는데 오직 레위기 23장에서만 시간 순서에 따라 일곱 절기를 기록하고 있다.

우리는 이 일곱 명절을 '여호와의 절기'라고 부른다. 이 표현은 이 절기들이 하나님의 절기임을 보여 준다. 인간의 명절과는 대조적으로 이 절기들은 하나님께 속한 것이다. 문자 그대로 "여호와의 절기들"(레 23:4)이다. 인간은 오직 그분의 말씀과 초청에 따라 절기에 참석할 수 있고 혜택을 누릴 수 있다.

'절기(feasts)'로 번역된 히브리어는 '약속된 시간(appointed times)'이라는 뜻이다. 핵심은 각 절기의 배열과 시간을 하나님께서 친히 신중하게 조직하셨다는 점이다. 각각의 절기는 전체의 한 부분이고, 종합적으로 하나의 이야기를 하고 있다. 또한 '성회(holy convocations)'라고도 부르는데 '거룩한 목적'을 위해 하나님과 사람이 만나는 시간이기 때문이다. 여호와의 일곱 절기는 '거룩한 목적'을 위한 '약속된 시간'이기 때문에 아주 신성하고 엄숙한 것이다. 이 절기들에 관해 강조해야 할 중요한 것들이 있다.

첫째, 여호와의 일곱 절기는 히브리 국가에 주어진 것이다. 유대 민족은 하나님의 언약 백성이다.

둘째, 일곱 절기는 이스라엘의 봄과 가을의 농경기와 관련이 있다. 절기를 제정했을 당시 이스라엘은 농경 국가였다. 절기 안에 있는 농경적 특성은 오늘날까지 남아 있다.

셋째, 일곱 절기의 시간은 대략 1년을 354일로 계산하는 유대의 월력(月曆, 음력)에 토대를 두고 있다. 현대의 유대력은 1년의 부족분을 채우기 위해 (19년마다 7번씩) 주기적으로 13번째 달이 있다. 그렇게 하지 않으면, 유대력에서 겨울의 달들은 여름에 일어나며 여름의 달들은 겨울에 발생한다. 이러한 이유로 일곱 절기는 양력(Gregorian calendar)의 날짜와 잘 맞지 않는다.

넷째, 근본적으로 일곱 절기는 주님의 구속사의 중요한 사건들에 대한 순서와 시간과 중요성을 전형적으로 보여 준다. 이 절기들은 예수님께서 자발적으로 세상 죄를 위해(유월절) 자신을 드린 갈보리에서 출발해서 메시아의 재림(초막절) 때 이루어질 메시아 왕국의 설립에 절정을 이룬다. 이 약속된 절기들이 메시아의 삶에 일어난 특별한 사건들과 일치하도록 만들기 위해 어떠한 인위적 제한을 하거나, 본문을 훼손하거나, 진리를 조작할 필요가 전혀 없다.

다섯째, 이 절기들이 명백하게 가리키는 것이 메시아 안에서 성취된다는 영적인 실상 때문에 원근 각처의 모든 사람은 합당한 지위를 얻게 되었다. 모든 인간은 하나님과의 '만남'을 가질 수 있는 초청장을 받았고 일곱 절기가 정확히 알려 주는 축복을 누리게 되었다. 이런 자비로운 초청을 거절하는 것은 어리석은 일이다.

여섯째, 하나님께서 이스라엘을 위해 정하신 절기 안에 담긴 축복을 이방인들과 같이 누리는 것은 놀라운 일이 아니다. 이것은 족장 아브라함과 맺은 하나님의 조건 없는 언약과 일치하며 그 언약의 핵심은 이것이다. "네 씨로 말미암아 천하 만민이 복을 받으리라"(창 22:18). 메시아께서 친히 가르쳐 주셨다. "이는 구원이 유대인에게서 남이라"(요 4:22). 이스라엘과 교회는 각기 독특한 약속을 받은 독특한 독립체. 하지만 진정한 교회가 지금 누리는 모든 축복과 교회가 기대하는 모든 소망은 하나님께서 이스라엘과 맺은 아브라함의 언약과 다윗의 언약과 새 언약에 기인하고 있다. 이스라엘과 교회는 아주 가까운 관계다. 따라서 이방인들이 메시아를 통해 성취된 축복과 절기가 주는 축복을 누릴 수 없다고 생각해서는 안 된다.

여호와의 일곱 절기보다 더 큰 관심을 가져야 할 주제는 없다. 우리는 이 주제의 중요성에 대해 한 번 더 잘 생각할 필요가 있다. 왜냐하면, 이 일곱 절기는 메시아의 온전한 구속의 업적을 묘사하기 때문이다.

'7'은 완벽함과 완성을 뜻하는 성경의 숫자다. 세상을 창조하신 하나님은 일곱째 날 안식하셨다. 하나님께서 힘들고 피곤해서 쉬신 것이 아니다. 전능함에는 피곤함이 없기 때문이다. 하나님은 전능하시다. 오히려 하나님은 완성과 만족의 관점에서 안식하셨다. 하나님께서 창조하신 것은 선하고 흡족했다. 한마디로 부족함이 전혀 없었다. 그래서 그분은 일곱째 날 안식하셨다.

- 매주 일곱째 날 이스라엘의 자녀들은 하나님의 창조 안식의 패턴을 따라 안식일의 쉼을 지켜야 했다. 그들은 모든 노동을 멈추고 쉬어야 했다(출 16:23, 30).
- 성경에 따르면, 매년 일곱째 달은 특별히 거룩하다. 그달에 가을 절기를 지키기 때문이다(레 23:24, 27, 34).
- 이스라엘은 국가적으로 7년마다 땅을 경작하지 말라는 명령을 받았다. 이는 땅의 안식을 위해서였다(레 25:4).

- 7년을 7번 계산한(49년) 그다음 해(50년)는 희년으로 지켜야 했다. 그해에는 모든 빚을 탕감해 주고 모든 노예는 자유를 얻는다(레 25:8-12).
- 하나님께서 구속의 목적을 성취하고 완성하기 위해 유대 민족에게 일흔 이레(70×7)의 기간을 정하셨다(단 9:24-27).
- 요한계시록은 이 시대의 완성을 기록한다. 계시록은 숫자 7을 50회 이상 사용한다. 중요한 점은 요한계시록이 일곱 인, 일곱 나팔, 일곱 대접을 중심으로 돌아가고 있다는 것이다(5:1, 5, 6:8-9, 11:15-19, 15장, 16장).

그렇다면 여호와의 일곱 절기는 '약속된 시간'이며 이 기간에 하나님은 거룩한 목적을 위해 사람들과 만나실 것이다. 그것이 완성되면 일곱 절기는 이 시대를 승리의 종말로 인도하고, 다가올 '황금 시대(Golden Age)'로 인도할 것이다. 그 시대가 되면 모든 사람은 자신의 무화과나무 아래에 앉게 될 것이다(미 4:4). 이 개념은 지루함이나 창조성과 활동의 결핍이 아닌 완성과 만족을 의미한다. 그날이 오면 마음에 소원하는 모든 좋은 것을 취하게 될 것이다.

일곱 절기 중 네 절기는 봄에 있다. 이 절기들의 성취는 진리를 강조하기 위해 일상용어로 쉽게 표현하면, '다 끝난 일'이다. 달리 말하면, 히브리 성경에 있는 여호와의 절기 중 봄의 네 절기는 메시아 안에서 이미 성취되었다. 그런 면에서 우리는 되돌아보며 다시 살펴볼 수 있다. 그것은 역사다. 그 일은 2천 년 전에 일어났다. 그럼에도 불구하고 영적인 혜택은 현재까지 지속되고 있다.

마지막 세 절기는 매년 가을 히브리력으로 티쉬리(Tishri, 9~10월)월의 짧은 기간에 있다. 처음 네 절기는 메시아의 초림과 관련된 사건들을 묘사하고, 마지막 세 절기는 그분의 재림과 관련된 특별한 사건들을 묘사한다. 비록 이 사건들을 문자적 성취라는 관점에서 보면 여전히 미래의 일이다. 하지만 미래의 축복이라는 관점에서 보면 성경적 믿음은 오늘 그것을 붙잡고 살 수 있도록 돕는다. 마지막 세 절기는 소위 성경이 말씀하는 '복된 소망'의 토대를 제공한다(딛 2:13).

이번 장에서 살펴볼 봄의 네 절기는 열아홉 개의 짧은 성경 구절 안에 요약되어 있다(레 23:4-22).

유월절

첫 번째 '여호와의 절기'는 유월절이다(레 23:5). 유월절은 토대를 이루는 절기다. 이후의 여섯 절기는 모두 유월절 위에 세워진다.

유월절은 매년 봄 히브리력으로 니산월(Nisan, 3월/4월) 14일에 있다. 이때 대부분의 대학은 새 학기를 시작하고 회사는 새 회계연도를 시작한다. 유월절이 있는 달에 이스라엘의 종교력이 시작된다.

모세 시대 이래로 유대 민족은 매년 유월절을 지켜왔지만, 사실

단 한 번의 유월절만 있었다. 그것은 3천5백 년 전 이집트에서 시작되었다. 그 당시 어린양 한 마리를 잡아 그 피를 집 문설주와 인방에 발라야 했다. 하나님의 이 명령을 믿음으로 순종했을 때 그 집은 '넘어갔고(pass over)' 장자의 목숨을 지킬 수 있었다. 그 후 수 세기에 걸쳐 지켜 온 의식들은 단 한 번뿐인 첫 유월절을 기념하는 것이었다.

이와 정확히 동일하게 메시아의 육체가 못박히고 세상 죄를 위해 그분의 피가 갈보리 십자가에 뿌려진 사건 역시 단 한 번뿐이었다. 성찬식은 그 한 번의 중대한 사건에 대한 지속적인 기념이다.

유월절로 이끄는 사건은 모든 성경의 사건들 가운데 가장 극적인 상황 속에 발생했다.

이스라엘 자손은 이집트의 노예였고 바로는 냉혹한 감독자였다. 히브리인들에게는 소망이 없었다. 이때가 하나님께서 타오르는 떨기나무 가운데 모세에게 말씀하신 역사적인 순간이었다. 그곳은 사막이었고 떨기나무는 메말라 시들어 있었다. 이런 가시덤불이 빨리 타는 것은 지극히 자연스러운 것이지만 이 경우는 달랐다. 떨기나무에 불이 붙었지만 소멸하지는 않았다(출 3:2). 모세가 몸을 돌려 이 비범한 광경을 바라보는 것은 이상한 행동이 아니었다. 불타는 떨기나무에서 하나님은 그분의 종에게 말씀하셨다.

불타는 떨기나무는 이스라엘을 예표한다. 수 세기 동안 이스라엘은 사탄의 맹렬한 분노의 불꽃을 경험했다. 그것은 종종 격렬한 반유대주의 형태로 나타났고 이스라엘을 불태웠다. 하지만 이스라엘은 소멸하지 않았다. 하나님께서 모세에게 불타는 떨기나무 가운데 말씀하신 것처럼 그분은 세상 사람들에게 이스라엘의 불같은 시련 가운데 말씀해 오셨다. 인간을 향한 하나님 말씀의 보관소는 오직 이스라엘뿐이었다. 성령으로 거듭나 말씀을 선포한 거룩한 하나님의 사람들은 다름 아닌 유대인들이었다.

하나님은 이집트에서 고통받는 자기 백성을 보셨고, 도움을 간구하는 그들의 부르짖음을 들으셨으며, 그들의 근심을 안다고 모세에게 말씀하셨다. 그리고 이제 이집트의 속박에서 그들을 건져 약속의 땅으로 인도하기 위해 내려오고 계셨다(출 3:7-8).

그 당시 히브리인들은 조직을 갖추지 못한 족속이자 교육받지 못한 노예였다. 그들은 국민의 정체성을 전혀 알지 못했다. 이 일은 시나이산에 가서야 비로소 일어났다. 그들의 손톱 밑과 머리카락 속에는 이집트 역청 채굴장의 진흙이 묻어 있었다. 흠모할 만한 것이 본질적으로 전혀 없는 이 볼품없는 노예들은 여러 해 동안 모든 것을 가졌지만 그들의 하나님을 망각하고 있었다. 저급한 신들, 인간의 생각으로 그려낸 신들, 나무와 돌로 만든 신들은 그들에게 아무 영향력도 없었다. 야곱의 자손들은 그들의 하나님께 충성하지 않았다.

하나님은 그들에게 아무 빚도 없으시고 그 누구의 채무자도 아니라고 반박할 사람들도 있을 것이다. 하지만 그분은 진실하고 살아 계신 하나님이며 아브라함과 이삭과 야곱의 하나님이셨다. 하나님은 그들의 자손이 바닷가 모래알처럼, 하늘의 별처럼 헤아릴 수 없도록 만들어 주겠다고 단단히 약속하셨다. 하나님은 언약을 지키시는 분이다. 그분이 말씀하신 것은 권능의 오른손으로 실행하신다. 그 당시 히브리인들이 매력도 없고 흠모할 만한 것이 없어도 그들은 여전히 그분의 백성이었다. 하나님은 그들의 고통을 아셨고, 하나님의 계산대로 4백 년이 넘는 이집트 생활을 마친 후 '짐을 싸 본향으로 향할' 때가 된 것이다.

세실 B. 데밀(Cecil B. deMille)이 당시 최고의 촬영 기술과 특수효과로 만든 고전 영화 〈십계〉조차 출애굽 사건을 실제보다 더 과장해서 만들지 못했다. 오늘날 누군가가 최첨단 기술을 동원해서 〈십계〉를 리메이크할지라도 출애굽의 기적을 사실보다 더 과장해서 표현하지는 못할 것이다.

영원하신 하나님께서 역사하셨다. 그분은 바로의 마음을 완고하게 하셨고 바로는 이스라엘 자손을 가만히 가도록 내버려 두지 않았다. 그리고 재앙 위에 재앙이 우상숭배의 땅 이집트를 향해 아주 정확하게 임했다. 각각의 재앙은 이집트의 신들을 겨냥했고 마지막으로 어린양을 잡지 않거나 그 피를 바르지 않은 이집트 모든 가정의 장자는 죽고 말았다. 이 마지막 재앙은 바로의 왕궁조차 피할 수 없었다. 이집트의 바로는 신으로 숭배되었기 때문에 결국 신의 아들이 죽은 것이었다.

절망에 빠진 바로는 마침내 이스라엘 자손을 내보내기로 했다. 주의 종 모세의 지도 아래 백만 명 이상의 노예들이 그들의 모든 소유물을 가지고 이집트의 스핑크스를 지나 광야로 행진해 나갔다. 이 얼마나 놀라운 광경인가! 백만의 해방된 노예들이 의기양양하게 사막을 향해 행진해 나갔다. 대부분의 고대 도시들과는 달리 이집트를 둘러싼 거대한 장벽은 없었다. 그럴 필요가 전혀 없었다. 사람이 살 수 없는 사막은 최고의 방호벽이었다. 히브리인들 곧 남자, 여자, 어린이 그리고 가축까지 곧장 사막으로 뛰어들었다. 식수와 음식과 거처와 옷 같은 생존을 위한 필수품은 어디서 구할 것인가? 그들은 어디로 가는지, 어떻게 목적지에 다다를 수 있는지 알지 못했다. 하지만 모세는 그들을 인도하시는 분을 알고 있었다. 그들은 홍해를 건넜고, 40년간 광야를 배회했으며, 마침내 여호수아의 지휘 아래 약속의 땅으로 들어갔다.

3천5백 년 전 이집트에서 벌어진 일들을 묘사하기 위해 사용할 수 있는 무수한 단어 가운데 이 한 단어보다 더 잘 어울리거나 함축적인 단어는 없을 것이다. 바로 구속(Redemption)이다. 그 사건은 실재였고, 그 기적은 진짜였다. 이 모든 일은 이집트의 모든 신보다 더 위대하신 히브리인들의 하나님께서 일으키셨다.

잡다한 족속으로 구성된 노예들은 진실하고 살아 계신 하나님을 경배하고 섬기기 위해 구속함을 받았다. 하지만 놀라운 구속은 공짜가 아니었다. 그들의 구속을 보장하기 위해 고귀한 피를 흘려야만 했다.

이집트에서 희생된(한 가정에 한 마리씩) 모든 양은 세상 죄를 지고 가신 유일하고 진실한 하나님의 어린양이었다(요 1:29). 고린도 교회에 보낸 편지에서 바울 사도는 항상 '우리의 유월절(our Passover), 그리스도께서 우리를 위해 희생하셨다'는 점을 강조했다(고전 5:7). 그분은 무덤까지 자신을 낮추셨다.

무교절

하나님께서는 유월절 다음날, 히브리력 니산(Nisan)월 15일을 또 다른 절기의 시작으로 정하셨다. 바로 '무교절'이다. 이 절기는 7일간 지속되었다. 첫째 날 저녁과 일곱째 날 저녁에는 하나님과 사람이 만나는(성회) 시간을 가져야 했다. 유월절과 무교절은 서로 긴밀하게 연결되었기 때문에 후대의 유대 민족은 이 둘을 하나의 절기로 지켰다.

어린 시절에 겪었던 일 중 아직도 생생하게 기억나는 일이 있다. 정통 유대인인 나의 할머니는 무교절을 준비할 때 모든 방의 손이 잘 닿지 않는 곳에 빵부스러기(누룩/효모)를 뿌려 놓으셨다. 그런 다음 집 안 곳곳을 다니며 (얼마 전 할머니가 집 안 곳곳에 뿌린) 빗자루와 쓰레받기로 그 누룩 부스러기들을 쓸어서 부엌으로 모으셨다. 그리고 쓰레받기에 담은 빵부스러기를 집 밖에서 불태우셨다. 전 세계에 흩어져 살고 있는 유대인 가정은 이 고대의 전통을 지금까지도 한결같이 지키고 있다. 〈지붕 위의 바이올린〉(미국에서 제작된 노만 제이슨 감독의 1971년 뮤지컬 영화다. 1905년 러시아 우크라이나 지방의 작은 유대인 마을에서 우유가공업으로 생계를 유지하는 가난하지만, 신앙심이 깊은 테비에와 그의 가족의 이야기를 다루었다-역주)에 나오는 대사처럼 그것은 '전통'이었다.

성경에서 누룩은 오류나 악을 상징하고 발효를 일으키는 촉매제다. 주님께서 제자들에게 말씀하셨다. "바리새인의 누룩(잘못된 교리)을 주의하라"(마 16:6, 11, 막 8:15). 또한 바울 사도는 고린도 교회에 발생한 판결하지 않은 죄의 문제를 다루는 상황 속에서 다음과 같이 경고했다. "적은 누룩(효모)이 온 덩어리에 퍼지(발효)느니라"(고전 5:6). 다루지 않고 방치한 죄는 결국 스며들어 모든 것에 영향을 준다.

메시아는 유월절에 십자가에 달리셨다. 로마의 사형집행관들에게 유대인의 명절에 악랄한 짓을 하는 것은 전혀 문제가 되지 않았다(마 26:5). 십자가에서 내려진 그분은 유대인의 전통을 따라 즉시 매장되었다. 그분의 시신은 다른 사람의 무덤에 안치되었는데 바로 아리마대 사람 요셉의 장지였다. 다른 시신들과는 다르게 그분의 몸은 무덤에서 썩지 않았다. 그분의 육신은 부패하지 않았다. 예수님의 몸은 인간이 흙으로부터 왔으니 흙으로 돌아가라는 신성한 명령(창 3:19)에서 면제되었다. "이는 내 영혼을 음부(하데스, 스올)에 버리지 아니하시며 주의 거룩한 자로 썩음(무덤 속에서의 부패)을 당하지 않게 하실 것임이로다"(행 2:27, 비교 시 16:10).

만일 유월절이 갈보리에서의 주님의 죽음을 말한다면(사실 아주 명백하다), 무교절은 그분의 육체가 무덤에 있는 동안 죽음의 파멸을 경험하지 않으셨다는 것을 선포한다.

초실절

세 번째 절기는 7일간의 무교절 둘째 날에 시작된다. 이를 가리켜 '초실절'이라고 부른다. 유월절은 니산월 14일이며 무교절의 첫날은 15일이다. 그리고 유대인의 계산에 따르면, 초실절은 히브리력 니산월 16일이다. 겨울에 심은 보리의 추수는 봄에 시작된다.

첫 수확한 곡식단(열매)은 조심스럽게 미리 정해진 세심한 의식을 따라 주님께 바쳐졌다. 주님께서 첫 열매를 받으시는 것은 모든 수확물 중 그분의 몫에 대한 '약조금' 혹은 서약이다. 초실절의 중요성은 다른 절기들처럼 조금도 의심하거나 의문을 가질 필요가 없다.

고린도 교회에 쓴 서신에서 바울 사도는 믿는 자들의 모임 가운데 파고든 커다란 교리적 오류를 고칠 필요가 있다고 여겼다. 성도 중 일부가 1세기에 유행한 치명적인 바이러스인 영지주의에 감염됐기 때문이다. 이 사상은 특히 물질계가 근본적으로 악하다는 관점을 가지고 있었다. 따라서 사람이 무덤에서 다시 살아난다는 것을 영지주의적 관점에서 보면, 그 결과는 악한 몸이 되는 것이다. 이런 가르침 때문에 교회 안의 어떤 사람들은 육체의 부활에 대한 개념을 부인하기 시작했다. 그들은 혼의 불멸은 믿었지만, 몸의 부활은 믿지 않았다. 바울 사도는 '문제의 싹을 자르기 위해' 서둘렀다. 그는 고린도의 신자들에게 편지를 썼다. "그리스도께서 죽은 자 가운데서 다시 살아나셨다 전파되었거늘 너희 중에서 어떤 사람들은 어찌하여 죽은 자 가운데서 부활이 없다 하느냐"(고전 15:12). 육체의 부활에 대한 개념을 거절하는 것은 그리스도 육체의 부활을 거절하는 것이었다. 논리적으로 전자 없이 후자 또한 있을 수 없다.

메시아의 육체의 부활을 부인하는 것은 바울 사도를 사기꾼으로 모는 것이었다. 왜냐하면, 바울은 그들에게 메시아의 몸이 무덤에서 부활했다고 가르쳤기 때문이다. 바울은 고린도 성도들에게 편지를 썼다. "내가 받은 것을 먼저 너희에게 전하였노니 이는 성경대로 그리스도께서 우리 죄를 위하여 죽으시고 장사 지낸 바 되셨다가 성경대로 사흘 만에 다시 살아나셨느니라"(고전 15:3-4).

메시아의 육체의 부활을 부인하는 것은 그들의 믿음을 공식적으로 부인하는 것이었다. 바울은 명백히 말했다. "그리스도께서 만일 다시 살아나지 못하셨으면 우리가 전파하는 것도 헛것이요 또 너희 믿음도 헛것이니라"(고전 15:14).

메시아의 육체의 부활을 부인하는 것은 그리스도 안에서 먼저 죽은 사랑하는 사람들을 영원한 정죄에 처하게 만드는 것이었다. 바울은 말했다. "또한 그리스도 안에서 잠자는 자도 망하였으리라"(고전 15:18).

메시아의 육체의 부활을 부인하는 것은 사람들을 비참한 처지에 빠뜨리는 것이었다. 바울은 경고했다. "만일 그리스도 안에서 우리가 바라는 것이 다만 이 세상의 삶뿐이면 [또한 육체의 부활이 없다면] 모든 사람 가운데 우리가 가장 불쌍한 자이리라"(고전 15:19).

반박할 수 없는 논리를 통해 바울은 인간의 이성을 근거로 육신의 부활을 부인하는 사람들을 깊은 절망의 자리로 끌어내렸다.

고린도인들의 이론은 이것이었다. 육신의 부활은 없다. 만약 그들이 옳다면, 그들 이론은 다음과 같은 피할 수 없는 비극적인 결론에 이르게 될 것이다. 바울은 거짓말쟁이며, 그들의 믿음은 헛되고, 앞서 주님을 믿고 죽은 자들이 사랑했던 사람들은 망했고, 모든 사람 가운데 그들이 가장 비참하다는 것이다. 하지만 감사하게도 그들의 이론은 틀렸다.

바울은 한 단어(영어로는 두 단어, But now)를 사용해서 깊은 절망에서 뛰쳐나와 지극히 큰 기쁨과 높은 소망의 자리로 올라갔다.

한국어로는 '그러나 이제'이다. 바울은 기록했다. "**그러나 이제** 그리스도께서 죽은 자 가운데서 다시 살아나사"(고전 15:20). 사도 바울은 '그러나 이제'라는 표현을 즐겨 사용했다. 그는 신약에서 이 단어를 자그마치 18회나 썼다(고전 12:18, 20, 15:20, 고후 8:22, 12:6, 갈 4:9, 엡 2:13, 5:8, 빌 2:12, 골 1:26, 3:8, 딤후 1:10, 몬 11, 히 2:8, 8:6, 9:26, 11:16, 12:26). 그럼으로써 그는 종종 이 단어를 군사 용어인 '뒤로 돌아' 혹은 '뒤로 돌아가'와 같은 뜻으로 사용했다. 그는 지금 "180도로 완전히 돌아서라"고 말한다.

예를 들어 바울은 에베소 교회에 이렇게 편지를 썼다. "그 때에 너희는 그리스도 밖에 있었고 이스라엘 나라 밖의 사람이라 약속의 언약들에 대하여는 외인이요 세상에서 소망이 없고 하나님도 없는 자이더니 **그러나 이제**는 전에 멀리 있던 너희가 그리스도 예수 안에서 그리스도의 피로 가까워졌느니라"(엡 2:12-13). 그리고 다시 말했다. "너희가 전에는 어둠이더니 **그러나 이제는** 주 안에서 빛이라 빛의 자녀들처럼 행하라"(엡 5:8). 빌립보 교회에는 이렇게 말했다. "그러므로 나의 사랑하는 자들아 너희가 나 있을 때뿐 아니라 (**그러나) 이제는** 더욱 나 없을 때에도 항상 복종하여 두렵고 떨림으로 너희 구원을 이루라"(빌 2:12).

어떤 이들은 죽은 자의 육체의 부활이 없다고 주장하였다. 그렇다면 논리적으로 메시아는 부활하지 않았다. 그런 생각의 마지막 종착점은 낙담과 절망이다. 이에 대한 바울의 의기양양한 대답은 다음과 같다. "**그러나 이제** 그리스도께서 죽은 자 가운데서 다시 살아나사 잠자는 자들의 첫 열매가 되셨도다"(고전 15:20). 바울은 보리 추수의 첫 곡식단(첫 열매)을 염두에 두었다(레 23:10). 하나님께서 그 열매를 흠향하시면 그것은 나머지 작물들의 추수에 '약조금' 혹은 '보증'이 되었다. 그리스도께서 친히 '첫 열매'가 되신다(고전 15:23). 구약과 신약에는 죽었다가 살아난 사람들이 있었다(왕상 17:17-23, 왕하 4:18-37, 눅 8:54-55, 요 11:43-44). 하지만 때가 되자 그들은 다시 죽었다. 예수님은 무덤에서 부활한 뒤 결코 다시 죽지 않은 첫째 분이시다. 그분만이 '첫 열매'이시다.

유월절은 메시아의 죽음을 희생과 대속의 어린양으로 말했다.

무교절은 그분의 몸이 무덤에서 썩지 않으실 것을 알려 주었다.

초실절은 죽음이 자신의 원수인 그분을 붙잡아 둘 수 없다는 것을 선포한다. "(위대한 승리로) 원수를 다 이기고 무덤에서 살아나셨

네"(R. Lowry 1874년 곡, 새찬송가 160장-역주).

칠칠절

네 번째 절기는 히브리어로 샤부옷(Shavuot)이라고 하는 '칠칠절(Weeks)'이다. 칠칠절이라고 명명한 것은 하나님께서 특별히 야곱의 자손에게 초실절로부터 일곱 주간(weeks)을 계산하라고 말씀하셨기 때문이다(레 23:15, 신 16:9). 그리고 49일이 지난 다음날 이 네 번째 절기를 지켜야 했다(레 23:16). 7주는 49일이다. 그리고 하루를 더하면 50일이 된다. 이 절기는 초실절(메시아의 부활)로부터 정확히 50일째 되는 날 지켜야 했다. 그래서 이 절기는 '오순절'(50일째라는 뜻)이라고도 부른다.

이날 이스라엘 자손은 (초실절에 첫 수확한 보리를 가지고 온 것처럼) 성전에 처음 추수한 열매뿐만 아니라 두 덩어리의 빵도 가지고 왔다. 이 빵은 고운 가루에 누룩을 넣어 구운 것이었다.

50일, 두 덩어리의 빵, 누룩은 무슨 의미일까? 이 모든 것은 성령 강림과 교회의 탄생을 가리킨다. 하나님의 아들은 첫 열매로 무덤에서 살아나셨다. 그리고 부활 이후의 사역으로 제자들과 40일을 지내셨다(행 1:3). 주님은 제자들에게 자신이 승천해서 아버지께 돌아가야 할 필요성과 그럼에도 불구하고 그들을 버리지 않으실 것을 알려 주셨다. 예수님은 자신의 빈자리를 대신해 함께 도와줄 그분의 성령을 제자들에게 보내 주시겠다고 하셨다(요 14:16-17).

제자들은 성령이 오시기까지(행 1:4) 예루살렘에 더 머물라는 명령을 받았다. 명령을 받은 그들은 기다렸다. 그들의 기다림은 길지 않았다. 딱 10일이었다. 그리고 이 일이 발생했다. 하나님의 성령께서 1세기의 신자들에게 강림하신 것이다.

칠칠절에는 두 덩어리의 빵을 성전에 바쳤다. 두 덩어리의 빵은 유대인과 이방인을 뜻하며 성령의 강림으로 메시아 안에서 이 둘은 하나가 되었다. 바울은 에베소에 있는 신자들에게 편지를 보냈다. "그는 우리의 화평이신지라 둘로[유대인과 이방인] 하나를 만드사 원수 된 것 곧 중간에 막힌 담을 자기 육체로 허시고 법조문으로 된 계명의 율법을 폐하셨으니 이는 이 둘로[유대인과 이방인] 자기 안에서 한 새 사람을 지어 화평하게 하시고"(엡 2:14-15).

두 덩이의 빵 속에 누룩을 넣어야만 했다. 왜냐하면, 믿는 자들이 아직은 영화롭게 되지 않았기 때문이다. 이 시대를 사는 동안 교회 내부에는 여전히 죄가 있다. 누군가 신자들에게 이렇게 당당하게 말했다. "만일 당신이 완벽한 교회를 발견한다면 그곳에 가지 마세요. 당신이 그 교회를 망치게 될 것입니다." 구세주 안에 있는 교회는 위치적으로 완벽하다. 하지만 실제적으로 혹은 경험적으로 교회는 아직 갈 길이 멀다. 머리 되신 메시아는 누룩이 없으시다. 몸인 교회 안에는 여전히 누룩이 있다. 그러므로 두 덩어리의 빵 안에 누룩을 넣어야만 했다.

봄 절기의 성취

유월절은 구속(redemption)을 말한다. 메시아, 유월절 어린양은 우리를 위해 죽임을 당하셨다.

누룩 없는 빵은 성화(sanctification)를 말한다. 그분은 구별되셨다. 그분의 몸은 무덤에서 썩지 않으셨다.

첫 열매는 부활(resurrection)을 말한다. 죽음은 자신의 적(메시아)을 붙잡아 둘 수 없었다. 제삼일에 예수님은 죽음을 이기고 살아나셨다.

칠칠절은 시초(origination)를 말한다. 성령 강림은 메시아께서 다락방에서 제정하신 새 언약과 교회 시대의 출발을 알렸다(마 26:28-29). 유대인과 이방인 사이를 가로막고 있던 담은 무너졌다. 주님은 이 둘로부터 자신의 몸 된 교회를 부르신다.

메시아의 초림에 있었던 각각의 중요한 사건들은 이에 상응하는 유대 절기의 정확한 날짜에 발생했다. 이와 마찬가지로 주의 재림과 관련된 세 가지 각각의 주요한 사건들은 이에 상응하는 유대 절기와 맞아떨어질 것이다. 나팔절, 대속죄일, 초막절, 이 세 절기는 교회의 휴거와 악인의 심판과 이스라엘의 구원과 메시아 왕국의 설립을 정확하게 가리키고 있다.

이스라엘 자손에게 말하여 이르라

일곱째 달 곧…(레 23:24)

2장

가을의 절기

마빈 로젠달

봄의 네 절기가 묘사한 메시아 초림의 구속 사역은 역사다. 사람들은 이 사건들을 되돌아볼 수 있고 역사적 사건으로 조사할 수도 있다. 하지만 가을의 세 절기는 아직 성취되지 않았다. 그것은 아주 명확하게 예언된 것이며 장차 펼쳐질 사건들이다. 봄의 네 절기가 메시아의 초림과 연결된 시간표에 맞춰 문자 그대로 정확히 성취된 것처럼 가을의 세 절기는 그분의 재림과 연결된 시간표에 맞춰 문자 그대로 정확히 성취될 것이다.

나팔절

나팔절은 가을의 첫 번째 절기다. 유대인들은 이를 로쉬 하샤나(Rosh Hashanah)라고 부른다. 로쉬 하샤나의 문자적 의미는 '그해의 머리'(Head of the Year, 랍비들이 이렇게 부른 이유는 사람 생명의 힘의 원천인 머리가 몸의 각 장기에 생명의 힘을 불어넣어 주듯 그해의 모든 생명의 힘이 로쉬 하샤나 안에 감춰 있다고 믿기 때문이다-역주)라는 뜻이며, 유대력으로 새해의 시작으로(반면 종교력은 유월절 직전에 시작됨) 지킨다. 그러나 성경을 살펴보면 이런 명칭은 나팔절에 결코 쓰이지 않았다. 나팔절을 유대의 신년으로 간주한 것은 주후 2세기(성전 파괴 사건 직후)에, 그리고 모세 시대를 그 출발점으로 보면 무려 1천5백 년 이상 지난 후에 시작되었다. 나팔절은 유대인의 사고방식에 있어서 아주 중요하기 때문에 욤 키푸르(대속죄일)와 병행하며, 유대교에서 '가장 거룩한 날들'이라고 부른다.

봄의 마지막 절기(오순절)와 가을의 첫 절기(나팔절) 사이의 간격은 이 시대와 일치한다. 달리 말하면, 우리는 지금 이스라엘의 네 번째와 다섯 번째 절기 사이에 살고 있다. 오순절에 성령을 부어 주신 사건은 교회 시대의 개막을 알렸다. 그리고 교회의 휴거와 악인의 심판을 가져올 메시아의 재림에 대한 신호를 알려 줄 나팔절은 교회 시대를 마무리하게 될 것이다.

이스라엘의 종교의식에는 두 종류의 나팔이 사용되었다. 하나는 긴 나팔 모양으로 은으로 만든 것이며(민 10:2), 다른 하나는 양뿔(양각)로 만든 쇼파르(Shofar)다. 나팔절과 관련된 정교한 예식에 사용된 것은 두 번째 나팔이다.

고대 이스라엘에서 나팔을 부는 것은 두 가지 주요한 기능 때문이었다. 첫째, 엄숙한 모임을 소집하기 위해 사용했다. 이스라엘 자손이 하나님의 존전에 모여야 할 때 나팔을 불었다(출 19:13, 17, 19, 민

10:2). 둘째, 이스라엘이 거룩한 지시에 따라 전쟁을 해야 할 때 나팔을 불었다(민 10:9, 삿 7장, 렘 4:19-21). 여호수아는 여리고를 정복했을 때 쇼파르를 불었다(수 6:20). 기드온은 미디안과 전쟁할 때 그 나팔을 불었다(삿 7:18). 느헤미야는 예루살렘 성벽 재건 중에 적이 공격할 경우 나팔을 불라고 명령했다(느 4:18).

이스라엘의 선지자들은 하나님께서 친히 인간사에 개입하실 미래의 한 날에 대해 반복적으로 선포했다. 그들은 그날을 '여호와의 날(주의 날)'이라고 불렀다(사 13:6-13, 겔 13:3-8, 30:2-3, 욜 1:15, 3:14-16, 암 5:18-20, 습 1:14-2:3, 슥 14:1-4, 말 4:5-6). 여호와의 날과 관련된 두 가지 중요한 주제가 있다. 첫째는 의인의 구원이고, 둘째는 악인의 심판이다. 주의 재림과 관련해서 본다면, 메시아는 자기 백성을 부르시고 원수를 대적하기 위해 함께 싸우러 가실 것이다. 이 사건의 신호탄이 나팔을 부는 것이다. 전통적인 휴거 구절인 데살로니가전서 4장에서 주님은 자기 백성을 그분 앞으로 부르기 위해 나팔 소리와 함께 강림하실 것이다. 그런 다음 5장에 나와 있듯이 주의 날이 시작될 것이다. 그 기간에 주의 진노가 악인에게 쏟아질 것이다.

가장 기본적인 용어인 나팔절은 가을 절기 중 첫 번째이며, 교회를 휴거시키고 악인을 심판하실 메시아의 도래를 표현한다.

어떤 사람들은 이 절기들이 교회가 아닌 이스라엘에 주어진 것이기 때문에 나팔절은 휴거를 표현해 줄 수 없다고 반박한다. 이에 대해 우리는 다음과 같은 사실을 발견했고 이보다 더 많은 내용을 추가할 수도 있다.

1. 유월절은 이스라엘이 받았다. 하지만 이 절기는 갈보리에서 세상 죄를 지신 메시아의 죽음을 표현한다. 그 혜택은 이스라엘을 훨씬 뛰어넘는다.
2. 무교절은 이스라엘이 받았다. 하지만 이 절기는 주의 몸이 무덤에서 썩지 않았다는 사실을 표현한다. 이것은 교회의 중요한 교리다.
3. 초실절은 이스라엘이 받았다. 하지만 이 절기는 승리하신 주님의 부활을 묘사한다. 그분이 살아 계시기 때문에 믿는 자들 역시 살게 될 것이다.
4. 칠칠절(오순절)은 이스라엘이 받았다. 하지만 이 절기는 새 언약을 통한 교회의 탄생을 표현한다. 믿는 유대인과 믿는 이방인은 메시아 안에서 하나가 된다.
5. 아브라함의 언약은(창 12:1-3) 유대 국가의 선조와 맺었다. 하지만 이 언약은 교회가 소유한 모든 축복의 근원이자 원천이다.
6. 다윗의 언약은(삼하 7:8-16) 이스라엘의 왕과 맺었다. 하지만 이 언약은 다윗의 자손과 유다 지파의 사자이신 메시아 재림의 토대다. 그분은 만왕의 왕과 만주의 주로서 의의 보좌에 좌정하실 것이다.
7. 새 언약은 이스라엘과 맺었다(렘 31:31, 마 26:28). 하지만 구원을 위한 새 언약의 혜택을 누리고 있는 것은 교회다
8. 주의 성만찬은 유대인의 유월절 식탁의 요소들을 담고 있고 유대인 제자들과 함께 시작했다. 하지만 교회가 지킬 규례 중 하나다.
9. 세상에 복음을 전하라는 명령은 열한 명의 유대인 제자들이 받았다(마 28:16-20). 하지만 그 명령은 일반적으로 '교회의 지상 대명

령'으로 알려져 있다.

10. 교회는 "사도들과 선지자들의 터 위에 세우심을 입었다. 그리고 그리스도 예수께서 친히 모퉁잇돌이 되셨다"(엡 2:20). 사도들은 유대인이었고, 선지자들도 유대인이었으며, 구세주도 유대인이셨다. 극단적인 세대주의는 그들의 몇몇 교리를 지키기 위해 성경에서 결코 용인하지 않은 이스라엘과 교회 사이에 깊은 골을 만들어 왔다.

이스라엘과 교회는 각각 독특한 독립체다. 교회는 이스라엘이 아니며 이스라엘은 교회가 아니다. 각각 받은 약속들이 있다. 그것은 동등하고 명백하다. 하지만 이스라엘과 교회는 가까운 사이다. 교회가 누리는 모든 축복은 하나님께서 이스라엘과 맺은 언약과 혜택으로부터 온다. 그러므로 여호와께서 이스라엘에 주신 나팔절이 여호와의 날 동안 부어질 하나님의 진노 그 직전에 일어날 교회의 휴거를 표현하고 있다는 사실을 이상하거나 비정상적인 것으로 간주해서는 안 된다.

이런 면에서 한 가지 더 덧붙이면, 나팔절은 히브리력 티쉬리(Tishri)월 첫날에 있다. 이 절기는 초승달이 가장 작게 보이는 월삭(그 달의 초하룻날)에 지킨다. 그러나 구름이 달을 가릴 수 있기 때문에 고대 시대에는 증인이 필요했다. 그래서 경각심(watchfulness)은 이 절기의 중요한 요소였다. 후대의 랍비들은 이것을 놓치지 않고 명확히 하기 위해 이 절기에 하루를 더 추가했다. 나팔절과 관련된 이런 경각심과 준비에 대한 필요성은 메시아의 재림과 관련해 신약 전반에 걸쳐 메아리치고 또 메아리치고 있다.

그러므로 깨어 있으라(watch) 어느 날에 너희 주가 임할는지 너희가 알지 못함이니라(마 24:42)

그러므로 우리는 다른 이들과 같이 자지 말고 오직 깨어(watch) 정신을 차릴지라(살전 5:6)

복스러운 소망과 우리의 크신 하나님 구주 예수 그리스도의 영광이 나타나심을 기다리게 하셨으니(딛 2:13)

이와 같이 그리스도도 많은 사람의 죄를 담당하시려고 단번에 드리신 바 되셨고 구원에 이르게 하기 위하여 죄와 상관 없이 자기를 바라는 자들에게 두 번째 나타나시리라(히 9:28)

하나님의 날이 임하기를 바라보고 간절히 사모하라. 그 날에 하늘이 불에 타서 풀어지고 물질이 뜨거운 불에 녹아지려니와 우리는 그의 약속대로 의가 있는 곳인 새 하늘과 새 땅을 바라보도다 그러므로 사랑하는 자들아 너희가 이것을 바라보나니 주 앞에서 점도 없고 흠도 없이 평강 가운데서 나타나기를 힘쓰라(벧후 3:12-14)

대속죄일

나팔절이 유대력으로 월삭이 있는 티쉬리월 첫날이었다면, 대속죄일은 9일 후 그 달 열 번째 날에 있었다. 나팔절로부터 대속죄일까지의 10일은 '경외의 날(the days of awe)'이다.

유대 전승에 따르면, 나팔절에 하늘에서는 세 권의 책이 열린다. 첫 번째는 의인을 위한 생명책이고, 두 번째는 악인을 위한 생명책이고, 세 번째는 의인과 악인 사이에 있는 사람들을 위한 생명책이다.

만일 어떤 사람이 의인으로 인정을 받으면 그의 이름은 나팔절에 의인을 위한 생명책에 기록된다. 만일 어떤 사람이 악인이면 악인을 위한 생명책에 기록되고 그해에 생존하지 못할 것이다. 만일 어떤 사람이 그 둘 사이에 있다면 나팔절부터 대속죄일까지 심판은 보류된다. 생명책이 닫히고 그의 운명이 봉인되기 전 회개할 기회를 얻을 수 있는 기간이 바로 이때다.

이 문제를 교리적으로 다루진 않겠지만, 나는 나팔절에 교회가 휴거될 것과 주의 진노가 땅 위에 시작될 것을 강하게 확신한다. 주의 진노는 상대적으로 짧은 기간 동안 부어질 것이다. 주께서 육체로 이 땅에 다시 오셔서 땅을 정화하실 때 생존한 많은 유대인은 구원을 받을 것이다. 스가랴 선지자는 이 사건을 이렇게 기록했다. "예루살렘을 치러 오는 이방 나라들을 그 날에 내가 멸하기를 힘쓰리라 내가 다윗의 집과 예루살렘 주민에게 은총과 간구하는 심령을 부어 주리니 그들이 그 찌른 바 그를 바라보고 그를 위하여 애통하기를 독자를 위하여 애통하듯 하며 그를 위하여 통곡하기를 장자를 위하여 통곡하듯 하리로다"(슥 12:9-10). 그리고 바울은 마지막 때 이스라엘의 남은 믿는 자에 관해 다음과 같이 편지를 썼다. "형제들아 너희가 스스로 지혜 있다 하면서 이 신비를 너희가 모르기를 내가 원하지 아니하노니 이 신비는 이방인의 충만한 수가 들어오기까지 이스라엘의 더러는 우둔하게 된 것이라 그리하여 온 이스라엘이 구원을 받으리라 기록된 바 구원자가 시온에서 오사 야곱에게서 경건하지 않은 것을 돌이키시리라"(롬 11:25-26).

그러나 그것은 단지 이스라엘만의 구속의 날이 되진 않을 것이다. 세상 나라 가운데 많은 이들이 적그리스도의 표를 받지 않을 것이다. 그리고 주 예수께서 이 땅에 다시 오실 때 많은 사람이 생명책이 영원히 닫히기 전에 회개할 것이다. 주님은 '감람산 강화(Olivet Discourse)'에서 이런 이방인들을 마음에 두시고 다음과 같이 가르치셨다.

인자가 자기 영광으로 모든 천사와 함께 올 때에 자기 영광의 보좌에 앉으리니 모든 민족을 그 앞에 모으고 각각 구분하기를 목자가 양과 염소를 구분하는 것 같이 하여 양은 그 오른편에 염소는 왼편에 두리라 그 때에 임금이 그 오른편에 있는 자들에게 이르시되, 내 아버지께 복 받을 자들이여 나아와 창세로부터 너희를 위하여 예비된

나라를 상속받으라(마 25:31-34)

여기에 있는 허다한 무리는 야곱의 자손들과 함께 열방에서 나온 사람들이며 그들은 육체의 몸을 가지고 메시아 왕국에 들어가게 될 것이다(새 예루살렘에 거주할 휴거된 영광스러운 교회와는 구분된다).

초막절

티쉬리월 15일부터 7일간의 초막절이 시작된다. 초막절은 일곱 번째이자 마지막 절기다. 이 절기는 보통 10월에 있으며, 유대인들은 출애굽 후 광야의 방랑 기간 동안 그들의 선조들이 만든 임시 처소를 기념하기 위해 파피루스로 작은 '오두막'이나 '칸막이 부스'를 세운다. 주의 백성의 필요를 공급해 주시는 하나님의 신실함을 인정하는 의미로 가을에 열리는 열매를 각 가정의 부스에 매달아 장식한다.

초막절 기간에는 날마다 중요한 축제 행사들로 가득했다. 이스라엘의 대제사장은 매일 제사장들과 수만의 예배자로 구성된 무리와 함께 성전산에서 내려가 실로암 연못에 잠시 들렀다. 그리고 물병에 물을 가득 채운 뒤 다른 길을 통해 성전산으로 되돌아갔다. 대제사장은 물병의 물을 제단 위에 쏟아붓는 놀라운 의식을 거행하였다. 이스라엘은 대개 3월이면 비가 멈춘다. 그리고 7개월 동안 거의 비가 내리지 않는다. 하나님께서 10월과 11월에 '이른' 비를 내리지 않으시면 봄의 수확은 없을 것이고 즉시 기근을 겪게 된다. 그러므로 이 의식은 하나님께서 그 나라 위에 생명의 물을 공급하시도록 하나님의 축복을 간구하는 것이다.

요한복음에 기록된 한 가지 흥미로운 사건은 초막절과 연결되어 있다. "명절 끝날 곧 큰 날에 예수께서 서서 외쳐 이르시되 누구든지 목마르거든 내게로 와서 마시라. 나를 믿는 자는 성경에 이름과 같이 그 배에서 생수의 강이 흘러나오리라"(요 7:37-38). 하나님의 아들은 가장 명확한 방법으로 그분만이 유일한 생명과 축복의 원천이며 인간의 마음에 있는 모든 필요를 채워 줄 수 있다고 말씀하셨다.

초막절은 메시아 왕국, 곧 죄의 저주로 인한 파멸이 없는 새로운 시작을 아름답게 알려 준다. 그날에 땅은 풍성하고, 모든 동물은 유순하며, 군대는 더는 행군하지 않고, 모든 사람은 자신의 무화과나무 아래 앉으며, 의(義)는 이 땅에서 실제가 될 것이다.

메시아 탄생 1천5백 년 전, 이 일곱 절기는 그분의 삶의 중요한 구속의 역사를 미리 알려 주는 예표였다. 봄의 네 절기는 그분의 초림과 관련이 있었다. 그분의 죽음은 유월절이 묘사해 주었다. 그분의 몸이 무덤에서 썩지 않는 것은 무교절이 보여 준다. 그분의 부활은 초실절이 표현하고, 교회와 새 언약의 출발은 칠칠절이 예표한다.

가을의 세 절기는 주의 재림과 관련된 사건들을 묘사한다. 나팔절은 교회의 휴거를 표현한다. 대속죄일은 구원받을 많은 백성, 곧 유대인과 이방인을 가리킨다. 그들이 주의 죽음의 혜택과 재림을 볼 때 구원을 받을 것이다. 초막절은 메시아께서 친히 인간들 가운데 거하실 처소를 삼는 그날을 말한다. 그분은 모든 눈물을 닦아 주시고 태고적부터 인류가 꿈꿔 온 유토피아 시대 혹은 '황금 시대'를 가져오실 것이다.

오직 전능하신 하나님만 이처럼 경이로운 사건들을 앞서 말씀해 주실 수 있다. 어리석은 자는 그분의 존재를 부정한다. 교만한 사람은 주께서 주시는 삶의 자비롭고 풍성한 공급을 거절한다. 시간이 얼마 남지 않았다. 주의 재림을 알리는 나팔 소리가 세상에 곧 울려 퍼질 것이다.

하나님이 이르시되 하늘의 궁창에 광명체들이 있어

낮과 밤을 나뉘게 하고 그것들로

징조와 계절과 날과 해를 이루게 하라(창 1:14)

3장
―

유대인의 시간

케빈 하워드

절친한 내 친구는 종종 내게 말한다. "3분만 함께하자." 그러면 어김없이 이런 질문이 떠오른다. "이게 유대인의 시간일까, 진짜 시간일까?" 내가 정말 묻고 싶은 것은 "이 말이 정확히 3분을 말하는 걸까, 아니면 대략 30분을 말하는 걸까?"

아주 현실적인 관점에서 보면, 독특한 '유대인의 시간'이 존재한다. 달과 날과 해를 계산하는 방식은 종교적인 유대인의 관점과 세상 사람들의 관점이 많이 다르다.

유대인의 날

대부분의 세상 사람들은 자정을 새로운 날의 시작으로 보는 로마식 시간 계산법을 따른다. 그러나 이와는 대조적으로 유대인의 하루는 해 질 때부터 시작해서 그다음

해가 질 때까지다. 이 계산법의 근거는 성경 말씀에 있다. 창세기 1장에서 주님은 여섯 번이나 하루의 구성을 "저녁이 되고 아침이 되니"로 말씀하셨다(창 1:5, 8, 13, 19, 23, 31). 일관된 하루의 순서는 먼저 저녁(밤시간)이었고, 그다음 아침(낮시간)이었다. 모세의 율법에서 하나님은 유대 민족에게 대속죄일을 저녁부터 저녁까지(레 23:32) 지키라고 명하셨다. 따라서 유대의 절기는 언제나 새날의 시작인 일몰에 시작한다.

해 질 녘에 하루를 시작하는 것은 여러 가지 도전과 직면하게 된다. 일몰 시각은 기울어진 지구의 자전축 때문에 계속 바뀐다. 어느 금요일 밤 일몰이 오후 5시 정각에 일어났다면 그다음 금요일 밤의 일몰은 4시 45분이 될 수도 있다. 또한 일몰 시각은 지정학적 위치에 따라 다르다. 뉴욕의 일몰은 오후 4시 34분이지만 애틀랜타는 5시 28분이다.

유대인의 주(週)

□ **안식할 시간**

대부분의 나라에서는 한 주를 7일로 계산한다. '주(week)'는 히브리어 '7'에서 유래했다. 히브리 주간의 날들은 특별한 이름은 없고 '첫째 날' '둘째 날' 등등으로 말한다. 그러나 일곱째 날은 '안식'으로 알려져 있으며 다른 여섯 날과는 구별된 안식과 예배의 날이다. 모세의 법에 따라 안식일에는(금요일 일몰부터 토요일 일몰까지) 모든 종류의 일이 금지된다. "엿새 동안은 일할 것이나 일곱째 날은 큰 안식일이니 여호와께 거룩한 것이라 안식일에 일하는 자는 누구든지 반드시 죽일지니라"(출 31:15).

안식과 더불어 유대의 주(週)의 기원과 의미는 성경의 창조 이야기에서 찾을 수 있다(창 1:1~2:3). 하나님은 6일 동안 창조하셨고 일곱째 날에 안식하셨다. 피곤하셔서 안식하신 것이 아니다. 전능하신 하나님은 피곤하실 수 없다. 오히려 흡족한 마음으로 쉬셨다. 스스로 창조하신 것이 보시기에 좋았고 온전했다. 그래서 안식하셨다. 이것을 기념하기 위해 하나님은 모세에게 명령하셨다. "이같이 이스라엘 자손이 안식일을 지켜서 그것으로 대대로 영원한 언약을 삼을 것이니 이는 나와 이스라엘 자손 사이에 영원한 표징이며 나 여호와가 엿새 동안에 천지를 창조하고 일곱째 날에 일을 마치고 쉬었음이니라"(출 31:16-17).

안식일에 노동을 금지한 것은 고대 유대인의 삶에 지대한 영향을 미쳤다. 땔감을 모을 수도(민 15:32-36), 불을 지필 수도 없었고(출 35:3) 여행은 제한되었다(출 16:29). 후대의 랍비 전승에 따르면, 안식일의 여행은 2,000규빗(약 912미터) 혹은 하나님의 법궤와 백성 사이의 거리를 넘지 못하도록 금했다(수 3:4). 매주 있는 안식일의 실상은 현대 유대인의 삶 속에서도 역력히 드러나 있다. 이스라엘의 호텔에는 안식일용 특별 승강기가 정해진 시간에 따라 층마다 멈추도록 프로그램되어 있다. 승강기 버튼을 누르는 행위는 일로 간주하였다. 예루살렘의 유대인 버스 노선은 금요일 일몰 시각에 운행을 중단해서 토요일 저녁까지 재개하지 않는다. 이스라엘 대표 항공사 엘 알(El Al)은 안식일에 운항하지 않는다. 금요일 오후 항공편이 몇 시간 연착될 경우 일정대로 재개하려면 반드시 안식일이 지날 때까지 기다려야 한다. 전등 스위치를 켜는 것은 불을 지피는 것으로 간주한다. 따라서 율법을 지키는 유대인 가정은 안식일 내내 불을 끄지 않는다. 회당은 '안식일의 이방인(Sabbath Gentile)'이라고 부르는 관리인을 고용해서 불 관리를 비롯해 안식일에 금지된 여러 일을 맡긴다.

□ 기뻐할 시간

율법을 지키는 정통 유대인 가정에서 안식일은 특별한 시간이다. 매주 금요일 해가 진 저녁, 그 집의 안주인(가족 구성원 중 가장 권위 있는 여성-역주)은 안식일 초(보통 두 개)에 불을 밝히며 안식일을 맞이한다. 그런 다음 손으로 눈을 가리고 축복 기도를 한다. 촛불은 모든 기쁜 일과 절기 때마다 밝힌다. 이런 유대의 전통은 적어도 에스더 시대까지 거슬러 올라간다(에 8:16, 한글 성경에는 촛불을 영광으로 번역함-역주).

그리고 아버지는 안식일의 포도주를 따른 뒤 포도주 잔을 들고 키두쉬(Kiddush, 성화의 기도)를 암송한다. 그리스도 시대 이전부터 내려온 이 고대의 기도는 포도주에 대한 감사와 이것을 하나님께 구별해 드리는 것이다.

안식일 식탁은 하나의 아름다운 그림이다. 포도주와 빛나는 촛불과 더불어 안식일의 식탁은 새하얀 식탁보로 장식한다. 주요리로 종종 생선이 제공되며 일반적으로 땋은 머리 모양의 할라(hallah)빵 두 덩어리를 아름답게 장식한 보자기에 싸서 준비한다.

□ 깊이 생각할 시간

현대 안식일의 규례는 토요일 해가 진 후 저녁에 하브달라(Havdalah) 예식을 포함한다. 히브리어로 '분리'라는 뜻의 하브달라는 거룩한 안식일과 한 주가 시작되는 다음 날을 구분한다. 하브달라 의식 중에는 안식일의 기쁨을 상징하기 위해 포도주 잔에 포도주를 가득 채운 후 오른손으로 잔을 들고 축복 기도문을 암송한다. "주 우리 하나님, 온 우주의 왕, 포도 열매를 창조하신 그분을 송축하라." 포도주를 축복한 뒤 아름답게 장식한 감미로운 향신료 상자 위로 축복을 선포한다. 그리고 감미로운 향신료를 모든 가족에게 돌려 그 풍미를 느끼게 함으로써 안식일을 서서히 마무리하고 다음 주를 기약한다. 안식일을 마치면서 심지가 두 개인 양초, 곧 파란색과 흰색 양초를 꼬아 만든 축제용 양초 위로 축복 기도문을 암송한다.

유대인의 달(月)

□ **달과의 연관성**

히브리의 월(months)은 음력이다. 즉 월삭(New Moon: 달이 가장 어두울 때를 말하며 한글 성경은 초하루로 번역-역주)에 초승달이 나타났을 때를 분기점으로 삼는다. 달은 지구를 돈다. 월삭의 주기는 약 29.5일에 한 번꼴이다. 이로 인해 유대의 월(months)은 보통 29일 혹은 30일 주기로 번갈아 생기며 평균적으로 29.5일이다. 히브리의 월(months)은 월삭과 연결되어 있어서 월(month)을 뜻하는 히브리어 호데쉬(hodesh)는 동시에 '달(moon)'이란 단어이기도 하다.

□ **성경의 규례**

성경 시대에는 제사장이 매달의 시작을 확정했고, 예수님 시대에는 이스라엘의 종교적 통치 기관인 산헤드린 공회가 확정했다. 산헤드린은 새로운 달이 뜬 것을 본 두 명의 신뢰할 수 있는 증인들에게 문의한 뒤 엄숙히 선포한다. "이제 거룩하게 되었다!" 즉시 그 소식은 예루살렘부터 바빌론에 있는 거대한 유대인 공동체에 전달된다. 이것은 수백 킬로미터에 걸쳐 아라비아 사막을 가로지르며 봉화대를 통해 전달되었다.

매달의 첫째 날 로쉬 호데쉬(Rosh Hodesh, 월삭: '그달의 머리'라는 뜻)는 거룩한 날이었다. 비록 아모스 시대까지(암 8:5) 지켰지만 로쉬 호데쉬는 모세 율법에서 말하는 특별한 노동 금지 규정이 전혀 없다. 이처럼 월삭은 부가적인 거룩한 날로 여겼다.

로쉬 호데쉬(월삭)에는 특별한 희생 제물을(민 28:11-15) 바치며 나팔을 불었다(민 10:10, 시 81:3)고 성경은 기록한다. 특별한 로쉬 호데쉬의 제물들은 새롭게 시작하는 달을 주님께 성별하도록 했다.

구름으로 인해 새로 뜬 달(new moon)을 눈으로 보기가 어려울 때는 로쉬 호데쉬를 이틀 동안 지키도록 하였다. 이것은 월삭의 첫 두 날 동안 다윗이 불참한 것에 대해 사울왕이 관심을 갖게 된 배경처럼 보인다(삼상 20:27). 왕의 가족과 왕궁 사람들은 로쉬 호데쉬 기간 동안 왕의 잔치에 참석해야 했다.

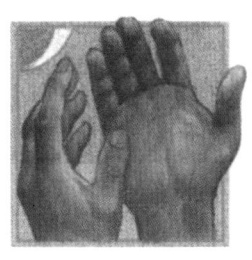

□ **현대의 규례**

월삭 전 안식일에 드리는 회당 예배는 새달을 맞이하기 위한 특별한 축복 기도문을 암송하는 것을 포함한다. 안식일이 그달의 마지막 날과 겹칠 경우, 낭독해야 할 구절 중 하나는 사무엘상 20장이며, 그 구절은 다윗과 요나단 시대에 월삭을 지켰다는 것을 알려 준다.

월삭 당일 회당에서 드리는 예배에는 할렐(Hallel 시편 찬송, 특히 113~118편까지)을 암송하고 월삭에 드릴 희생 제물에 관해 기술한 율법서의 특별한 구절(민 28:1-15)을 낭독한다.

매달 셋째 날부터 열넷째 날 사이에 월삭을 위한 축복 기도문을 암송하는 것 역시 하나의 관례다. 비르캇 할레바나(Birkhat HaLevanah, 월삭의 축복)는 일반적으로 (토요일 밤) 안식일의 하브달라(Havdalah: 안식일의 마침과 새로운 한 주의 시작을 구분하는 예식-역주)를 마친 후 모든 사람이 기뻐 환호할 때 정통 유대인들이 선포한다. 한 무리의 사람들이 회당 밖에 모여 달이 보이는 동안 밤공기 속에서 축복을 선포한다.

□ 미래의 규례

장래의 메시아 왕국에서는 부활한 다윗왕이 이스라엘의 왕으로 영원히 통치할 것은 명백해 보인다(겔 37:24-25). 그는 천하의 왕으로 통치하실 메시아의 권위 아래 놓이게 될 것이다(시 2:6-8, 슥 14:9). 다윗의 통치는 문자 그대로 그의 왕위가 해와 달처럼 영원히 견고하리라는 거룩한 약속을 성취할 것이다(삼하 7:16, 시 89:34-37). 군주로서 다윗은 메시아 왕국에서 최고의 존귀를 누릴 사람 중 한 사람이 될 것이며, 주님 앞에서 안식일과 월삭 예배를 인도하게 될 것이다(겔 46:1-8).

어쩌면 이런 이유로 일부 유대의 기도문 전승들이 다윗왕과 월삭의 축복을 연결하는 것 같다. 비르캇 할레바나(Birkhat HaLevanah)에서 다비드 멜렉 이스라엘 하이 베카얌(David melech Yisrael chai vekayam[1]), "다윗,

---

1) De Sola Pool, David, The Traditional Prayer Book for Sabbath and Festivals (New Hyde Park: University Books, 1960), p. 462.

이스라엘 왕은 살아 있고 견고히 서 있다")을 세 번 반복한다. 메시아 왕국에 대한 다윗왕의 간절한 부르짖음과 갈망은 호세아 선지자가 인용한 그대로 월삭 기도에서 다시 한번 느낄 수 있다. "그 후에 이스라엘 자손이 돌아와서 그들의 하나님 여호와와 그들의 왕 다윗을 찾으리라"[2](호 3:5).

또한 월삭의 축복은 하나님께서 달빛을 '창조하신 7일간의 모습 그대로 완전히 충만하게' 회복하도록 간청한다. 이 역시 메시아 왕국의 설립을 간청하는 것이다. 이사야 선지자는 주께서 달의 원래 밝기를 회복하시는 그날이 "여호와께서 자기 백성의 상처를 싸매시며 그들의 맞은 자리를 고치시는" 날이 될 것이라고 예언했다(사 30:26). 이스라엘은 회개하고 주님의 구속을 받을 것이다.

성경은 이스라엘의 구속뿐 아니라 열방의 모든 의인이 메시아 왕국에서 월삭을 지킬 것이라고 가르친다. "여호와가 말하노라 매월 초하루와 매 안식일에 모든 혈육이 내 앞에 나아와 예배하리라"(사 66:23).

어떤 사람들은 그 왕국과 영원한 나라에서는 해나 달이 없을 것이라고 말한다. 하지만 성경은 "달빛은 햇빛 같겠고 햇빛은 일곱 배가 되어 일곱 날의 빛과 같으리라"(사 30:26)고 말한다. 저주의 악한 영향력은 사라질 것이다. 메시아 통치 기간에는 찬란히 빛나는 몸을 입고 원래의 광채를 회복할 것이다. 심지어 나머지 피조물조차 에덴의 상태로 회복될 것이다(사 11:6-9, 51:3, 55:12-13, 65:17-25, 계 21:4, 22:3).

---

[2] Ibid., p. 464.

하지만 그들의 광채는 메시아의 영광에 비할 바가 아니다. "그 때에 달이 수치를 당하고 해가 부끄러워하리니 이는 만군의 여호와께서 시온 산과 예루살렘에서 왕이 되시고…영광을 나타내실 것임이라"(사 24:23). "그 성[새 예루살렘 혹은 천국]은 해나 달의 비침이 쓸 데 없으니 이는 하나님의 영광이 비치고 어린 양이 그 등불이 되심이라"(계 21:23). 저주의 영향이 제거됨으로 진실로 해와 달은 숨이 멎을 듯하게 아름다울 것이다. 그러나 주님의 영광에 비하면 그것은 정오의 빛 아래 놓인 하나의 촛불과 같을 것이다. 그것은 더는 주요한 빛의 원천이 되지 못하며 주의 영광의 광채에 비할 때 오히려 부끄러워하게 될 것이다.

유대인의 해

□ 그레고리 달력

대부분의 나라는 주전 45년 율리우스 시저(Julius Caesar) 치세 때 만든 로마의 달력에 근거한 양력(陽曆)을 사용한다. 율리우스력으로 알려진 이 달력은 1년을 365일로 정했고 4년마다 윤년이 있다. 윤년에는 2월에 하루를 더 추가한다.

시간이 지나면서 태양력은 365.25일보다 대략 11분 더 짧다는 사실이 드러났다. 태양력과 상용력(civil calendar, 일반력: 한 국가 내에서 공식적이거나 행정적인 목적을 위해 기관이나 사람들이 일상생활에 쓰는 역법으로 다양한 형태가 있다-역주) 사이에 생긴 불일치를 조정할 필요가 생겼다. 그래서 1582년 교황 그레고리(Gregory)는 100으로 나누어떨어지는 해(1600년, 1700년…)는 평년으로 하되 400으로 나눌 수 있는 해(1600년, 2000년…)는 윤년으로 삼는 칙령을 반포했다. 이처럼 개정판 율리우스력이 그레고리력이며 오늘날 널리 통용되고 있다.

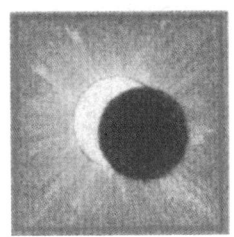

□ 히브리 달력

히브리의 1년은 음력과 양력 계산법을 절충해서 반영한다. 유대의 달(months)은 달(moon)의 변화에 근거를 두며 한 달은 평균 29.5일이다. 일반적으로 유대인의 1년은 열두 번의 달(lunar)로 구성된다. 달리 말하면, 대략 354(29.5일×12달)일이다.

성경은 다양한 절기를 그 정한 계절에 맞춰 지키라고 명했다(민 9:2-3). 예를 들어 유월절은 봄에 지켜야 했다. 하지만 계절은 달이 아닌 태양과 지구의 자전축에 의해 결정된다. 만일 히브리력이 오직 음력(354일)만 사용했다면 대처할 수 없는 문제에 빠지게 될 것이다. 음력(354일)과 양력(365.25일) 사이의 약 11일의 차이는 정한 기일이 아닌 날 유월절을 지키게 되는 문제가 생긴다. 이는 성경의 명령을 위반하는 것이다.

이 차이를 극복하기 위해 유대력은 19년을 주기로 세 번째, 여섯 번째, 여덟 번째, 열한 번째, 열네 번째, 열일곱 번째, 열아홉 번째 해를 윤년으로 삼는다. 유대의 윤년에는 아달월(Adar)에 하루를 더하며,

아달 쉐니(Adar Sheni, 두 번째 아달)로 알려진 열세 번째 달(29일)을 달력에 추가한다. 이런 면에서 유대력은 태음태양력(lunisolar)이자 태양력의 계절에 맞춘 음력이다.

주후 359년까지 산헤드린은 모든 유대인의 문제에 대한 최고의 사법적 권위 기관으로서 예루살렘을 주도했다. 그들은 월삭을 결정하는 방식을 조정했고, 두 증인의 증언을 들은 후 매달 월삭을 공표했다. 그러나 그 지역을 둘러싼 정치적 상황의 변화는 종종 이 거룩한 날의 시작을 제때 알려 주지 못하는 걸림돌이 되었다. 디아스포라(이스라엘 나라 밖에 사는 유대인 공동체)로 사는 사람들이 겪는 이 엄청난 난관은 명절을 지키는 노력을 지속해서 위협했다. 주후 360년 위대한 족장 힐렐(Hillel) 2세는 산헤드린의 가장 적합한 히브리력 계산 결과를 발표해서 현재의 히브리력을 바로 잡았고, 두 증인의 필요성 또한 제거했다. 이것은 유대인의 생활을 지배하는 산헤드린의 장악력을 약화시켰고, 결국 그들을 쇠락의 길로 이끌었다.

그레고리력과 히브리력의 차이로 인해 유대인의 명절은 매년 날짜의 변동을 겪는다. 예를 들어 유월절은 어느 해는 3월이지만, 어느 해는 4월이 되기도 한다.

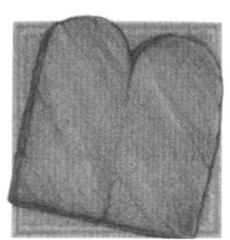

□ 두 가지 달력

출애굽 사건처럼 어떤 사건들은 이스라엘의 역사를 형성했다. 이집트에서 그분의 백성을 건져낼 때 하나님의 구원은 너무도 강력하고 경이로웠기 때문에 이스라엘의 종교적 규례의 지형을 영원히 바꿔 버렸다. 주님은 이스라엘에 일곱 절기를 주셨다(레 23장). 부가적으로 이스라엘이 받은 새로운 달력은 하나님께서 이스라엘을 이집트에서 건져 주신 달 곧 니산월(3월~4월)에 종교적 새해를 시작하도록 만들었다. 하나님께서 명령하셨다. "이 달을 너희에게 달의 시작 곧 해의 첫 달이 되게 하라"(출 12:2).

출애굽 전까지 이스라엘은 추수를 마친 후 시작하는 농사력 혹은 상용력(일반력)을 따라 신년(New Year)을 정했다. 추수의 시간은 농사력의 한 해를 마감하는 신호였다. 추수 때가 지나면 땅을 기경하고 심고 거두는 과정을 새롭게 시작한다. 따라서 일반 농경 사회처럼 이스라엘은 추수 후 새해를 맞이했다(출 23:16, 34:22).

출애굽 이후에 이스라엘은 실제로 두 개의 신년, 즉 농사력과 종교력을 지켰다. 종교력은 새해를 니산월(3월~4월)에 시작했다. 그리고 성경의 모든 날짜는 종교력을 따랐다. 그런데도 이스라엘 안에서는 고대의 농사력 혹은 상용력의 신년(9~10월, 나팔절 무렵)을 하나의 전통으로 계속 유지했다.

희년은 50년마다 지켜야 할 대표적인 농사력 명절이다. 희년이 되면, 작물이 자라는 모든 계절 동안 이스라엘의 토지는 경작하지 않은 채 그대로 남겨 두었다(레 25:11). 엄밀하게 희년은 종교력의 일곱 번째 달(레 25:9)에 시작하며 농사력의 신년인 그해의 가을과 일치한다.

주후 70년 성전 파괴와 이스라엘이 뿔뿔이 흩어짐으로써 (일곱째 달에 열리는) 나팔절의 규례는 사라지고 말았다. 그 결과 나팔절은 단순히 로쉬 하샤나(그해의 머리)로 지키게 되었다. 왜냐하면, 그때가 상용력의 신년과 일치했기 때문이다. 현대 유대인의 신년인 로쉬 하샤나는 고대 상용력의 신년 전통을 보존하고 있다.

이스라엘이 상용적 목적과 종교적 목적을 위해 두 가지 달력을 인정하는 것은 고대의 권위가 확증해 주었다. 1세기 유대인 역사가 요세푸스는 그의 《유대 고대사》에서 이같이 설명한다. "이스라엘이 이집트에 있을 때에는 티쉬리월을 시작으로 삼았지만, 모세는 니산월을 절기를 위한 첫 달로 정했다. 그 이유는 모세가 그달에 이집트에서 그들을 데리고 나왔기 때문이다. 따라서 그들은 온전히 엄숙한 마음으로 하나님을 경외하기 위해 니산월을 신년의 시작으로 삼았다. 사고파는 일과 다른 일상적인 일과 관련해서는 원래의 달의 순서를 따랐다." 예수님 시대 이전 고대의 랍비는 다음과 같이 언급했다. "고대 사람들은 그 달을 첫째 달이라고 불렀지만, 지금은 일곱째 달이라고 부른다"(왕상 8:2에 대한 탈굼 요나단).

□ **성경의 달력**

성경의 한 해는 360일 혹은 각기 30일로 구성된 열두 달로 구성된다. 대홍수 이야기에서 노아의 방주는 다섯 달 동안(창 7:11, 8:4) 물 위에 있었고 그 기간은 150일과 동일하다(창 7:24, 8:3). 요한계시록에서 3년 반은(계 12:14) 42달과 같으며(계 11:2, 13:5), 1,260일과 동일하다(계 11:3, 12:6). 각각의 예에서 보듯이 한 달은 30일로, 한 해는 360일로 보았다. 이렇게 계산하던 달력이 시간이 지나면서 어떻게 태양력에 맞추게 되었는지에 대한 정확한 정보는 발견되지 않았다.

□ 히브리의 달

히브리의 달(months) 이름의 기원은 가나안이며 족장 시대 이스라엘 땅에 거주하던 그들로부터 빌려왔고 다음과 같이 불렸다. 첫째 달 아빕(출 13:4, 23:15, 34:18, 신 16:1), 둘째 달 시브(왕상 6:1, 37), 일곱째 달 에다님(왕상 8:2), 여덟째 달 불(왕상 6:38). 바빌론 포로기 이후(주전 586) 바빌론식 달의 이름을 받아들인 이래 오늘날까지 사용하고 있다.

□ 연대 표기법

많은 나라에서 예수님의 탄생 전(BC, 그리스도 이전)과 탄생 후(AD, Anno Domini, '우리 주님의 해'라는 뜻의 라틴어)를 기점으로 연도 수를 계산하는 방식을 사용한다. 하지만 대부분의 유대인은 예수님의 메시아 되심을 수용하지 않기 때문에 유대인 사회에서는 그 기간을 '공통 시대 이전'(BCE, Before Common Era, 기원전: 기독교의 색채를 없애기 위해 만든 새로운 연대 표기법-역주) 혹은 '공통 시대'(CE)를 선호한다.

오늘날 사용하고 있는 실제적인 유대인의 연대 표기법은 천지창조의 전통적인 날짜(BC 3760년 가을)로부터 계산한다. 따라서 현대의 히브리력은 그레고리력에 3760년 혹은 3761년을 더하면 계산할 수 있다(유대력의 신년은 9월이나 10월에, 그레고리력은 1월에 시작하기 때문이다). 예를 들면, AD 2000년+3760년(3761)=5760(5761)년이다.

□ 이스라엘의 절기

이스라엘의 절기는 일련의 문화적인 명절과는 비교가 안 될 정도로 중요하다. 이 절기들은 주님께서 친히 정하신 것이고 주님의 것이기 때문이다. 하나님은 그것을 나의 절기라고 하셨다(레 23:2).

레위기 23장의 절기들은 특별한 음식이나 축제를 즐기는 것 이상의 의미가 있다. 많은 경우 절기와 관련된 음식이 전혀 없기도 하며 어떤 경우는 아주 침울한 분위기를 갖기도 한다. 히브리어 모에드(moed)는 '엄숙히 약속된 시간'이란 뜻 그 이상의 의미다. 이 절기들은 실제로 주님과의 '약속' 혹은 '정한 시간'이다. 어떤 절기는 약속한 날들(days)이고, 또 어떤 절기는 약속한 주간(weeks)이다. 종합하면 여호와의 절기들은 신성한 약속을 알려 주는 시간표와 같으며 그 만남의 장소는 예루살렘이다(사 33:20).

유대력

	달	길이	날짜	절기
1	니산	30일	니산 14 니산 15-21 니산 16	유월절 무교절 초실절
2	이야르	29일		
3	시반	30일	시반 6	샤부옷(칠칠절)
4	탐무즈	29일		
5	아브	30일	아브 9	티샤 바브
6	엘룰	29일		
7	티쉬리	30일	티쉬리 1 티쉬리 10 티쉬리 15-21	로쉬 하샤나 욤 키푸르 수콧(초막절)
8	헤쉬반	29일 혹은 30일		
9	키슬레브	29일 혹은 30일	키슬레브 25- 테벳 2/3	하누카
10	테벳	29일		
11	쉐밧	30일		
12	아달	29일 (윤년에는 30일)	아달 14	부림절

여호와의 절기

절기	날짜	중요한 점
유월절	니산 14 봄	유월절은 구속을 말한다. 메시아 유월절 어린양께서 우리를 위해 희생되셨다.
무교절	니산 15-21 봄	무교절은 성화를 말한다. 메시아의 몸은 무덤에서 썩지 않았다.
초실절	니산 16 봄	초실절은 부활을 말한다. 승리하신 메시아는 제삼일에 무덤에서 살아나셨다.
칠칠절	초실절 후 50일 봄	칠칠절/샤부옷은 기원을 말한다. 메시아께서 성령을 보내심으로 새 언약과 교회 시대를 시작하셨다.
나팔절	티쉬리 1 가을	나팔절/로쉬 하샤나는 메시아께서 의인을 구원하시고(휴거) 악인을 심판하기 위해서 다시 오실 미래의 그날을 알려 준다.
대속죄일	티쉬리 10 가을	대속죄일/욤 키푸르는 이스라엘이 자신의 죄를 회개하고 구원받기 위해 메시아께로 돌아올 미래의 그날을 지시한다.
초막절	티쉬리 15-21 가을	초막절/수콧은 메시아께서 메시아 왕국을 세우고 사람들 가운데 장막을 세우실 미래의 그날을 가리킨다.

적용

많은 사람이 절기를 지키는 것을 하나님 앞에서의 의로움 같은 것으로 여기는 실수를 범하고 있다. 어떤 사람들은 욤 키푸르 날 회당에 슬그머니 들어온다. 어떤 사람들은 크리스마스와 부활절에 슬며시 교회에 들어온다. 그들은 종교적 '의무'를 이행했기 때문에 자신들이 하나님 보시기에 의롭다고 믿고 싶어 한다.

하나님은 율법의 외적인 요구사항은 지키지만, 하나님과의 진심 어린 관계를 거부하는 이스라엘을 꾸짖으셨다. "헛된 제물을 다시 가져오지 말라 분향은 내가 가증히 여기는 바요 월삭과 안식일과 대회로 모이는 것도 그러하니 성회와 아울러 악을 행하는 것을 내가 견디지 못하겠노라 내 마음이 너희의 월삭과 정한 절기를 싫어하나니 그것이 내게 무거운 짐이라 내가 지기에 곤비하였느니라"(사 1:13-14, 암 5:21).

하나님께서 친히 제정하신 절기들을 하나님은 왜 싫어하셨을까? 분명 절기 자체를 미워하신 것은 아니다. 하나님은 절기를 지키면서 보인 그들의 위선적인 태도를 싫어하셨다. 그들은 하나님의 법을 오해했고 왜곡했다. 그들은 하나님과의 개인적 관계를 버렸다. 그 대신 율법의 외적 요구사항들을 지킴으로 자기 의를 추구했다.

율법의 외적인 요구사항들은 살아 계신 하나님과의 내적인 관계가 없다면 전혀 의미가 없는 것이었다. 이런 이유로 하나님은 이스라엘에 명령하셨다. "이스라엘아 들으라 우리 하나님 여호와는 오직 유일한 여호와이시니 너는 마음을 다하고 뜻을·다하고 힘을 다하여 네 하나님 여호와를 사랑하라 오늘 내가 네게 명하는 이 말씀을 너는 마음에 새기라"(신 6:4-6). 이 말씀은 유대교 내에서 가장 거룩한 기도인 쉐마(Shema)기도문의 시작이므로 매우 중요하다. 또한 율법을 지키는 모든 정통 유대인은 문설주에 이 말씀을 새기고, 기도할 때 이마와 팔뚝에 착용한 테필린(성구를 적은 양피지를 담은 상자-역주) 안에 이 말씀을 넣어 둔다.

메시아 역시 이 진리를 강조하셨다. "예수께서 이르시되 네 마음을 다하고 목숨을 다하고 뜻을 다하여 주 너의 하나님을 사랑하라 하셨으니 이것이 크고 첫째 되는 계명이요"(마 22:37-38). 첫째로 그리고 가장 중요하게 하나님께서 원하시는 것은 마음을 다 쏟는 관계다.

이사야 시대에 살던 사람들은 그들이 미쯔봇(mitzvot, 계명)을 따르고, 기도하고, 절기를 지키며 종교적 의무를 다했기 때문에 하나님 앞에 스스로 의롭다고 믿었다. 오늘날 유대인이든 이방인이든 상관없이 수많은 이들이 똑같은 상황에 빠져 있다. 그들은 종교적 의식이나 절기를 지키기만 하면 하나님 눈에 그들이 용납될 것이라고 착각하고 있다.

절기의 날들을 그림자에 비유한 성경은 역사상 가장 빛나는 분, 곧 이스라엘의 메시아와 그분의 역사를 예언적으로 알려 준다(골 2:16-17). 더불어 이 절기들은 갈보리부터 메시아 왕국에 이르기까지 메시아께서 행하실 일의 윤곽을 보여 준다. 오직 그분만 유일한 근원과 본체시다. 반면 절기는 역사상 지울 수 없는 그분의 흔적을 보여 주는 그림자일 뿐이다.

　이것은 먼 여행을 마치고 집으로 돌아오는 한 남편에 비유할 수 있다. 그는 아내가 문 앞에 들어설 때 비친 그녀의 그림자를 본다. 그러자 그의 심장은 기대와 설렘으로 고동친다. 하지만 남편은 아내의 그림자를 안아주지 않는다. 그림자에는 만족이 없기 때문이다. 대신 문을 열고 들어가 아내의 그림자가 아니라 아내를 안아 준다.

　예수님께서 선포하셨다. "내가 곧 길이요 진리요 생명이니 나로 말미암지 않고는 아버지께로 올 자가 없느니라"(요 14:6). 당신은 지금 그림자를 좇고 있는가, 아니면 메시아를 꽉 껴안고 있는가? 오직 그분만이 구원하실 수 있다.

첫째 달 열나흗날 저녁은
여호와의 유월절이요 (레 23:5)

4장

유월절

케빈 하워드

고대의 절기인 유월절은 무려 3천5백 년 동안 인류와 함께하고 있다. 이집트의 거대한 피라미드가 있던 시대를 배경으로 한 유월절 이야기는 불같은 사건들을 통해 엄청난 감동을 준다. 유대인 사내아기 살해 명령, 강에 떠내려간 한 아기, 유대인의 노예 생활, 불타는 떨기나무, 이집트의 술사들, 박진감 넘치는 바로 왕과의 대면, 하늘의 재앙들, 군대의 추격, 갈라진 바다, 번개 치는 광야의 산기슭에서 탄생한 한 나라의 건국.

유월절은 오늘날에도 강력한 메시지를 주고 있다. 이 절기는 다락방 사건과 주의 성만찬의 상징과 메시아 죽음의 의미를 이해할 수 있는 중요한 배경이다.

성경의 규례

☐ 유월절의 의미

　유대 민족은 4백 년 넘게 이집트에서 살았다(출 12:40). 하나님께서 약속하신 대로(창 46:3-4, 50:24) 그들의 땅으로 돌려보낼 시간이 되었다. 출애굽기 11장에 하나님은 그분의 종 모세를 통해 열 번째이자 마지막 심판의 재앙을 이집트와 그 땅의 거짓 우상들 위에 내리셨다. 한밤중에 주님은 그 땅을 두루 다니시며 모든 가정의 장자와 모든 가축의 초태생을 죽이셨다. 이 마지막 결정적인 재앙을 통해 하나님은 그분의 백성을 이집트의 속박에서 극적으로 해방하셨다.

　출애굽기 12장에서 하나님은 하나님을 신뢰하는 사람들이 취해야 할 조치를 명확하게 알려 주셨다. 그 결과 그들은 바로와 이집트 사람들과는 달리 마지막 재앙에 쓰러지지 않았다. 그들은 가장 좋은 일 년생 숫양을 선별해야 했다. 어떤 흠이나 결함이 없는 온전한 양이어야만 했다. 히브리력으로 니산월 열 번째 날 양무리에서 선별한 후 같은 달 열넷째 날까지 나흘 동안 데리고 있어야 했다. 이는 각 가정에서 간직한 그 양이 적합하다는 것을 확인하는 시간이었다. 또한 각 가정이 양을 간직함으로 더는 한 마리의 평범한 양(출 12:3)이 아니라 그들의 어린양(출 12:5)이 되는 시간이었다. 이것은 그들에게 값비싼 희생에 대한 깊은 감동을 주었다. 아무 죄 없는 어린양이 그들을 대신해 죽어야만 했다.

　열넷째 날 저녁, 따뜻한 오후의 햇살이 저무는 가운데 '온 회중은'

공개적으로 어린양들을 죽여야 했다. 모든 백성은 양들의 죽음에 대한 책임을 져야 했기 때문이다. 그리고 각 가정은 개별적으로 어린양의 피를 집 문설주에 발랐다. 이것은 주님에 대한 신뢰의 표시였다(출 12:13). 바로 그 순간 죄 없는 어린양은 그들의 대속물이 되고 주님의 심판이 그들을 '넘어갈(pass over)' 수 있도록 만들어 준다. 이렇게 주님은 대대로 지킬 유월절을 제정하셨다. "이 밤은 그들을 애굽 땅에서 인도하여 내심으로 말미암아 여호와 앞에 지킬 것이니 이는 여호와의 밤이라 이스라엘 자손이 다 대대로 지킬 것이니라"(출 12:42).

☐ 유월절의 시간

유월절의 성경적 정의는 7일간의 무교절 직전 단 하루 동안 있는 축제다. 오늘날 유월절과 무교절은 애매하게 섞여 있어서 그냥 '유월절'이라 부른다.

하나님은 히브리력 니산월(3월~4월) 열넷째 날을 매년 지키도록 정하셨다. 그날은 다름 아닌 하나님께서 그분의 백성을 이집트에서 건지신 날이다(출 12:6, 레 23:5, 민 9:3, 28:16). 주의 구원이 너무도 크고 놀라웠기 때문에 이스라엘의 종교력 마저 바뀔 수밖에 없었다. 이 기적적인 해방을 기념하는 니산월(바빌론 포로기 이전에는 아빕월으로 알려짐)은 그때 이래로 히브리 종교력의 첫 달이 되었다(출 12:2, 민 9:5, 28:16).

☐ 유월절의 기록

성경의 모든 말씀을 살펴보면 어린양은 유월절의 핵심 준비물이다(출 12:34, 34:25, 신 16:1-7). 어린양이 없으면 구원도 없다. 유월절을 지킬 때 어린양이 가장 중심 역할을 했기 때문에 '유월절'이라는 용어는 절기와 더불어 어린양이라는 단어와 상호 교차적으로 사용했다(출 12:21, 신 16:2, 6, 비교 눅 22:7, 고전 5:7의 원문은 유월절이지만, 한글 성경은 양을 추가해서 '유월절 양'으로 번역-역주). 유월절은 어린양 없이 존재할 수 없었다. 어린양은 유월절을 상징했고 어린양이 없는 유월절은 무의미했다.

하나님은 유월절 밤에 세 가지 상징적 음식(어린양, 맛짜[matzah, 누룩 없는 무교병], 쓴 나물)을 먹으라고 하셨다(출 12:8). 희생 제물은 무죄를 상징하는 어린양이어야 했다. 양은 반드시 불에 구워야 했고, 양을 굽는 불은 장자 대신 양에게 닥칠 심판을 상징한다. 맛짜를 먹는 것은 희생 제물의 순결함을 상징한다. 시큼한 맛이 나는 누룩은 죄를 상징했다(고전 5:6-8). 쓴 나물을 먹는 것은 어린양의 고난을 기억하는 것이다.

☐ 유월절의 중요성

우리는 유월절을 지켜야 할 몇 가지 중요한 이유를 반드시 알아야 한다. 여호와께서 그 땅을 심판하시며 두루 다니실 그때에는 단 하나의 유월절만 있었다. 그때 이래로 지켜 온 모든 유월절은 그 첫 번째 것을 기념하고 기억하는 것이다(출 13:3).

유월절은 여느 종교들의 절기와는 아주 다른 독특함이 있다. 유월절은 가장 오랫동안 지켜 온 절기로써 약 3천5백 년 동안 이어져 왔다. 유월절은 이스라엘이 이집트를 떠난 지 1년 후 시나이 광야에서 지켰다(민 9:1-14). 유대 민족이 이스라엘 땅에 들어갔을 때도(수 5:10-12), 히스기야왕(대하 30장)과 요시야왕(왕하 23:21-23, 대하 35:1-19) 때도 지켰으며, 바빌론 포로에서 귀환했을 때도 역시 지켰다(스 6:19-20). 그리고 예수님 시대에도 광범위하게 지키고 있었다(요 11:55). 심지어 오늘날에도 어떤 명절보다 많은 유대인이 유월절을 지키고 있다. 유월절은 유대인 문화와 공동체를 강하게 결속하는 힘이다.

유월절을 지키는 것이 너무도 중요하기 때문에 자비로우신 하나님은 니산월 14일에 지킬 수 없는 사람들을 위해 대체할 다른 날을 정해 주셨다. 시신을 만져 부정하게 된 사람이나 먼 여행을 떠난 사람들은 30일 후 둘째 달 14일에 유월절을 지킬 수 있었다(민 9:1-14, 비교 대하 30:2, 15). 반면 다른 신성한 절기들에는 이런 협상이 없었다.

☐ 유월절의 예식

하나님은 유월절을 영원히 기념하며 지키라고 명하셨다(출 12:14). 또한 지켜야 할 예식이라고 선포하셨다(출 12:25). 이 예식은 어린양과 맛짜와 쓴 나물을 포함해야 했고 자녀들의 마음에 궁금증을 일으킴으로써 출애굽 이야기가 세대와 세대 간에 계속 이어질 수 있도록 했다(출 12:26-27). 그러나 주님은 예식의 순서에 대한 자세한 설명을 주지 않으셨고 다만 지키라고 하셨다.

그리스도께서 오시기 수백 년 전부터 전통적인 유월절 예식이 시작되었다. 제의적인 유월절 예식을 히브리어로 '순서'라는 뜻의 세데르(Seder, 영어로는 세이더)라고 한다. 이는 유월적 예식을 행할 때 성경 읽기, 기도, 상징적인 음식, 노래의 전통적인 순서를 규정했다. 오늘날 유월절 세데르의 기본 순서는 중세 시대를 거치면서 더 많은 노래와 부가적 전통으로 장식되었지만, 지난 2천 년 전 예식의 상당 부분을 그대로 보존하고 있다.

유월절 식탁

베개는 세데르 때 기댈 수 있도록 인도자의 왼쪽 팔 가까이에 둔다. 먹을 때 기대는 관습은 고대 페르시아 때부터이다. 노예가 식사 자리에서 여유롭게 기대는 것을 절대 허용하지 않았기 때문에 이는 자유를 상징한다.

소금물은 이집트의 속박 기간 동안 그리고 하나님께서 홍해를 기적적으로 가르셨을 때 흘린 유대인의 눈물을 상징한다.

어린양의 **정강이뼈**는 성전 시대 때 매년 희생된 유월절 어린양의 참혹함을 기념하는 것이다. 희생 제사 제도는 주후 70년 로마의 성전 파괴 후 중단되었다.

일부 전통에서 사용하는 **구운 계란**은 유월절 둘째 날 성전에 드릴 화목제를 의미한다.

하가다(Haggadah 히브리어로 '이야기'라는 뜻)는 "네 아들에게 말하라"(출 13:8)는 주님의 명령에 따라 이름을 지은 것이다. 그것은 유월절 이야기와 관련된 책이며 전통적으로 규정한 순서를 따라 말씀 읽기, 노래, 기도를 통해 표현한다.

하로셋(Haroset)은 사과, 견과류, 계피, 꿀, 포도주로 만든 소스다. 이집트 피라미드 벽돌을 구울 때 이스라엘이 사용한 적황색 진흙과 회반죽을 상징한다.

키파(Kippa 히브리어) 혹은 **야무카**(Uarmulke 이디시어: 중앙 및 동부 유럽에서 쓰던 유대인 언어-역주)는 유대인 남성이 하나님을 경외하는 표현으로 머리에 쓰는 작은 모자다. 성경에 이것에 대한 명령은 없지만 성경 이후 시대에 만들어진 전통이다.

하쩨렛(Hazeret)은 서양고추냉이, 무, 양파같이 쓴 나물이다. 민수기 9장 11절에서 성경은 쓴 나물들(복수)과 함께 음식을 먹으라고 명령하기 때문에 각종 쓴 나물(maror)을 더했다.

세데르 접시는 여섯 개의 원형 홈이 있는 접시로 유월절을 상징하는 음식을 개별적으로 담을 수 있다. 현대 유월절 만찬에 중심이 되는 물건이다.

쓴 나물은 보통 서양고추냉이(매운맛이 나는 겨잣과 식물)이며 유월절 필수 식재료 중 하나다. 쓴 나물은 이스라엘 백성이 이집트 땅에서 겪은 고통과 억압을 의미한다. 밝고 따뜻한 양초는 이 예식의 엄중함을 상징하며 유월절을 특별한 날로 구별한다.

엘리야의 잔은 엘리야 선지자가 와서 메시아의 오심을 선포해 주기를 바라는 소망을 담아 부은 포도주 잔이다. 랍비 전승에 따르면 메시아는 흩어짐에서 최종적으로 구속하기 위해 대속의 계절인 유월절 기간에 오실 것이라고 한다. 하지만 말라기 4장 5절에 의하면 엘리야가 반드시 먼저 올 것이다.

양초는 해 질 녘에 불을 밝히며 각 가정의 안주인이 양초 위로 기도함으로써 유월절 예식의 시작을 알린다.

포도주는 기쁨을 상징한다. 랍비의 법은 주님께서 약속하신 구원을(출 6:6-7) 네 가지로 표현하기 위해 세데르를 행할 동안 네 잔의 포도주를 마시라고 명한다. 랍비의 법에 따르면 이 포도주는 반드시 적포도주여야 한다.

쓴 채소를 소금물에 찍어 먹는 **카르파스**(Karpas)에는 일반적으로 파슬리, 상추, 물냉이, 우슬초 등이 있다. 식물의 녹색은 유월절의 발생 시점인 봄을 상기시키고 문설주에 피를 바를 때 사용한 우슬초를 기념한다.

유월절 식탁 위에 놓인 **세 개의 맛짜**(무교병)는 공교하게 수놓은 맛짜포(아마포) 주머니에 하나씩 넣는다. 일부 랍비의 권위기관들은 세 개의 맛짜가 유대인의 세 그룹, 즉 제사장, 레위인, 이스라엘 백성을 표현하는 것이라고 말한다. 하지만 이 설명을 확증할 성경적 토대는 없다.

현대의 규례

□ 유월절 세데르

유대인들은 유월절이 다가오기 전에 집 안에 있는 모든 누룩이 든 빵(유교병)과 관련된 물건들을 치우는 등 정성스러운 준비를 시작한다. 집 안을 청소하고, 호주머니를 뒤집어 세탁하고, 주방 기구들은 끓는 물에 소독한다. 매일 사용하던 식기류 대신 본차이나, 은, 크리스털 같은 최고급 유월절 그릇으로 바꾼다.

유월절 예식은 상당히 길다. 유월절 기도문, 노래, 하가다(Haggadah, 히브리어로 '이야기'라는 뜻이다. 유대교에서 전설이나 격언을 포함하는 비법률적 랍비 문학 형태로 좁은 의미의 하가다는 유월절 세데르에서 낭독하는 출애굽기 이야기다. 출애굽기는 세데르 예식의 일부분이지만 하가다는 전체 예식 또는 예식에 관한 책 자체를 가리킨다. 주석을 통해 수정된 이야기를 보충하고, 어린이들이 전승에 관해 질문하면 답해 준다-역주)의 이야기 본문을 읽는 과정이 있기 때문이다. 세데르는 종종 자정까지 이어지기도 하고, 이른 새벽까지 진행되기도 한다.

가족 구성원들이 다 앉으면 특별한 순서에 따라 좌석을 배치한다. 인도자는 만찬 상 머리맡에 앉는다. 가정의 막내는 나중에 있을 세데르 예식의 특별한 역할을 담당하기 위해 인도자의 오른편에 앉는다. 인도자 왼편에는 주빈(主賓)이 앉거나 때때로 엘리야 선지자를 위한 자리로 남겨 두기도 한다.

명절 당일 안주인은 유월절 양초에 불을 밝힌다. 그런 다음 두 손으로 눈을 가리고 특별한 날을 주신 하나님께 감사하며 축복 기도문을 암송한다. "오, 주 우리 하나님, 우주의 왕, 말씀으로 우리를 구별하신 주님을 송축합니다. 이제 주의 이름으로 우리가 이 축제의 불을 밝힙니다."

첫 번째 잔

주님은 이집트에서 구원할 약속을 네 가지 방법으로 표현하셨다. "내가 너희를 빼내리라." "내가 그들의 고역에서 너희를 건지리라." "내가 너희를 속량하리라." "내가 너희를 나의 백성으로 삼으리라"(출 6:6-7). 포도주는 추수의 기쁨을 상징한다. 네 잔의 포도주는 주의 속량에 대한 네 배의 기쁨을 반영하기 위해 유월절 예식에 사용한다.

예식을 시작하기 위해 아버지는 첫 번째 잔을 따르며 모두에게 식탁에서 일어나라고 말한다. 그런 다음 잔을 하늘을 향해 들고 키두쉬(Kiddush, 성별의 기도)를 암송하며 이날을 하나님께 구별해 드린다.

오, 주 우리 하나님, 우주의 왕, 포도나무의 열매를 창조하신 주님을 송축합니다.

오, 주 우리 하나님, 열방 가운데 우리를 택하시고 주를 섬기게 하신 주님을 송축합니다.

오, 주 우리 하나님, 우주의 왕, 우리의 생명을 지키시는 분, 우리를 보존하시는 분, 우리로 이 계절을 맞이하게 하신 주님을 송축합니다.

마가의 다락방에서 세데르 예식의 인도자는 메시아셨다. 그리고 그분은 키두쉬를 말씀하셨다. "이에 잔을 받으사 감사 기도를 하시고"(눅 22:17).

손 씻기

세데르의 두 번째 예식은 '손 씻기'다. 가족 중 한 사람이 식탁에 둘러 있는 각 사람이 손을 씻을 수 있도록 물 주전자와 대야와 수건을 가지고 온다. 이 예식은 정결을 상징하고, 모인 이들이 음식을 만질 준비를 하는 것이다.

메시아께서 제자들에게 한 가지 실례로 가르칠 때 사용하셨던 것은 아마도 세데르 절차 중 이 예식이었을 것이다. "저녁 잡수시던 자리에서 일어나 겉옷을 벗고 수건을 가져다가 허리에 두르시고 이에 대야에 물을 떠서 제자들의 발을 씻으시고 그 두르신 수건으로 닦기를 시작하여"(요 13:4-5). 이 같은 실례는 이제 곧 그분이 고난받는 종이 되실 것과 그들을 정결하게 하는 분이심을 증명했다.

녹색 채소

손을 씻은 후 카르파스(녹색 야채, 77p. 설명 참조-편집 주)를 소금물에 찍어 먹는다. 녹색 채소는 유월절이 봄철에 일어났다는 것을 기념하고, 소금물은 유대 민족이 노예 생활 중 흘린 고통과 고난의 눈물을 상징한다.

가운데 맛짜

다음은 인도자가 아마포에 담아 둔 가운데 맛짜를 꺼내 반으로 자른다. 반은 남겨 두고 다른 반쪽은 아마포로 조심스럽게 감싼 다음 아이들이 눈을 가리고 있는 동안 집 안에 숨겨 둔다. 이에 대해서는 아주 중요한 진리를 설명하기 위해 나중에 다시 다루겠다.

네 가지 질문

이제 가정에서 가장 어린 아이는 열심히 외운 말씀을 암송한다. 그 아이는 출애굽기 12장 26절, "이 후에 너희의 자녀가 묻기를 이 예식이 무슨 뜻이냐 하거든"의 말씀이 성취되도록 전통적인 유월절 질문을 한다. 암송을 완수한 기쁨으로 가득찬 아이는 다음의 질문을 한다.

왜 오늘 밤은 다른 날 밤과 다른가요? 다른 날 밤에는 무교병을 먹든 유교병을 먹든 상관없었는데 왜 오늘 밤은 무교병만 먹나요? 다른 날 밤에는 아무 나물이나 먹어도 되는데 왜 오늘 밤에는 오직 쓴 나물만 먹어야 하나요? 다른 날 밤에는 나물을 물에 한 번도 담그지 않아도 되는데 오늘 밤에는 왜 두 번이나 찍은 후에 먹나요? 다른 날 밤에는 앉아서 먹든 기대고 먹든 상관이 없는데 왜 오늘 밤에는 기대고 먹나요?

종종 이 어린아이는 인도자에게 기대기도 하는데 이것은 유월절 만찬 때 예수님께 기댔던 요한 사도의 상황이다. 요한은 기록한다. "예수의 제자 중 하나 곧 그가 사랑하시는 자가 예수의 품에 의지하여 누웠는지라"(요 13:23). 이것은 요한이 식사에 참여한 가장 어린 사람으로 구세주의 오른편에 앉았다는 것을 보여 준다. 그리고 요한이 가장 어린 사도였다고 말하는 초대교회 전승과 일치한다. 그래서 요한은 그 밤에 네 가지 질문을 할 수 있는 영광을 누렸을 것이다.

두 번째 잔

다음 순서는 두 번째 포도주 잔을 채우는 것이다. 그리고 네 가지 질문에 대한 답으로 긴 유월절 이야기를 시작한다. 우르에서 받은 아브라함의 소명, 족장들에게 주신 하나님의 약속들, 요셉과 그 형제들 이야기, 유대 민족의 노예 생활,

모세의 손을 통한 구원, 시나이산에서 율법을 받는 사건 등으로 한 나라의 태동에 관한 거대한 파노라마 같은 이야기다.

열 가지 재앙을 설명할 때 각 재앙마다 포도주를 한 방울씩 잔에 떨어뜨린다. 이것은 이집트인의 고통에 대한 슬픈 마음을 표현한 것이다. 유월절 이야기를 하는 동안 세데르의 음식 쟁반과 그것이 상징하는 의미들을 조심스럽게 설명하면서 유월절 이야기와 잘 섞여 조화를 이루게 된다.

두 번째 포도주 잔을 마시기 전에 유대교에서 할렐(Hallel, 시 113~118)이라고 하는 시편 전반부를 화답 형태로 암송한다. 할렐은 '찬양'을 뜻하는 히브리어다. 이 단어는 "여호와를 찬양하라"는 뜻의 할렐루야(halleluyah)의 형태로 많은 언어로 사용되고 있다. 유대인의 행동에 관한 고대 랍비들의 주석인 탈무드에 의하면, 모든 가정이 유월절 어린양들을 희생 제물로 잡을 동안 레위인들은 이 시편을 노래했다고 한다.

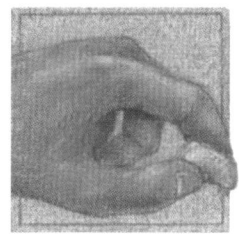

맛짜 적시기

식사할 준비를 하면서 모든 참석자는 정결 예식을 위해 두 번째 손을 씻는다.

그다음 위에 있는 맛짜와 가운데 맛짜의 남은 부분을 쪼개어 모든 참석자에게 나눠준다. 각 사람은 한 조각의 맛짜를 서양고추냉이(horseradish)와 하로셋(haroset)에 찍어 먹는다. 이는 그들의 쓰디쓴 노예 생활 가운데

받은 하나님 구원의 달콤함을 기억하는 것이다.

두 조각의 맛짜 사이에 서양고추냉이를 넣는데, 이것을 '힐렐 샌드위치(Hillel Sandwich)'라고 부른다. 이 이름은 눈물이 날 정도로 쓴 맛 나는 나물을 알려 준 1세기의 탁월하고 존경받는 랍비에 대한 존경심을 담은 것이다. 이렇게 함으로써 모든 참석자는 이집트에서 노예 생활을 하던 그들의 선조와 하나가 될 수 있다.

이 예식은 주님의 만찬과 관련된 또 다른 중요한 사건을 알려 준다. 메시아는 제자들 가운데 한 사람이 배신할 것을 미리 알려 주셨다(요 13:21-27). 베드로는 예수님께 기대어 있던 요한에게 머릿짓을 하여 그가 누구인지 여쭤보라고 했다. 예수님은 떡 한 조각을(부서진 맛짜 한 조각) 적셔다 주는 자가 배신자라고 대답하셨다. 예수님은 맛짜를 적셔서 가룟 유다에게 주셨다.

성경은 좌석 배치에 대해 구체적으로 말하지 않는다. 유다가 귀빈 자리인 주님의 왼쪽에 앉아 있었고, 전통에 따라 아주 자연스럽게 맛짜를 처음 받았던 걸 수도 있다. 또는 예수님께서 맞은편에 있는 유다에게 먼저 맛짜를 주셨을 가능성도 있다. 어쨌든 전통을 지켰다면 모든 참석자는 그날 밤 적신 맛짜 한 조각을 받았을 것이다. 어쩌면 이것이 제자들이 누가 배신자인지 몰랐을 이유일 수 있다. 아무튼 유다는 예식 자리에서 벗어나 결국 배신하기 위해 바깥으로 나갔다. 이 예식은 식사 전에 있었다. 그리고 얼마 후 예수님께서 식사를 마치고 행하신 성찬에 유다는 없었다.

저녁 식사

다음은 저녁 식사다. 예수님 시대의 저녁 식사는 쓴 나물과 맛짜와 불에 구운 어린 양고기로 구성되었다. 하지만 현대의 식사는 훨씬 더 다양하고 호화롭다. 전통적 유월절 식사는 게필테 피시(gefilte fish, 송어와 잉어 따위를 잘게 썰고, 달걀과 양파 등을 섞어 경단으로 만들어 끓인 수프-역주), 맛짜 볼 수프, 양념 닭, 맛짜 넛 스터핑(matzah nut stuffing, 맛짜와 견과로 속을 채워 만든 요리-역주), 감자 푸딩, 꿀에 절인 당근, 찐 과일, 스펀지 케이크다. 모든 면에서 이 음식들은 한 왕을 위해 준비한 것이다.

아피코멘

식사를 마치면 아이들은 천에 싸서 감춰둔 반쪽짜리 맛짜(이것을 아피코멘 afikomen이라고 부른다)를 찾으러 간다. 아이들은 큰 기대를 하고 집 안 구석구석을 샅샅이 뒤진다. 그것을 찾는 사람에게 상을 주기 때문이다. 집 안 가장 먼 구석에서 기쁨의 함성이 들린다. 바라던 보물을 발견한 것이다. 랍비의 법에 따라 잘게 부순 아피코멘을 예식에 참석한 모든 사람과 나눈 후 유월절 어린양을 기념하기 위해 그 조각을 먹는다.

세 번째 잔

다음 예식인 대속의 잔(the Cup of Redemption)은 포도주를 잔에 세 번째 붓고 한 모금 마시는 것이다.

메시아께서 주의 식탁을 제정하신 것은 바로 유월절 세데르에 있었다. 누가는 이것을 "저녁 먹은 후의 잔"(눅 22:20)이라고 말했으며 세 번째 잔 혹은 대속의 잔은 예수님께서 자신의 십자가 사역을 기념하기 위해 선택하신 것이다.

유월절은 메시아의 오심을 간절히 바라는 소망과 긴밀하게 연결되어 있다. 세 번째 잔을 마치면 한 아이가 엘리야 선지자를 환영하기 위해 정문으로 나간다. 이는 문을 통해 들어온 그 선지자가 그의 포도주 잔을 마시고 메시아의 오심을 선포하기를 바라는 것이다. 이 전통은 히브리 성경 말라기에 근거한다. 말라기는 예언했다. "보라 여호와의 크고 두려운 날이 이르기 전에 내가 선지자 엘리야를 너희에게 보내리라"(말 4:5).

많은 사람은 엘리야가 요한계시록 11장에 언급된 두 증인 중 하나일 것이라고 믿는다. 왜냐하면, 둘 중 하나는 엘리야의 기적을 행할 것이기 때문이다. 성경은 엘리야가 장래에 돌아올 것이라고는 하지만, 두 증인의 이름을 말하지 않는다. 그러므로 그 둘의 정체에 관해서는 누구도 독단적으로 단정할 수는 없다.

네 번째 잔

이제 용납의 잔 혹은 찬양의 잔(the Cup of Acceptance/Praise)이라 부르는 네 번째 포도주 잔을 채워 마신다. 메시아께서 제자들과 함께 하나님 나라에서 마실 때까지 그 잔을 마시지 않겠다고(마 26:29) 하신 것이 바로 이 잔이다. 주님은 유대 국가가 그분을 용납할 시간이 아직 미래에 있다는 사실을 아셨다. 따라서 그때가 찰 때까지 그분의 기쁨은 채워지지 않을 것이다.

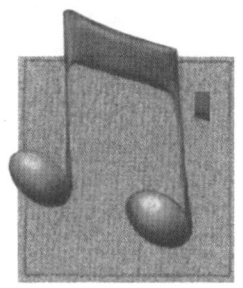

마무리 찬송

예식을 마무리할 때 보통 한 곡의 찬송을 부르거나 암송한다. 이것 역시 예수님 시대에 있던 전통이다. 마태는 말한다. "이에 그들이 찬미하고 감람산으로 나아가니라"(마 26:30). 어쩌면 마태는 유대인 청중에게 글을 쓰고 있었기 때문에 그들이 그 찬송의 이름을 알고 있다는 것을 인지했을 것이다. 전통적으로 모든 세데르는 할렐의 후반부(시 115~118)로 끝난다.

배신당한 예수님께서 십자가를 지기 불과 몇 시간 전에 시편 118편의 예언적인 말씀을 찬양하셨다는 것은 얼마나 아이러니한가! "건축자가 버린 돌이 집 모퉁이의 머릿돌이 되었나니 이는 여호와께서 행하신 것이요 우리 눈에 기이한 바로다 이 날은 여호와께서 정하신 것이라 이 날에 우리가 즐거워하고 기뻐하리로다 여호와여 구하옵나니 이제 구원하소서 여호와여 우리가 구하옵나니 이제 형통하게 하소서 여호와의 이름으로 오는 자가 복이 있음이여 우리가 여호와의 집에서 너희를 축복하였도다"(시 118:22-26). 메시아께서 종교 지도자들이 거절한 돌이 되신다는 이 말씀을 성취하기 불과 몇 시간 전에 바로 이 말씀을 노래하셨다(마 21:42, 막 12:10, 행 4:11).

유대 민족의 대다수가 이 시편의 진리를 깨닫지 못했다는 것과 메시아께서 다윗의 왕좌에 앉아 통치하시기 전에 먼저 거절받고 고난받아야 한다는 사실을 몰랐다는 것은 얼마나 비극인가! 시편 118편은 일반적으로 메시아를 알리는 말씀으로 누구나 알고 있었고 또한 그분이 승리의 입성을 하실 때 사람들이 그분을 메시아로 선포하며 노래했었기 때문에 더욱 비극적이다. 마태는 기록한다. "앞에서 가고 뒤에서 따르는 무리가 소리 높여 이르되 호산나(히브리어로 '지금 구원하소서'라는 뜻) 다윗의 자손이여(메시아의 호칭) 찬송하리로다 주의 이름으로 오시는 이여 가장 높은 곳에서 호산나 하더라"(마 21:9).

성취

유월절 예식은 상징으로 가득하다. "왜 맛짜는 세 개일까? 어떤 랍비 전통은 세 개의 맛짜가 세 그룹의 유대 민족 곧 제사장, 레위인, 이스라엘 백성을 나타낸다고 말한다. 또 어떤 전통은 세 명의 족장 곧 아브라함, 이삭, 야곱을 표현한다고 말한다. 하지만 이런 랍비 전승은 가운데 맛짜를 반드시 부셔야 하는 이유를 설명하지 못한다. 다른 이들이 아닌 왜 반드시 레위인이 깨져야 할까? 아브라함도 야곱도 아니고 왜 이삭이 반드시 부서져야 할까? 랍비 전승은 이렇게 중요한 문제에 대해 그저 침묵으로 답한다.

맛짜를 부수는 의식 이면에 있는 상징을 어느 것도 제대로 설명해 주지 못한다. 세 개의 맛짜가 아마포 속에 하나로 있듯이 하나님의 삼위일체, 곧 한 분 하나님 안에 있는 세 위격을 상징한다. 삼위의 두 번째 위격이신 성자께서 메시아로 이 땅에 오셨다. 그분은 부서지셨고(죽으셨고), 감쌈을 당하셨고, 감춰지셨고(장사되셨고), 세 번째 잔에 다시 돌아오셨다(제삼일에 부활하셨다).

얼핏 보면 이런 주장이 유대인의 유월절을 기독교화하려는 말도 안 되는 시도처럼 보일지 모르지만 그 반대의 증거는 차고 넘친다. 첫째, 아피코멘은 예수님 시대에는 없었다. 후에 유월절에 추가되었다. 그날 먹는 마지막 단단한 음식은 저녁 식사로 먹는 어린양이다. 랍비 전승은 아피코멘이 어린양을 뜻하기 때문에 모든 사람이 반드시 먹어야 한다고 말한다.

둘째, 아피코멘의 뜻에 관해 랍비들 사이에 엄청난 논쟁이 있다. 아피코멘이 히브리어에는 존재하지 않기 때문에 문제는 더욱 복잡하다. 그것만이 아니다. 랍비들이 일반적으로 합의한 바에 의하면 이 단어는 후식을 뜻한다. 식후에 먹기 때문이다. 놀랍게도 아피코멘은 유월절 세데르에서 발견할 수 있는 유일한 헬라어다(예수님 시대의 공용어). 그 밖의 모든 것은 히브리어다. 헬라어 동사 이크네오마이(ikneomai)의 두 번째 부정 과거형이다. 이 번역은 우리를 흥분하게 만든다. 단어의 뜻은 단순하다. 내가 왔다.

아피코멘을 통해 많은 전통이 발전해 왔다. 모로코계 유대인들은 바다를 여행할 때 아피코멘 조각을 챙겨간다. 아피코멘 한 조각을 폭풍 속에 던지면 바다를 잠잠하게 만든다고 믿기 때문이다. 이 전통의 기원을 발견하기는 아주 쉽다. 예수님께서 갈릴리 바다의 폭풍을 말씀으로 잠잠하게 하셨다.

여기서 필연적인 질문이 생긴다. "만일 그것이 예수님을 지칭하는 것이라면, 오늘날 대다수의 유대인은 예수님을 메시아로 영접하지 않고 있는데 어떻게 아피코멘이 유대인의 유월절에 들어갈 수 있었을까?" 이 질문에 빛을 비추기 위해서는 1세기의 상황을 살펴봐야 한다.

사도행전 2장의 칠칠절(샤부옷 혹은 오순절)에 다른 나라들에서 온 3천 명의 이스라엘 자손이 주님을 믿었다. 하지만 실제 인원은 훨씬 더 많았다. 3천 명 안에 여자와 어린아이들은 포함되지 않았기 때문이다. 유대인 신자들은 그들의 본토로 돌아갔을 때 구세주의 메시지를 가지고 가서 다른 유대인 형제들에게 알려 주었을 것이다. 의심할 여지없이 많은 사람이 그들의 간증을 듣고 주님께 돌아왔다. 사도행전 21장 20절에서 야고보와 장로들은 바울에게 말했다. "형제여 그대도 보는 바에 유대인 중에 믿는 자 수만 명이 있으니" 그들은 예루살렘에 있는 유대인 신자에 대해 말하고 있으며 그 수는 수천 명이 넘었다. 어떤 사람은 1세기 말까지 메시아를 믿는 유대인 신자를 백만 명이라고 추산한다. 이 수치가 그 나라에서 다수는 아닐지라도 각

처에 있는 회당에 예수님의 메시아 되심을 알릴 충격파는 되었을 것이다.

1세기에 발생한 또 다른 사건으로 인해 상황이 바뀌었을 뿐 아니라 유월절 규례에 변화를 가져왔다. 로마의 전쟁 무기가 이스라엘로 밀고 들어와 주후 70년에 성전을 초토화했다. 이 사건은 최악의 재난이었다. 그 이유는 레위기 법의 대부분이 성전과 희생 제물에 토대를 두고 있기 때문이다. 성전이 없으면 희생 제사도 없을 것이다. 희생 제물이 없으면 유월절 어린양도 필요 없을 것이다. 주님께서 엄하게 명령하셨다. "여호와께서 자기의 이름을 두시려고 택하신 곳에서 소와 양으로 네 하나님 여호와께 유월절 제사를 드리라"(신 16:2). 유월절 어린양이 없으면 미래의 유월절 규례는 위협을 받게 된다. 유대 백성은 유월절을 지키는 것을 멈추든지 아니면 규례를 바꿔 어린양 없이 지켜야 할지 하는 딜레마에 빠지게 되었다.

게다가 유대인 신자들은 이미 희생 제사 제도를 깨뜨렸고 메시아께서 십자가에서 단 한 번에 영원한 효력이 있는 희생 제물이 되셨다고 믿었다. 그들은 이미 어린양 없이 유월절을 지키고 있었다. 유대인 신자들은 부서진 맛짜(아피코멘)를 주님께서 정확하게 말씀하신, "이것을 행함으로 나를 기념하라" 하신 그 예식에 포함하기로 결정했다. 그 예식 이면에 있는 온전한 중요성을 인식하지 못한 채 '어린양 없는' 유월절로 전환해야 할 다른 사람들이 이 전통을 빌렸다고 상상하는 것은 그리 어렵지 않다.

궁극적으로 유월절은 유대인 메시아가 진정한 유월절 어린양임을 나타내는 전조였다. 히브리 선지자 이사야는 메시아를 유월절 어린양과 그분이 가져올 더 위대한 대속(사 53장)이란 용어로 설명했다. 그분은 죄가 없는 순결한 어린양이시며, 백성을 대신하여 하나님의 심판이 그분 위에 임했다. 그분은 죄에서 더욱 위대한 구원을 주기 위해 고난과 죽음의 극심한 고초를 겪으면서 자신의 피를 흘리신 분이다. 오늘날 수백만의 유대인 가정 가운데 유월절 예식 중 가장 잘 알려지지 않은 예식(아피코멘)이 가장 위대하고 가장 강력한 의미를 준다는 것을 알지 못하는 것은 큰 비극이다. 아피코멘(그분이 오셨다)은 메시아, 진정한 유월절 어린양께서 이미 오셨다는 것을 매년 기억하는 것이다.

해마다 어린이들의 작은 목소리가 유월절 밤에 떠돌아다닌다. "왜 이 밤은 다른가요?" 그리고 아피코멘의 간증이 메아리쳐 돌아와 대답한다. "내가 왔노라." 유월절 어린양께서 십자가에 달리셨고, 장사되셨고, 제삼일에 다시 살아나셔서 더 위대한 구속, 곧 죄에서 구원을 이루신 날이 바로 이 명절이기 때문이다. 유월절 메시지의 완성을 발견할 수 있는 곳은 오직 그분뿐이다. 그 어린양은 여전히 이 명절에서 분리할 수 없다.

예수님이 유월절 어린양 되심은 반문의 여지가 없다. 성경은 이 사실을 기록하고 역사 속에서 메아리친다. 하지만 아직 마지막 유월절 질문이 남아 있다. 가장 중요한 질문이다. "그분은 당신의 유월절 어린양입니까? 당신은 메시아와 그분의 희생을 당신의 유일한 소망으로 신뢰합니까?" 고대 이스라엘 백성도 개별적으로 그 피를 문에 바르라는 요청을 받았듯이 오늘날도 동일하게 모든 남자와 여자는 하나님의 어린양에 대해 반드시 결단해야 한다. 지금도 그 어린양이 없으면 구원도 없다.

이 달 열닷샛날은 여호와의 무교절이니
이레 동안 너희는 무교병을 먹을 것이요

(레 23:6)

5장
—
무교절

케빈 하워드

이스라엘의 두 번째 절기 무교절은 이 명절에 먹어야 하는 빵의 이름으로 지었다. 히브리 성경은 이 절기를 하그 하마쪼트(Hag Hamatzot)라고 부른다. 맛짜(Matzah)와 맛짜의 복수형 마쪼트(matzot)는 히브리어로 '누룩이 없는 빵(무교병)'이라는 뜻이다. 그래서 이 명절은 무교절로 불린다. 이 중요한 절기가 가르쳐 주는 실제적인 진리를 깨닫는 것은 오늘날 경건한 삶을 사는 데 절대적으로 필요하다.

성경의 규례

□ 절기의 의미

무교절은 이집트의 속박에서 하나님의 기적적인 구원을 기억하는 것이다. 이스라엘이 한밤중에 이집트에서 빠져나올 때 밀가루를 발효시킬 시간이 없었다. 그래서 주님은 명령하셨다. "유교병을 그것과 함께 먹지 말고 이레 동안은 무교병 곧 고난의 떡을 그것과 함께 먹으라 이는 네가 애굽 땅에서 급히 나왔음이니 이같이 행하여 네 평생에 항상 네가 애굽 땅에서 나온 날을 기억할 것이니라"(신 16:3, 비교 출 12:39).

□ 절기의 시간

무교절은 초봄(3~4월)에 지킨다. 히브리력 니산월 15일에 시작해서 7일간 지속된다. 무교절(7일간의 명절)이 유월절(단 하루의 명절) 다음 날 시작하기 때문에 종종 두 절기의 구분이 모호하다. 그래서 종합적으로 '8일간의 유월절'이라고 한다. 제2성전 시대(예수님 시대) 역시 8일 전체를 통상적으로 무교절이라고 불렀다(눅 22:1, 7).

□ 절기의 중요성

무교절은 성경의 중요한 절기였다. 레위기 23장에 제정된 다른 절기들과는 달리 이 절기를 제정하라는 명령은 출애굽 사건보다 선행한다(출 12:14-20). 유월절과 무교절이 먼저 제정되었고, 다른 절기들에 관한 세부 사항은 나중에 등장한다. 또한 무교절은 매년 세 차례 순례해야 하는 절기들 가운데 첫 번째 절기였다. 해마다 있는 일곱 절기 중 세 절기(무교절, 칠칠절, 초막절) 동안에는 모든 유대인 남성은 성전에 나와 주님 앞에 자신의 몸을 보여야만 했다(출 23:14-17, 34:18-23, 신 16:16, 대하 8:13).

이 명령을 지키기 위해 메시아는 순례의 절기 때마다 예루살렘으로 가셨다. 열두 살 때 무교절 순례를 마친 후 메시아는 아주 흥미로운 만남을 경험하셨다. "예수께서 열두 살 되었을 때에 그들이 이 절기의 관례를 따라 올라갔다가 그 날들을 마치고 돌아갈 때에 아이 예수는 예루살렘에 머무셨더라…사흘 후에 성전에서 만난즉 그가 선생들[성경 전문가] 중에 앉으사 그들에게 듣기도 하시며 묻기도 하시니 듣는 자가 다 그 지혜와 대답을 놀랍게 여기더라"(눅 2:42-43, 46-47). 메시아는 이스라엘 최고의 토라 학자들을 깜짝 놀라게 만드셨다. 그분은 미천한 갈릴리 사람이었고, 대학 교육도 받지 않았으며, 심지어 바르 미쯔바(Bar Mitzvah, 율법의 아들이란 뜻으로 유대인 아이들이 열세 살이 되면 올리는 성인식-역주)의 나이(13세)에도 못 미치는 열두 살 소년이었다. 하지만 성경에 대한 이해와 총명은 사람들을 충격에 빠뜨리기에 충분했다. 그들은 이 같은 이를 한 번도 보지 못했다.

☐ 절기의 기록

무교절에 관해서 성경은 오직 세 가지 지침만 기록하고 있다. 절기의 날 동안 매일 성전에 특별한 희생 제물을 바쳐야 했다(레 23:8, 민 28:19-24). 절기 첫날과 일곱째 날은 모든 일을 금하고 안식했다(출 12:16, 레 23:7-8, 민 28:25, 신 16:8). 그리고 누룩을 엄격히 금했다. 무려 여섯 페이지에 걸쳐 절기 동안 누룩을 금하라고 강조한다(출 12:14-20, 13:6-8, 23:15, 34:18, 레 23:6, 신 16:3, 8).

히브리어로 누룩은 하메쯔(hametz)이며 문자 그대로 '(맛이) 신, 시큼한'이란 뜻이다. 누룩(보통 효모나 베이킹파우더)은 발효할 때 특히 밀가루를 반죽할 때 사용한다. 누룩을 밀가루에 넣으면 작은 가스 방울들이 생기면서 밀가루를 부풀려 발효시킨다.

이 절기 동안 (빵이나 롤빵 같은) 누룩이 들어간 음식을 먹는 것을 금할 뿐만 아니라 집 안에 누룩이 있어서도 안 된다. 주님은 모세에게 명하셨다. "너희는 이레 동안 무교병을 먹을지니 그 첫날에 누룩을 너희 집에서 제하라 무릇 첫날부터 일곱째 날까지 유교병을 먹는 자는 이스라엘에서 끊어지리라"(출 12:15). 그리고 다시 한번 명령하셨다. "이레 동안에는 무교병을 먹고 유교병을 네게 보이지 아니하게 하며 네 땅에서 누룩을 네게 보이지 아니하게 하라"(출 13:7). 또한 제한할 범위를 확장해서 강조하셨다. "그 이레 동안에는 네 모든 지경 가운데에 누룩이 보이지 않게 할 것이요"(신 16:4).

하나님의 명령은 명료하다. 논쟁의 여지가 없다. 무교절에는 적은 양의 누룩도, 어떤 형태의 누룩도 허용하지 않는다. 누룩을 먹는 것도, 만지는 것도, 심지어 은밀한 곳에 보관한 누룩을 쳐다보는 것도 안 된다. 모든 누룩은 반드시 제거해야만 한다. 그렇게 하지 않으면 성경의 법을 심각하게 위반하는 것이다.

현대의 규례

율법을 지키는 정통 유대인 가정은 몇 주 동안 정성을 다해 유월절을 준비한다. 벽을 닦고 페인트를 칠하고, 주방용품은 끓는 물에 소독하고, 의류는 주머니를 뒤집어 세탁하고, 카펫을 청소하고, 진공청소기 먼지포를 버리고, 절기를 위한 특별한 그릇을 준비한다. 모든 물건을 박박 문질러 닦고, 청소하고, 먼지를 털어내는 것이다.

유월절 전날 밤, 회당에서 저녁 기도를 마치면 각 가정의 아버지는 베디칼 하메쯔(Bedikat Hametz), '누룩 찾기' 예식을 진행한다. 이 고대의 의식은 집 안에 있는 마지막 누룩의 흔적을 제거하기 위해서다. 그날 초저녁에 각 가정의 어머니는 누룩을 찾을 수 있도록 미리 집 안 구석이나 창틀에 소량의 빵부스러기를 놓아둔다.

무교절 축복 기도문을 암송한 후 아버지는 누룩을 찾기 시작한다. 한 손에는 낡은 나무 숟가락을 들고, 다른 손에는 거위 털 하나를 들고 은은하게 비취는 촛불을 따라 방들을 돌아다니며 흩어놓은 빵부스러기를 찾는다. 아버지가 조심스럽게 깃털로 빵부스러기를 쓸어 나무 숟가락 위에 담을 때 아이들은 설레는 마음으로 그 뒤를 따른다. 마지막으로 발견한 빵부스러기와 나무 숟가락과 깃털을 봉지에 담거나 천으로 감싸 실로 묶어서 잘 보관했다가 다음날 아침에 태운다.

나는 이스라엘에서 이 의식을 본 기억이 지금도 생생하다. 당시 나는 예루살렘 몬테피오레의 풍차(1857년에 만들어진 풍차로 예루살렘의 랜드마크 중 하나-역주)에서 멀지 않은 한 아파트 4층에 살고 있었다. 그날은 유월절 전야였다. 다가온 명절로 인해 사람들이 북새통을 이루었다. 해가 질 무렵 나는 뒤쪽 창문을 통해 들려오는 어른과 어린이들의 웃음소리를 들었다. 발코니에서 아래 공터를 내려다보자 밝고 따뜻한 빛을 내는 모닥불이 나의 시선을 사로잡았다. 한 무리의 아버지들이 아이들과 함께 모닥불 주변에 모였다. 시간이 흐르자 더 많은 사람이 근처 아파트에서 나와 기쁨 가득한 이 원형의 모임에 동참했다. 각각의 사람들이 가지고 온 빵 덩어리를 불 속에 던질 때마다 불꽃은 활활 타올랐고 오렌지빛 불꽃 줄기는 서늘한 4월의 하늘 위로 올라갔다. 밤이 깊어지자 어른과 아이들은 하나둘씩 집으로 돌아갔고 원의 크기는 서서히 작아졌다.

아침 햇살이 밝게 비치자 타고 남은 회색빛 재와 검은 숯으로 변한 빵 덩어리만 남아 있었다. 이 잔여물은 이제 몇 시간 후면 유월절이 시작된다는 표시였다. 곧이어 사람들은 빵부스러기를 담은 작은 봉지를 가지고 다시 왔고 잿더미에 던졌다. 가느다란 연기는 점점 굵어지고, 불의 혀가 되어 마지막 누룩을 태웠다. 성경의 명령을 완수했고 가정의 모든 누룩을 제거했으므로 유월절과 무교절을 맞이할 길은 아주 깨끗해졌다.

성취

성경에서 누룩은 종종 죄를 의미한다(마 16:6, 11, 막 8:15, 눅 12:1, 갈 5:9). 고대의 랍비들 역시 '누룩은 마음의 악한 충동'(Berachot 17a)이라고 믿었다. 누룩은 죄의 모습을 잘 보여 준다. 빠르게 반죽에 스며들고, 오염시키고, 시큼하게 만들고, 발효시키고, 무게의 변화를 주지 않고 원래의 크기보다 몇 배로 부풀리기 때문이다. 사실 시큼하게 변하는 과정(부패의 첫 단계)이 일어나는 이유는 아담이 범죄했을 때 하나님께서 선포하신 죽음의 저주 때문이다.

누룩이 죄를 말하기 때문에 성전에서는 오직 누룩 없는 빵(맛짜)을 사용했다(레 2:11, 6:16-17, 10:12). 예물은 순결해야 했다. 누룩이 들어간 것은 불결하고 부적합한 것으로 간주했다.

레위기 23장의 다른 절기들처럼 무교절의 예언적 의미는 메시아의 사역에서 발견할 수 있다. 유월절이 유월절 어린양 되신 메시아의 대속의 죽음을 보여 준다면, 무교절은 메시아의 장례를 보여 준다. 그리고 초실절은 메시아의 부활을 나타낸다.

히브리 선지자들은 메시아께서 죄를 위한 희생 제물이 되실 한 날을 예언했다. 그분은 하나님께서 단 한 번에 영원한 효력이 있는 희생 제물로 주신 어린양이 되실 것이다. 이사야 선지자는 메시아를 이렇게 선포했다. "그는 실로 우리의 질고를 지고 우리의 슬픔을 당하였거늘…여호와께서는 우리 모두의 죄악을 그에게 담당시키셨도다…여호와께서 그의 영혼을 속건제물(offering for sin)로 드리기에 이르면"(사 53:4, 6, 10).

히브리 선지자들은 메시아의 놀라운 장례에 대해서도 말했다. "그는 강포[악행]를 행하지 아니하였고 그의 입에 거짓이 없었으나 그의 무덤이 악인들과 함께 있었으며 [대신] 그가 죽은 후에 부자(한 명의 부자)와 함께 있었도다"(사 53:9).

일반적으로 범죄자로 죽으면 범죄자의 장례를 치른다. 하지만 메시아의 경우는 달랐다. 메시아를 죄인인 것처럼 사형을 집행했지만, 하나님은 그분의 몸을 도시 밖 쓰레기장에 버리는 것을 허락하지 않으셨다. 메시아는 순결하고 죄 없는(누룩이 없는) 희생 제물이셨기 때문에 장례도 존귀함을 받으셨다. 그분은 자신의 죄를 위해 죽지 않으셨다(그분은 죄가 없으시다). 바로 우리의 죄를 위해 죽으셨다(우리는 유죄다). 그래서 하나님은 메시아를 한 부자의 무덤에 장사지냄으로 존귀하게 하셨다. 메시아는 산헤드린 공회의 회원인 아리마대 사람 요셉의 무덤에 장사되었다(마 27:57-60). 이것은 메시아의 무죄함에 대한 하나님의 선포였다.

하지만 메시아의 장례를 둘러싼 보다 중요한 사실은 그분의 몸이 흙으로 돌아가지 않았다는 것이다. 다윗왕은 메시아에 대해 예언했다. "이는 주께서 내 영혼을 스올[무덤]에 버리지 아니하시며 주의 거룩한 자[메시아]를 멸망시키지[썩도록 하지] 않으실 것임이니이다"(시 16:10). 이 예언은 다윗왕 자신에 대한 것이 아니다. 그의 무덤은 3천 년 동안 예루살렘에서 추앙받는 장소가 되었다. 다윗의 몸은 (역사 속에 죽은 모든 사람의 몸처럼) 썩었지만 메시아의 몸은 그렇지 않았다. 아담의 자손은 하나님의 저주 아래 놓인 죄인들이다. "너는 흙이니 흙으로 돌아갈 것이니라"(창 3:19). 순결하고 죄 없는 희생 제물이신 메시아는 흙으로 돌아가라는 저주 아래 있지 않았다. 그러므로 메시아는 우리의 죄를 제거하신 후 제삼일에 무덤에서 나오셨다(시 103:12, 히 9:26).

메시아는 무교절을 성취하셨다. 그분이 순결하고 죄 없는(누룩 없는) 희생 제물이 되셨기 때문이다. 하나님은 한 부자의 무덤에 메시아의 장례를 치르심으로 이 사실을 입증해 주셨다. 더 나아가 메시아의 몸이 무덤에서 썩도록(누룩이 밀가루 반죽을 시큼하게 발효시키는 것처럼) 허락하지 않으셨다. 그분은 죽음과 썩음의 저주 아래 놓인 죄인이 아니셨기 때문에 다시 살아나셨다.

적용

바울이 고린도에 사는 신자들에게 영적 진리를 전달하기 위해 누룩을 제거하는 이 예식을 사용했다는 것은 참으로 흥미롭다. "너희는 누룩 없는 자인데 새 덩어리가 되기 위하여 묵은 누룩을 내버리라 우리의 유월절 양 곧 그리스도께서 희생되셨느니라 이러므로 우리가 명절을 지키되 묵은 누룩으로도 말고 악하고 악의에 찬 누룩으로도 말고 누룩이 없이 오직 순전함과 진실함의 떡으로 하자"(고전 5:7-8).

바울의 메시지는 단순하고 직설적이다. 갈보리 유월절 어린양의 희생을 믿음으로 받아들인 신자들에게 유월절은 과거의 사건이다. 그들은 진정한 유월절 어린양이신 메시아의 구원을 그들의 삶에서 이미 경험했다. 그들은 이제 누룩이 없는 순결함을 요구하는 무교절을 살고 있다.

그러나 바울은 고린도 교회의 신자들이 여전히 그들의 옛 죄에 빠져 있다는 사실에 충격을 받고 크게 실망했다. 식탁에 놓인 눈에 띄는 커다란 빵 덩어리들은 치우면서 바닥에 흩어져 있는 작은 누룩 조각들을 그대로 두는 것은 좋지 않다. 적은 누룩이 다른 모든 것을 오염시킬 수 있기 때문이다. "적은 누룩이 온 덩어리에 퍼지는 것을 알지 못하느냐"(고전 5:6). 바울은 그들에게 누룩을 제거하라고 명했다. 부분이 아닌 전부를! 달리 표현하면, 그는 이렇게 간청하는 것이다. "어떻게 여러분은 여전히 누룩이 들어간 빵을 먹으면서 무교절을 지킬 수 있습니까? 그것은 코셔(kosher)가 아니에요. 몸 속에 누룩이 들어오면 안 됩니다. 그것은 공존할 수 없어요. 모두 제거하세요!"

바울은 로마서 6장 1-18절에서 가르쳤던 내용을 말한다. 믿는 자는 더는 죄의 권세(통치) 아래 있지 않다. 그것은 이미 깨졌다. 믿는 자는 더는 절망적인 죄의 종이 아니다. 오히려 자신의 욕망에 이끌릴 때 죄를 선택할 뿐이다(약 1:14-15). 안타깝게도 극소수의 신자들만 이 진리를 깨닫고 있다. 그들은 끊임없이 육체의 기만에 속아서 마치 죄를 여전히 복종해야만 하는 사악한 주인인 것처럼 생각하고 행동하고 있다.

하나님 보시기에 우리는 이제 누룩이 없으며(의롭고 순결하며) 거룩한 삶을 살도록 우리를 부르신다. 그래서 바울은 이렇게 질문한다. "왜 그렇지 않은 것처럼 계속 살아가십니까?"

다시 한번 머릿속에 이스라엘의 유월절이 떠오른다. 그날은 유월절 기간 8일째였고(무교절 마지막 날) 집 안에 '진짜' 음식은 하나도 없었다. 친구와 나는 맛짜와 샐러드와 으깬 계란에 질려 있었다. 식료품점에서는 다음날까지 빵을 팔지 않기 때문에 우리는 좀 더 좋은 음식을 먹을 수 있기를 바라며 버스를 타고 예루살렘 시내로 갔다. 우리가 제일 좋아하는 피자 가게가 유월절로 인해 문을 닫았다는 사실을 알았을 때 우리는 절망에 빠졌다. 하지만 영업 중인 햄버거 가게를 발견했을 때 우리의 소망이 다시 일어났다. 하지만 우리가 받은 햄버거는 찐 맛짜였다. 그 순간 우리의 소망은 완전히 무너졌다.

이에 굴하지 않고 친구는 아랍 시장에서 빵을 사자고 제안했다. 딱히 문제될 것이 있을까? 어쨌든 한두 시간이면 해가 질 것이다. 친구는 긴 빵 두 개를 사서 셀로판지로 만든 쇼핑백에 담았지만, 빵 끝 부분이 밖으로 삐져나와 보였다. 집으로 돌아오는 길에 우리는 잔디가 있는 공원을 가로질러 걸으며 주변 풍경을 즐겼다. 잔디에서 공부하고 있는 한 무리의 대학생들 옆을 지나갈 때 그들은 흥분한 목소리의 히브리어로 우리를 향해 소리를 질렀다. 천진난만하게 우리는 잔디를 밟으면 안 되는 줄로 착각했고 서둘러 갈 길을 갔다.

우리가 탄 버스는 만원이었다. 친구와 나는 떠밀리다시피 해서

서로 떨어져 앉았다. 그리고 모든 승객이 도끼눈을 뜨고 내 친구와 빵이든 쇼핑백을 노려보고 있다는 사실을 알았다. 이를 눈치챈 친구의 얼굴은 붉게 달아올랐고 쥐구멍이라도 있으면 숨으려 했다. 다행히 버스는 극보수 정통 유대교 마을에는 서지 않았다. 만약 그랬다면 우리는 큰 위험에 처했을 것이다.

유월절과 무교절 기간에 어떤 형태로든 누룩을 가지고 있는 것은 완전히 미친 짓이다. 더군다나 그것을 노골적으로 보여 주는 것은 아주 심각한 문제를 일으킬 수 있다.

우리는 바울의 책망에서 죄에 대한 시기적절한 교훈을 발견할 수 있다. 정결 의식을 통해 행한 것처럼 우리는 우리의 삶 속에 있는 죄를 철저하게 쓸어내야 한다. 그저 식탁 위에 드러난 빵 덩어리를 치우는 것으로 만족하면서 정작 맛있는 호밀빵은 찬장에 숨겨 두거나 부주의하게 빵부스러기를 가스레인지 아래에 방치해서는 안 된다. 우리는 하나님 말씀의 촛불을 들고 우리의 삶을 샅샅이 살펴야 한다. 반드시 모든 구석과 모든 틈새와 모든 창틈까지 빛을 비춰 꼼꼼히 조사해야 한다. 작은 누룩 알갱이를 모두 제거할 때까지 그 일은 완성된 것이 아니다. 왜 그럴까? 바울은 거절할 수 없는 동기를 말한다. "우리의 유월절 양 곧 그리스도께서 희생되셨느니라"(고전 5:7).

너희의 곡물의 첫 이삭 한 단을 제사장에게로 가져갈 것이요

제사장은 너희를 위하여 그 단을 여호와 앞에

기쁘게 받으심이 되도록 흔들되(레 23:10-11)

6장

초실절

케빈 하워드

조직신학의 한 분야이자 주요한 성경 교리 중 하나인 종말론은 문자 그대로 마지막 일에 관한 연구다. 종말론은 교회의 휴거, 주의 날, 메시아의 재림, 이스라엘의 회복, 메시아의 왕국 같은 성경에 나오는 장래의 예언적 사건들을 연구한다. 특히 이와 관련된 연구는 마지막 일에 집중되어 있다.

어떤 주요한 원리도 아니고 자주 살펴보는 내용은 아닐지라도 처음 일(first things)에 관한 주제는 성경에서 많이 다룬다. 2천 년간 잘 알려지거나 다소 눈에 띄지 않았던 이스라엘의 초실절은 오직 처음 일에 맞춰진 고대의 명절이다. 이것이 주는 놀라운 메시지와 영원한 진리는 지금의 하나님의 백성에게 풍성한 자료를 제공한다.

성경의 규례

□ 초실절의 의미

초실절은 이스라엘의 곡물 추수의 시작을 알리는 절기다. 보리는 겨울에 파종한 씨앗 중 첫 수확 곡물이었다. 초실절에는 수확한 보리 한 단을 성전에 가지고 와서 추수를 주신 주님께 감사의 제물로 바쳤다. 이것은 보리 추수 전체를 대표했고 앞으로 여러 날에 있을 수확물에 대한 서약 혹은 보증 역할을 했다.

□ 초실절의 시간

초실절은 초봄에 있는 절기이며 유대의 정해진 절기 중 세 번째다. 히브리력 니산월(성경의 첫 달, 3~4월) 16일에 있고 유월절이 시작된 지 이틀 후에 있다.

성경은 초실절을 정확히 특정하지는 않았지만, 지켜야 할 시간을 '안식일 이튿날'로 기술했다(레 23:11). 이는 어떤 안식을 말하는지에 대한 다양한 해석과 상당한 논쟁을 불러왔다.

사두개인과 후대의 카라잇파(Karaite, 유대 종교법인 율법과 신학의 권위에 있어서 구약성서 타나크만을 최고로 인정하는 유대 종교 운동이다. 미드라시나 탈무드의 구전 전통의 집합을 인정하지 않는다-역주)유대인들은 유월절 기간 첫 번째 주 안식일(토요일)로 이해했다. 하지만 안식은 노동이 금지된 다른 거룩한 날을 의미하기도 했기에 절기 중 어떤 날에 일어나도 상관은 없다(레 23:24, 32, 39). 바리새인이 주장하는 보편적인 의견에 의하면 문제의 안식일은 니산월 15일, 곧 무교절의 첫날(주일)이었다. 그날은 '성회'로(레 23:7) 모이는 날이며 어떤 노동도 해서는 안 된다. 이 동일한 표현은 그 주의 안식일(레 23:3)과 평일에 있던 거룩한 날의 여러 안식일에도 사용되었다(레 23:24-25, 28, 32, 36, 39).

절기를 지키는 고대의 유대인들은 이런 해석에 동의했다. 1세기 유대인 역사가 요세푸스는 다음과 같이 기록했다. "그러나 무교절 둘째 날, 곧 그달 16일에 그들은 토지의 소산을 처음으로 취했다. 왜냐하면, 그날 이전에는 그것을 만지지 않기 때문이다"(유대 고대사 3.10.5).

따라서 유월절의 시간적 순서는 다음과 같이 구성되었다. 유월절(니산월 14일), 무교절(7일간, 니산월 15~21일), 초실절(니산월 16일). 무교절 둘째 날(니산월 16일)이 초실절이며 두 명절이 동시에 겹치는 날이었다.

니산월							
1	2	3	4	5	6	7	
8	9	10	11	12	13	유월절 14	
무교절 15	초실절 16	무교절 17	무교절 18	무교절 19	무교절 20	무교절 21	
22	23	24	25	26	27	28	
29	30						

☐ 초실절의 기록

주님은 초실절의 규례를 레위기 23장 9-14절에 그 윤곽을 그려주셨다. 곡식 한 단(히브리어 오메르omer, '측량하다'의 의미)을 성전에 가져가 제사장에게 주면 제사장은 주님께서 받으시도록 주님 앞에서 그것을 흔든다. 또한 이것과 수반할 다른 희생 제물은 흠 없는 일 년 된 숫양, 포도주 전제, 올리브기름을 섞은 고운 보릿가루였다.

첫 열매를 주님께 드리기 전에는 이유를 불문하고 수확물을 조금이라도 사용하는 것을 금했다(레 23:14). 성경에 따르면, 초실절 예물(혹은 다른 것)을 드리지 않는 것은 하나님의 것을 훔친 것으로 간주했다(말 3:8).

초실절 예식은 신명기 26장 1-10절에 자세히 기록되어 있다. 예배 순서, 심지어 하나님께 드릴 감사 기도의 구체적인 단어까지 본문에 면밀히 기록되어 있다.

☐ 초실절의 중요성

초실절은 이스라엘의 곡물 추수의 시작을 알리는 시간의 분기점 역할을 하였다. 하지만 보다 더 중요한 점은 초실절이 이스라엘의 네 번째 절기인 칠칠절까지의 카운트다운을 알렸다는 것이다. 초실절 시작 후 49일(7일×7주)을 계산하고 50일째 날 칠칠절을 지켰다. 주님은 명령하셨다. "안식일 이튿날 곧 너희가 요제로 곡식단을 가져온 날부터 세어서 일곱 안식일의 수효를 채우고 일곱 안식일 이튿날까지 합하여 오십 일을 계수하여 새 소제를 여호와께 드리되"(레 23:15-16).

그 결과 과거나 현재나 할 것 없이 이 절기 동안을 세피랏 하 오메르(Sefirat Ha-Omer, 오메르 계수)라고 한다. 오메르로부터 칠칠절까지 날짜를 계수하는 예식이었기 때문이다.

☐ **초실절의 예식**
이스라엘 국가에서
- 초실절 준비

성전 시대에 니산월 14일은 유월절 기간에 대한 정성스러운 준비를 완성하는 날이었다. 유월절 희생 제물로 바칠 어린양들을 선별하였고, 무교절을 맞이하기 위해 집 안의 모든 누룩을 제거했으며, 초실절에 바칠 보릿단을 위해 보리밭에 표시도 마쳤다.

한 주씩 지나갈 때마다 이스라엘의 기후는 현저하게 따뜻해졌다. 겨울비는 그쳤고 흐린 날의 횟수는 줄어들었다. 성전에서 동쪽을 바라보면 숨이 멎을 것같이 장엄하게 펼쳐진 올리브산과 봄날의 태양이 내뿜는 찬란한 황금색 빛줄기를 머금은 기드론 골짜기를 볼 수 있었다. 재의 골짜기(Ashes Valley)로 알려진 지역에 위치한 기드론을 가로지르는 주황빛 작은 보리밭은 푸른 잔디의 녹음으로 덮인 경사지와 연한 회색빛 올리브나무들을 배경으로 아늑하게 자리 잡고 있었다. 산들바람에 잔잔히 흔들리는 알곡들은 부드러운 황금빛 모양을 그리며 편안함과 황홀함을 자아내었다. 밭 한쪽 끝자락에는 눈에 띄게 표시한 여러 다발의 보리가 묶여 있었다. 다가오는 초실절을 위한 보리 다발이다.

이 특별한 보리밭은 랍비의 전통에 따라 오직 국가의 초실절 예물로 경작되었고 엄격하게 관리했다. 가을에 기경한 밭에 대략 70일 정도 앞서 보리를 심었다. 화학 비료나 물을 주지 않고 오직 자연적으로 자라도록 잘 관리하였다. 유월절을 맞이할 날들이 가까이 오면 이스라엘의 종교 통치 기관인 산헤드린 공회는 날을 잡아 여러 곡식단을 선별해서 표시한 뒤 묶어두었다. 이렇게 초실절 준비는 완성되었다.

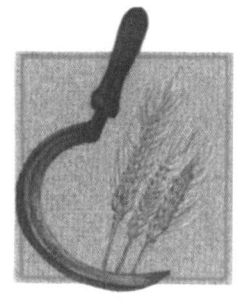

- 초실절의 과정

여러 날 후 니산월 15일 해 질 녘 (유대인의 새날 시작, 니산월 16일) 산헤드린 공회로부터 파송받은 세 사람이 흥겨워 들떠 있는 군중과 성전 근처에서 나왔다. 그들은 초실절 추수 의식을 행하기 위해 행렬을 이루며 보리밭으로 내려갔다. 선발된 세 명의 추수꾼은 손에는 낫을 들고 겨드랑이에는 바구니를 낀 채 앞서 선별한 보릿단 앞에서 만반의 준비를 했다. 그들이 준비할 때 군중 속에는 엄중한 깊은 침묵이 흘렀다. 오직 바람에 잔잔히 흔들리는 알곡들의 소리만 들릴 정도였다. 그때 추수꾼들이 외친 소리는 저녁의 고요함을 깨뜨렸다. 그들은 구경꾼들에게 일련의 질문을 던졌다. "해가 저물었습니까?" "이 낫으로?" "이 바구니 안에?" "이 안식일에?" "(지금) 추수할까요?" 군중의 동의를 받은 제사장들은 마지막 검증 과정을 안전하게 두 번 반복했다. 그때 보리 한 에바가(거의 3분의 2부셸, 1부셸은 8갤런으로 영국에서는 약 36.37리터, 미국에서는 35.24리터-역주) 찰 때까지 표시해 둔 곡식단을 수확했다.

- 초실절의 봉헌

성전 뜰에서는 보리 알갱이가 손상되는 것을 방지하기 위해 황소가 끄는 타작기가 아닌 막대기로 타작했다. 그런 다음 불로 건조한 후 바람에 키질해서 쭉정이를 제거했다. 마지막으로 보리를 갈아서 아주 고운 가루가 될 때까지 꼼꼼하게 체로 걸렀다. 탈무드에 의하면, 체로 거르는 의식은 성전 검시관 중 한 사람이 가루 속에 손을 넣었을 때 그의 손에 가루가 달라붙지 않을 때까지 계속되었다고 한다(Menahot 8:2).

니산월 16일 아침에 초실절 열매를 주님께 봉헌했다. 고운 보릿가루 한 오멜(약 5파인트, 1파인트는 액량·건량 단위로 영국에서는 0.568리터, 일부 나라들과 미국에서는 0.473리터다-역주)에 올리브기름 4분의 3파인트를 섞고 그 위에 소량의 유향을 뿌렸다. 이것은 초실절 예물이 되었다. 레위기 23장 11-13절에 따라 제사장은 그것을 주님 앞에 흔들어 봉헌했다. 그리고 소량은 제단에 불태웠고 나머지는 레위인들에게 주었다.

가정에서

초실절은 국가적 규례였지만 각 가정에서도 각자의 초실절 예물을 갖고 성전을 찾았다. 매년 초봄이 되면 이스라엘의 농부들은 첫 소산을 구별해서 예식을 준비했다. 에브라임과 유대 산간의 계단식 밭과 저지대의 구릉에 이르기까지 이 의식은 이어졌다. 깡충깡충 뛰며 따라오는 어린아이들을 이끌고 농부들은 밭으로 나가 수확하지 않은 곡식들 가운데 최고의 것을 표시했다. 그리고 골풀이나 끈으로 선별한 첫 열매들을 조심스레 묶어 상하지 않도록 보호했다. 이것은 주님께 성별한 것이었다. 농부들은 외쳤다. "보세요. 이것이 첫 열매입니다." 첫 소산을 수확하는 날에는 흥겨움이 넘쳤고 마침내 예루살렘으로 오는 유월절 순례자들을 위해 추수를 했다.

니산월 16일 아침이 밝으면 예루살렘 거리는 갓 구운 맛짜의 향긋한 냄새, 깔깔대는 아이들의 웃음소리, 흥분한 여성들의 목소리, 아기 울음소리, 멀리서 들려오는 개 짖는 소리, 긴장한 양의 울음소리, 구구거리는 비둘기 소리로 활력이 넘쳤다. 이렇게 예루살렘은 초실절을 깨웠다.

서늘한 이른 봄의 아침 공기는 여전히 잔잔했다. 대기 중의 옅은 안개는 아침 햇살 사이에서 서서히 사라져 갔다. 황동 장식과 빛나는 백색 기둥 위에 우뚝 솟은 성전은 시온산 꼭대기를 두른 찬란한 왕관처럼 자리를 지키고 있었다. 성전 문들 바깥에서는 잊을 수 없는 피리 소리가 도착한 사람들의 가슴을 뛰게 했고 기쁨의 화답 소리를 자아내었다. "할렐루야 그의 성소에서 하나님을 찬양할지어다"(시 150:1). 성전 문들 안쪽에서는 레위인 찬양대가 시편 30편 찬양을 인도했다. "여호와여 내가 주를 높일 것은 주께서 나를 끌어내사 내 원

수로 하여금 나로 말미암아 기뻐하지 못하게 하심이니이다…". 유대 나라 전체가 무리 지어 주의 성소를 찾아왔고 축제는 온종일 지속되었다.

제사장의 뜰ⓒ을 흘깃 쳐다보면(7쪽 1세기 이스라엘 성전 평면도 참조) 희생 제단ⓔ의 오렌지빛 불꽃은 수증기 기둥처럼 하늘로 올라가고 피어오른 파란 연기는 서서히 동쪽으로 흘러갔다. 그곳에 있는 제사장들 가운데 일부는 불을 돌보고, 일부는 제물을 잡고, 어떤 이들은 관제를 붓고, 또 어떤 이들은 여호와 앞에 초실절 예물을 요제로 흔들어 봉헌했다.

이스라엘의 뜰ⓓ에서는 끊임없이 밀려오는 남자들이 니카노르 문(Nicanor Gate)ⓘ의 15개의 계단 위에 서서 인상적인 아치형 입구 아래 있는 제사장들에게 예물을 엄숙하게 바치고 있는 것을 볼 수 있었다. 많은 사람이 작고 흰 어린양을 줄로 묶어 데리고 왔다. 그들 중에는 눈에 띌 정도로 단순한 옷차림을 한 가난한 이들도 있었다. 젊고 남루한 농부 예후다 벤 사바는 앞으로 나와 감격에 북받쳐 말했다. "호흡 있는 모든 자는 여호와를 찬양하라." 그는 찬양하면서 투박한 나무 상자 하나를 제사장에게 주었다. 그 안에는 너무 가난해서 번제로 양을 바칠 수 없는 사람들이 대체물로 드리는 비둘기 두 마리가 묶여 있었다(레 5:7, 12:8, 14:22). 제사장이 비둘기를 들고 있을 때 젊은 농부는 예물과 함께 하나님께 기도하며 자신의 죄를 고백했다.

예후다는 모세의 율법에 따라(레 1:14-17) 그의 제물이 준비되는 과정을 골똘히 지켜보았다. 각 단계는 능숙한 제사장의 손길로 아주 정확하고 신속하게 진행되었다. 예후다는 제사장이 제단 곁에서 피를 빼는 모습을 주목했다. 그는 뽑힌 깃털들이 땅에서 흩날리며 제단 곁 잿더미 위에 떨어지는 것을 바라보면서 도시 바깥에 마련된 장소로 옮겨지기를 기다렸다. 마침내 그는 제사장이 부드러운 한 번의 동작으로 비둘기 가슴뼈를 둘로 쪼갠 뒤 제단 불 위에 올려놓는 것을 보았다.

제단에서 뿜어져 나오는 하얀 수증기를 본 예후다는 마음속으로 수 세기 전의 선조 아브라함을 생각했다. 어쩌면 그의 번제물이 하나님께서 이삭 대신 자비로 베푸신 숫양을 주셨던 바로 그 장소에 놓였을지도 모른다는 생각이 들었다.

되돌아오는 제사장의 움직임이 그의 관심을 사로잡았다. 이로 인해 잠깐 빠졌던 꿈에서 깨어났다. 예후다는 제사장과 얼굴과 얼굴로 맞대고 선 채 익숙한 초실절 기도문을 반복했다. "내가 오늘 당신의 하나님 여호와께 아뢰나이다 내가 여호와께서 우리에게 주시겠다고 우리 조상들에게 맹세하신 땅에 이르렀나이다"(신 26:3).

예후다는 어깨에 걸친 바구니를 제사장에게 주었다. 버드나무 순을 벗겨 만든 소박한 바구니에는 그의 초실절 예물인 오멜의 보리가 있었다. 제사장은 바구니 아래를 두 손으로 들고 예후다가 예식을 위한 기도문을 반복하는 동안 여호와 앞에 천천히 흔들었다. "너는 또 네 하나님 여호와 앞에 아뢰기를 내 조상은 방랑하는 아람 사람으로서 애굽에 내려가 거기에서 소수로 거류하였더니 거기에서 크고 강하고 번성한 민족이 되었는데…이곳으로 인도하사 이 땅 곧 젖과 꿀이 흐르는 땅을 주셨나이다 여호와여 이제 내가 주께서 내게 주신 토지 소산의 맏물을 가져왔나이다"(신 26:5, 9-10).

감사 기도를 마치면 제사장은 바구니를 제단 앞에 두고 한 손 가득 곡물을 담아 불에 던졌다. 예후다는 얼굴을 땅에 대고 주님께 경배한 후 바깥 뜰에 있는 가족에게 돌아갔다. 아버지를 본 아이들은 곧장 달려와 그의 무릎을 와락 움켜잡았다. 명절을 지키라는 명령을 완수하였다. 예후다와 그의 가족들은 주님께서 주신 새로운 추수를 기뻐하며 그 자리를 떠났다. 이런 경험은 고대의 초실절 이래 수천 년간 이어져 왔다.

현대의 규례

오늘날은 초실절의 희생 제사와 예물을 드리지 않는다. 성전이 없기 때문이다. 현대까지 유지되고 있는 유일한 초실절 예식은 초실절부터 칠칠절(샤부옷)까지의 날수, 즉 오메르 계수다.

이 기간 중 서른세 번째 날 라그 바오메르(Lag B'Omer)이라는 작은 명절을 지킨다. 이 명절이 서른세 번째 날에 있기 때문에 첫 단어를 히브리어 라메드(lamed 30)와 기멜(gimel 3)의 조합으로 이름을 지었다 (두 히브리어 자음은 숫자 33을 나타낸다).

이 즐거운 명절의 기원은 불분명하다. 탈무드는 2세기 랍비 아키바(Akiba)의 제자들 사이에 있었던 전염병이 멈춘 날이 바로 이날이라고 주장한다. 행복한 날을 기억하기 때문에 라그 바오메르는 결혼식으로 선호하는 날이다. 또한 이날에 이스라엘에서는 밤에 모닥불을 피워 놓고 밤새도록 노래하며 모닥불에 감자를 구워 먹는 것이 관례다. 이스라엘의 건축업자들은 이 명절이 다가오면 굉장히 긴장한다. 왜냐하면, 동네 어린이들이 모닥불을 피우기 위해 건설 현장에 있는 나무 조각들을 뒤지기 때문이다.

유대의 신비주의자들 또한 이날을 신비주의에 관한 책을 쓴 랍비 시므온 바르 요카이(Simeon bar Yochai)의 죽음을 기념한다. 전통적으로 수천 명의 사람이 라그 바오메르 명절에 메론(Meron. 이스라엘 북부 지역)에 있는 이 랍비의 묘지를 방문한다. 특히 극단적 정통 유대교의 한 분파인 사트마(Satmar)족은 랍비의 묘를 방문하기 위해 라그 바오메르 때마다 브루클린(Brooklyn)에서 비행기를 타고 이스라엘로 온다.

언젠가 라그 바오메르 시즌에 파리 공항에서 이스라엘행 비행기를 기다린 적이 있다. 때마침 아침 기도 모임을 마친 한 무리의 사트마족이 무리 지어 서성거리고 있었다. 나는 옆에 앉은 한 젊은이에게 이스라엘에서의 계획에 관해 물었다. 우리가 대화를 나누고 있을 때 어깨까지 내려오는 금발의 어린아이가 사트마 친구에게 달려왔다. 유대인 어린이들에게는 흔하지 않은 모습과 금발의 머리카락이 나의 호기심을 강하게 자극했다. 나는 그에게 이 아이가 그의 딸이냐고 물었다. "아닙니다. 제 남자 조카예요." 순간적으로 나의 당황한 표정을 읽은 그는 유대인 신비주의에서는 사내아이가 세 살이 되면 라그 바오메르 때 그 랍비의 무덤에서 생애 처음으로 머리를 깎는 것이 전통이며, 그들에게 행운을 주는 것이라고 알려 주었다. 날을 계수하는 것 외에 현대의 초실절 축제는 거의 없다.

적용

☐ 일반적 의미에서 첫 것

첫 것은 성경에서 중요하고도 자주 반복되는 주제다. 하나님은 곡식부터 포도주, 기름, 양털에 이르기까지 모든 농산물의 첫 것을 그분의 것이라고 선포하셨다(출 22:29, 23:19, 34:26, 신 18:4, 26:2). 여기에는 이스라엘 땅의 일곱 가지 주요 작물이 포함된다. 그 작물은 보리, 밀, 포도, 무화과, 석류, 올리브기름, 대추다. 곡식 가루 반죽의 첫 것 또한 주의 것이며 '거제'로 드렸다(민 15:20-21). 더 나아가 모든 가축의 초태생 수컷과 심지어 이스라엘 백성의 장자 역시 주님의 것이었다(출 13:2, 12-15, 34:19-20, 민 3:13, 18:15-16).

모세의 율법에 의하면, 모든 처음 태어난 아기는 한 달이 되면 제사장에게 보여야만 했다(민 18:16). 주의 자비하심과 공급하심으로 장자는 대속할 수 있고 평생 하나님께 봉사하는 것으로부터 자유롭게 될 수 있었다. 이 헌신의 예식을 피디온 하벤(Pidyon Haben 히브리어, 장자의 대속)이라고 하며 제사장에게 다섯 쉐켈(세겔, 은화)을 지불하면 그 아들은 대속을 받아 평생 봉사의 의무를 면제받을 수 있었다(민 18:16). 제사장과 레위인을 제외한 모든 장자는 피디온 하벤을 이행해야 했다. 성전에서 봉사하는 것은 그들의 마땅한 의무였다. 그러므로 예외는 없었다.

아기 예수가 생후 한 달이 되었을 때, 피디온 하벤을 위해 성전에 데리고 갔다. 마리아와 요셉은 그분을 하나님께 드렸다. "이는 주의 율법에 쓴 바 첫 태에 처음 난 남자마다 주의 거룩한 자라 하리라"(눅 2:23).

중요한 점은 공식적으로 예수님을 메시아로 선포한 때가 바로 이 사건이었다는 것이다. 경건한 시므온은 아기 예수를 팔에 안고 하나님을 송축했다. "내 눈이 주의 구원을 보았사오니"(눅 2:30). 두 번째 증인 여선지자 안나는 "예루살렘의 속량을 바라는 모든 사람에게"(눅 2:38) 그분의 메시아 되심을 선포했다.

주님은 피디온 하벤 의식의 의미를 알려 주셨다. "처음 태어난 자는 다 내 것임은 내가 애굽 땅에서 그 처음 태어난 자를 다 죽이던 날에 이스라엘의 처음 태어난 자는 사람이나 짐승을 다 거룩하게 구별하였음이니 그들은 내 것이 될 것임이니라 나는 여호와이니라"(민 3:13).

하나님께서 이스라엘을 이집트의 속박에서 구원하셨을 때 유월절 어린양의 피를 통해 이루셨다. 모든 초태생은 사망과 심판의 저주 아래 있었다. 그것을 피할 수 있는 유일한 길은 죄 없는 유월절 어린양의 피를 통해 하나님을 믿는 믿음을 보이는 것뿐이었다(출 12:12-13).

영적으로 보면 똑같다. 모든 사람은 처음 태어난 사람이다. 모든 인간은 아담처럼 죄인이다. 따라서 사망의 저주 아래 놓여 있고 대속이 절실하다(롬 5:17, 19, 고전 15:22). 그것을 피할 길은 오직 우리 대신 희생하신 진정한 유월절 어린양, 곧 메시아의 대속의 피를 통해 하나님을 믿는 믿음을 보이는 것뿐이다(고전 5:7).

☐ 신약의 초실절

레위기의 다른 절기들만큼 히브리 성경에서 강하게 강조하지는 않아도 초실절은 신약성경에 일곱 번 언급될 정도로 신약의 가르침에 중요한 배경을 제공한다.

바울은 에배네도를 "아시아에서 처음 맺은 열매"(롬 16:5)라고 말했다. 에배네도는 소아시아 서부 지역에 예수님을 믿는 많은 사람 중 첫 열매였다. 나중에 바울은 스데바나 가정을 "아가야의 첫 열매"(고전 16:15)라고 소개했다. 그들 또한 소아시아의 놀랍고 풍성한 추수 때 처음 믿은 사람 중 일부였다.

그 밖에 바울은 떡덩이의 가르침에서 초실절 개념을 사용했다. "제사하는 처음 익은 곡식 가루가 거룩한즉 떡덩이도 그러하니라"(롬 11:16). 이것을 통해 바울이 의도한 바는 만일 하나님께서 족장들을 선택하고 용납하셨다면 떡덩이 전체(이스라엘)는 주님의 것이라는 뜻이다. 그러므로 "하나님이 그 미리 아신 자기 백성을 버리지 아니하셨느니라"(롬 11:2).

주님께 구별된 신자들에 관해 야고보는 이렇게 가르친다. "그가 그 피조물 중에 우리로 한 첫 열매가 되게 하시려고 자기의 뜻을 따라 진리의 말씀으로 우리를 낳으셨느니라"(약 1:18).

바울은 구원을 "성령의 처음 익은 열매"(롬 8:23)라고 말할 때 이 표현을 다시 사용한다. 이것을 통해 그의 말이 의미한 바는 하나님의 성령의 내주하심은 보증 혹은 약속이며 최종적인 구속이 있을 것이라는 뜻이다. 우리의 몸은 영화롭게 될 것이며 피조물은 저주로부터 구속받을 것이다. 성령께서 신자 안에 내주하신다는 현재의 실상은 장래의 천국의 약속에 대한 확신 혹은 보증이다(천국의 첫 열매다).

요한계시록에서 요한은 일곱째 인을 떼기 전에 인침받을 14만 4천 명의 특별한 유대인 무리에 관해 기술했다(계 7:1-8). 그들은 주의 날이 시작될 때 하나님의 진노에서 보호받고 인침받을 이스라엘 각 지파별 1만 2천 명이다. 나중에 요한은 14만 4천 명을 "이 사람들은…순결한 자라 어린 양이 어디로 인도하든지 따라가는 자며 사람 가운데에서 속량함을 받아 처음 익은 열매로 하나님과 어린 양에게 속한 자들"(계 14:4)이라고 묘사한다.

하지만 어떻게 14만 4천 명을 처음 익은 열매로 간주할 수 있을까? 교회의 휴거 직후 14만 4천 명은 이스라엘이라는 국가와 함께할 하나님의 첫 번째 열매가 될 것이다. 그들은 이스라엘 국가 내에 있을 장래의 추수의 증거와 보증 혹은 서약(첫 열매)이 될 것이다. 그들은 하나님의 놀라운 진노의 때에 그분의 백성을 버리지 않으신다는 사실의 보증이 될 것이다. 하나님은 쭉정이와 더러운 것을 맹렬히 타오르는 진노의 풀무불 속에 완전히 태우심으로 다니엘의 일흔 번째 주 끝에 이스라엘의 남은 자들을 회개시킬 것이다. 바울은 그 결과를 이렇게 요약한다. "그리하여 온 이스라엘이 구원을 받으리라"(롬 11:26).

이스라엘의 마지막 추수를 자신과 동일시한 바울은 자신을 "맨 나중에 만삭되지 못하여 난 자 같은 나"(고전 15:8)라고 말한다. 이는 추수 전에 가끔 먼저 수확한 덜 익은 무화과의 이미지를 표현한 것이다. 이렇게 이른 무화과는 드물었다. 바울은 자신을 하나님께서 마지막 추수 전에 은혜로 구원받은 사람들 중 하나로 보았다.

성취

이스라엘의 다른 봄 절기들처럼 초실절은 메시아 초림의 역사에 관한 예언적 성취를 보여 주었다. 바울은 이것을 초실절에 관한 신약의 일곱 번째 가장 중요한 구절에서 영광스럽게 선포한다. "그러나 이제 그리스도께서 죽은 자 가운데서 다시 살아나사 잠자는 자들의 첫 열매가 되셨도다"(고전 15:20, 비교 계 1:5).

메시아가 어떻게 우리의 첫 열매가 되셨을까? 예수님은 제삼일(문자 그대로 유월절 기간 제삼일인 니산월 16일) 곧 초실절에 다시 살아나셨다. 그러나 그분의 부활은 더욱 큰 의미가 있었다. 바울이 설명한다. "아담 안에서 모든 사람이 죽은 것 같이 그리스도 안에서 모든 사람이 삶을 얻으리라"(고전 15:22). 예수님의 부활은 모든 인류의 마지막 추수 혹은 부활의 보증이자 시작(첫 열매)이시다. 메시아는 죽음에서 부활하심으로 이 절기의 예언적 의미를 성취하셨고, 부활의 첫 열매가 되셨다. 그리고 이 놀라운 일을 초실절 바로 당일에 행하셨다.

성경은 죽음 이후의 삶이 있다고 명확하게 말한다. 인간의 영은 존재 자체가 사라지지 않으며, '우주의 의식'의 일부로 목적 없이 떠돌아다니는 것도, 환생하는 것도 아니다. 모두 부활할 것이다. 다만 어떤 상태로 영원히 존재할 것인가가 문제다. 히브리 선지자 다니엘은 예언했다. "땅의 티끌 가운데에서 자는 자 중에서 많은 사람이 깨어나 영생을 받는 자도 있겠고 수치를 당하여서 영원히 부끄러움을 당할 자도 있을 것이며"(단 12:2).

메시아께서 조금 더 설명하셨다. "이를 놀랍게 여기지 말라 무덤 속에 있는 자가 다 그의 음성을 들을 때가 오나니 선한 일을 행한 자는 생명의 부활로 악한 일을 행한 자는 심판의 부활로 나오리라"(요 5:28-29).

추수 때 알곡과 가라지가 둘로 나누어지듯 마지막 추수 때 역시 둘로 나누어질 것이다(마 3:12, 13:37-43). 어떤 이들은 영생을 상속받아 주님의 집에 영원히 거할 것이다. 어떤 이들은 하나님과 영원히 단절되어 불못에 세세토록 갇혀 있게 될 것이다. 믿음으로 메시아를 신뢰한 사람들, 곧 메시아의 소유가 된 사람들은 그분의 재림 때 생명의 부활을 얻을 것이다(고전 15:23, 비교 사 25:8, 살전 4:16). 예수님께서 죽은 자들 가운데 다시 살아나셨을 때 변경할 수 없는 보증을 주셨다. 우리가 확신하는 대로 그렇게 될 것이다. 왜냐하면, '이제 그리스도께서 죽은 자 가운데서 다시 살아나사 잠자는 자들의 첫 열매가 되셨기' 때문이다.

칠칠절 곧 맥추의 초실절을 지키라

(출 34 : 22)

7장

샤부옷 – 칠칠절

케빈 하워드

보편적으로 명절은 특정한 날짜에 지킨다. 예를 들어 신년은 항상 1월 1일이며, 미국의 독립기념일은 변함없이 7월 4일이다. 명절과 명절 사이의 날수를 계산해서 지키지는 않는다. 하지만 이스라엘의 네 번째 명절인 칠칠절(샤부옷) 축제는 완전히 반대의 경우다. 칠칠절과 관련된 특정한 날짜가 성경에 없음에도 불구하고 율법을 지키는 정통 유대인에게 칠칠절에 관해 물으면 언제나 초실절 후 50일째 날이라고 대답할 것이다.

성경의 규례

□ **샤부옷의 의미**

고대 유대인 세계에서 이름은 굉장히 중요했다. 대부분 그들이

붙이고 싶은 중요한 성품과 역사 혹은 의미를 이름에 반영했다. 히브리 성경에서 칠칠절은 세 개의 다른 이름을 사용했다. 각각의 이름은 이 규례의 다른 면을 강조한다.

가장 보편적인 히브리식 이름은 '칠칠절'을 뜻하는 하그 하샤부옷(Hag Hashavuot)이다(출 34:22, 신 16:10, 대하 8:13). 샤부옷을 칠칠절이라 부른 이유는 초실절부터 이 절기를 지키기까지 일곱 주(weeks)를 계산했기 때문이다.

이 절기의 주된 의미는 욤 하비쿠림(Yom Habikkurim) 혹은 '첫 열매의 날'(민 28:26, 한글 성경은 '처음 익은 열매를 드리는 날'로 번역-역주)이라는 히브리식 이름에 반영되어 있다. 그 이유는 샤부옷이 여름 밀의 첫 열매를 성전에 바치는 날이기 때문이다. 따라서 초실절이 봄의 보리 추수의 시작을 알렸다면 샤부옷은 여름의 밀 추수의 시작을 알렸다.

세 번째 이름 하그 하카찌르(Hag Hakatzir) 혹은 맥추절(the Feast of Harvest, 출 23:16)은 공식적인 여름 추수가 시작된다는 것을 알렸다.

성경의 명칭 외에 탈무드와 요세푸스는 이 절기를 '결말(conclusion)'을 뜻하는 아쩨렛(Atzeret)이라 불렀다. 가을이 오기까지 유대의 다른 주요한 명절이 없기 때문에 그들은 샤부옷을 유월절 기간과 일곱 주간의 봄 추수의 결말로 보았다.

헬라어로 샤부옷은 오순절(Pentecost 행 2:1, 마카비 2서 12:32)이며, 이는 '50'을 뜻했다. 이렇게 부른 이유는 초실절로부터 50일째 되는 날 샤부옷을 지켰기 때문이다.

□ **샤부옷의 시간**

샤부옷은 늦은 봄, 보통 5월 말이나 6월 초순에 지킨다. 현대 히브리 달력에 의하면, 샤부옷은 시반(Sivan)월 여섯 번째 날에 딱 떨어진다. 앞서 언급한 대로 샤부옷 축제는 성경 달력의 특정 날짜와 맞지 않았다. 대신 초실절로부터 50일(7주가 지난 그다음 날)을 계수한 날로 확정했다. "…날부터 세어서 일곱 안식일의 수효를 채우고 일곱 안식일 이튿날까지 합하여 오십 일을 계수하여 새 소제를 여호와께 드리되"(레 23:15-16, 비교 신 16:9-10).

계수하라는 명령으로 인해 초실절부터 샤부옷까지의 기간을 세피라(Sefirah, 히브리어. '계수하다'라는 의미)라고 부르며, 초실절 예물로 성전에 바칠 보리의 양을 오멜(omer, 히브리어. 측량, [곡물을 묶은] 단)이라고 한다. 보리 오멜을 예물로 드릴 때 시작하기 때문에 이 기간을 '오메르(the omer)'라고도 한다.

□ **샤부옷의 기록**

샤부옷에 관한 성경의 규례는 세 곳에서 살펴볼 수 있다. 성전 예물에 관해서는 레위기 23장 15-21절, 민수기 28장 26-31절에 기술되어 있다. 개인적으로 예배하는 사람들에게 필요한 요구사항들은 신명기 16장 9-12절에 나와 있다. 그 내용을 살펴보면, 예배자는 자원함으로 예물을 드리고, 주님 앞에 기뻐하며, 이집트의 속박에서 자유를 주신 주님을 기억해야 했다.

□ **샤부옷의 중요성**

성경 시대에 샤부옷은 특별히 중요한 유대인의 절기였다. 이스라엘은 신성한 일곱 개의 정해진 절기를 받았다. 주님은 일곱 절기 중 세 개를 '엄중한 절기'(출 23:14-17, 신 16:16, 대하 8:13, 비교 출 34:22-23)로 선언하셨다. 그 기간에 모든 이스라엘의 남자는 성전에 몸을 보여야 할 의무가 있었다. 샤부옷은 이 특별한 삼중의 엄숙한 절기 가운데 두 번째였고 다른 두 절기는 무교절과 초막절이다.

안식일과 다른 절기들처럼 샤부옷은 또 하나의 성회(holy convocation) 혹은 쉬는 날이었다(레 23:21, 민 28:26). 따라서 어떤 일도 허용되지 않았다.

□ **샤부옷의 예식**

성경은 보리의 첫 소산(오멜)을 초실절 예물로 바치기 전까지 새로 추수한 보리의 취식을 금했다. 밀의 추수에도 같은 원리를 적용했다. 그러므로 밀의 첫 소산을 샤부옷 예물로 드리기 전까지 새로 수확한 밀로 성전의 여러 소제와 전병을 만들지 못했다.

샤부옷을 위한 성전의 예식은 초실절 예식과 많은 면에서 동일했다. 그 이유는 두 명절 모두 첫 열매를 드렸기 때문이다. 하지만 샤부옷의 예물은 독특했다. 주님의 명령에 따라 그 예물은 밀로 만든 두 개의 길고 납작한 유교병으로 구성되었다. "너희의 처소에서 십분의 이 에바로 만든 빵(떡) 두 개를 가져다가 흔들지니 이는 고운 가루에 누룩을 넣어서 구운 것이요 이는 첫 요제로 여호와께 드리는 것이라"(레 23:17).

이 빵을 태우지 않은 이유는 주님께서 제단 위에 누룩을 금하셨기 때문이다. "너희가 누룩이나 꿀을 여호와께 화제로 드려 사르지 못할지니라"(레 2:11). 대신 샤부옷을 위한 예물로 두 개의 빵과 두 마리 어린양을 화목제로 흔들어 드렸다. 제사장은 제단 앞에서 이 예물을 먼저 앞뒤로, 그리고 위아래로 흔들었다. 그런 다음 '제사장 몫으로' 따로 구별해 두었다(레 23:20). 이는 그날 성전에서 제사장들이 나중에 먹을 명절 음식이었다.

현대의 규례

이스라엘의 다른 명절들처럼 샤부옷에도 시간이 흐르면서 관습과 전통이 추가되었다. 샤부옷에 대한 이런 변화를 이해하기 위해서는 먼저 유대인의 역사를 간략히 살펴볼 필요가 있다.

로마의 통치는 고대 유대 지방에서 결코 환영받지 못했다. 그들은 경멸당했고 유대인의 코에 끊임없이 증폭되는 악취였다. 유대인 저항 운동이 거의 한 세기 동안 활발했지만, 주후 66년까지 로마 독수리의 압제에 심각한 도전은 되지 않았다. 그해 뜨거운 여름에 저항 세력은 결정적인 기회를 잡았다. 예루살렘은 로마의 통치를 씻어냈고 제한적이지만 유대인의 독립은 3년간 회복되었다.

그 충격파는 강성 로마 제국 전역에 퍼졌다. 로마는 이 작은 유대 봉기에 반역을 꾀하는 다른 지방의 본보기로 삼기 위해 티투스 장군을 파견했다.

　예루살렘은 로마에 의해 처참하게 약탈당했고, 성전은 초토화되었으며, 주후 70년 유대인들은 수도에서 쫓겨났다. 로마는 유대의 통치를 확고히 하기 위해 폐허가 된 예루살렘에 영구적인 로마 주둔군 요새를 세웠다.

　로마가 주후 70년 예루살렘 멸망에 끼어든 사건의 엄청난 중요성은 그들이 펼친 미디어의 영향력에서 볼 수 있다. 이 승리를 제국 전역에 선전하기 위해 '포로가 된 유대(Judaea Capta)'를 새긴 수천 개의 동전을 주조했다. 동전 한 면에 족쇄를 차고 서 있는 유대인 포로와 함께 종려나무 아래에서 슬피 우는 여인을 묘사했다. 로마가 승리를 기념하는 주화를 만드는 것은 일반적이었다. 하지만 이번에는 다른 때보다 더 많은 기념주화를 제작했다. 로마시에서는 예루살렘 정벌 기념으로 로마 포럼 출입구 근처에 티투스 개선문을 세웠다. 개선문에는 승리한 로마 군인들이 성전의 보물을 나르는 장면과 유대인 포로들을 로마로 압송하는 방대한 군인들의 행렬을 돌에 새기는 형태로 묘사했다. (로마 군사들이 황금빛 메노라를 들고 있는 부조는 1996년 1월 이스라엘 정부가 유대 민족과 가톨릭교회의 화해의 상징으로 바티칸에 공식적으로 거룩한 촛대의 행방을 조사해 달라는 단서가 되었다.) 어쨌든 고대 로마는 유대에 자행한 잔인한 정벌을 역사적 건축물로 만들어 모든 시민이 볼 수 있

도록 했다.

　노골적인 로마의 개입이 드러나자 유대인 애국주의의 뜨거운 불씨는 수면 아래에서 끊임없이 이글거리고 있었다. 로마의 냉혹한 통치로 인해 발생한 긴장 상태는 주후 117년 하드리아누스가 황제로 즉위할 때 표출되었다. 하드리아누스는 예루살렘과 거룩한 성전의 재건을 약속했다. 유대 민족은 주후 70년의 끔찍한 파멸을 마침내 재건할 수 있다는 소망을 품었지만 그런 소망은 이내 연기처럼 사라졌다.

　하드리아누스는 그리스 문화(헬레니즘)의 영향 아래 있었고 점점 더 반유대주의 노선을 따랐다. 그가 행한 유대 민족에 대한 잔인한 탄압은 약 3백 년 전(12장의 하누카를 보라) 안티오코스 에피파네스(Antiochus Epiphanes)의 전철을 밟았다. 하드리아누스는 유대인의 독특성을 제거하고 이스라엘 후손을 로마 제국에 완전히 흡수하기 위해 할례와 안식일을 지키는 것과 회당에서의 기도를 불법화했다.

주후 130년 하드리아누스는 약속을 저버렸다. 예루살렘을 재건했지만 하드리아누스의 신성을 따라 이름을 지은 로마의 도시가 되어 버렸다. 성전산에 경배의 집을 지었지만, 로마에 있는 주피터 신전을 답습한 이방인의 사당이 되고 말았다.

이런 절박한 상황을 타개할 대안은 단 하나밖에 없었다. 유대 민족이 직면한 긴박한 위기는 로마에 항거하는 두 번째 봉기를 촉발했다. 유대인 반군은 시몬 바르 코크바(Simon Bar Kochba)의 탁월한 지도력 아래 주후 132년에 예루살렘을 수복했다.

바르 코크바를 둘러싼 많은 논쟁이 있었다. 그 시대 최고의 랍비이자 산헤드린 공회의 수장이었던 랍비 아키바(Akiba)는 바르 코크바를 메시아로 선포했는데 이는 랍비들 사이에 어마어마한 논쟁의 불을 지폈다. 예수님을 믿는 유대인들은 그를 메시아로 인정할 수 없었다.

재건된 성전(이스라엘 종교의 면류관 보석) 그림을 새긴 유대인의 동전을 바르 코크바 봉기 기간에 주조한 것은 단순한 우연의 일치가 아니다. 또한 그 동전에 "예루살렘의 해방을 위하여"라는 문구를 새겼다. 당시 유대는 메시아를 대망하는 마음으로 상당히 들떠 있었다. 많은 사람이 이스라엘의 황금기가 이제 곧 시작할 것이고, 바르 코크바가 로마의 통치를 전복시키고 성전을 재건하고 이스라엘을 메시아 왕국

으로 인도할 것이라고 믿었다.

그러나 기대대로 되지 않았다. 주후 133년 로마 군단은 3만 5천 명의 최고의 보병을 이끌고 반격했다. 3년 동안 로마 군대는 끊임없이 젤롯당 저항 세력의 숨통을 조였다. 주후 135년 마침내 반란은 진압되었다. 바르 코크바는 최후까지 항전했지만 베타르 요새에서 전사했다. 로마 군대는 매장을 금지하는 등 수천의 시신을 모멸하는 잔인한 만행을 저질렀다.

연기가 걷히고 드러난 전쟁의 처참함은 정신을 혼미하게 만들 정도였고 상상을 초월했다. 대략 50개의 요새와 985개의 마을이 초토화되었다. 전쟁으로 인한 유대인 사망자는 58만 명을 넘었다. 무수한 생명이 굶주림과 질병으로 죽었다. 수만 명의 사람이 노예로 팔렸다. 유대인이 수도에 들어가는 것은 금지되었고 어기면 처형되었다. 결국 예루살렘은 이방인 신전인 아엘리아 카피톨리나(Aelia Capitolina)로 재건되었다. '아엘리아'는 하드리아누스의 중간 이름(퍼블리우스 아엘리우스 하드리아누스)에서 따온 것으로 황제 숭배를 위해 바친 도시를 뜻한다. '카피톨리나'는 카피톨리누스 언덕(Capitoline Hill)의 로마의 신들(주피터, 미네르바, 주노)을 숭배하는 것을 기념하는 것이기도 했다. 이교화된 도시의 한복판에 주피터(사탄) 신전을 시온산 위에 세움으로 거룩한 성전을 모독했다. 이것을 기념하기 위해 하드리아누스는 새로운 토지를 기경하는 황소 한 겨리를 새겨 넣은 로마의 승리 기념주화를 발행했다.

잠시나마 반짝했던 유대인의 낙관주의 촛불은 로마의 냉혹한 쇠주먹에 완전히 꺼지고 말았다. 독립과 성전 재건이라는 국가적 소망은 물거품이 되었다. 나라는 패망했고, 백성은 흩어졌고, 고토는 황폐해졌다. 추수할 것이 하나도 없을 정도로 땅은 황량해졌다. 더욱 비극적인 것은 예물을 바칠 성전이 없다는 것이다. 성전 없이 모세의 율법에 기록된 이스라엘의 절기를 지키는 것은 불가능했다. 백성의 마음에 처참한 상황이 자리 잡자 절망은 그들을 삼켜 버렸다.

□ 토라의 수여

이 엄청난 위기에 대처하기 위해 주후 140년 현대 도시 하이파(Haifa) 근처 우샤(Usha)라는 마을에서 산헤드린을 소집했다. 그들은 샤부옷 규례의 핵심을 농경문화에서 벗어나 다양화하기로 결정했다. 대신 그 명절을 되살려 지키기 위해 샤부옷에 한 가지 역사적 사건을 결부시켰다. 모인 랍비들은 샤부옷이 모세가 시나이산에서 토라(모세의 율법)를 받은 날이라고 제안했다. 이것은 제멋대로 정한 것이 아니었다. 비록 성경은 샤부옷과 시나이산의 연관성을 말하지 않을지라도 이날을 선택한 이유는 율법의 수여가 셋째 달(출 19:1)에 있었기 때문이다.

그러므로 (고대 유대 문헌 Shabbat 86b와 Juillees 6:19의 증거를 따라) 율법의 수여와 유대교의 출생일에 대한 의견은 빠르게 퍼져나갔고 현대 샤부옷의 주요한 동기가 되었다. 또한 샤부옷은 쩨만 마탄 토라테누(Zeman Mattan Toratenu), 즉 '우리의 율법을 수여하는 시간'으로 알려지게 되었다.

□ 회당

샤부옷을 위해 녹색과 아름다운 꽃무늬 장식으로 회당을 꾸미는 것은 일종의 관례다. 어떤 회당들은 공교하게 짠 녹색 커튼을 궤(토라스크롤(모세오경을 기록한 두루마리)을 넣어 두는 곳) 위로 걸어 둔다. 어떤 회당들은 토라 스크롤을 위해 나뭇가지와 꽃을 땋아 면류관을 만든다. 또 어떤 회당은 말씀을 읽는 곳 위로 꽃무늬로 짠 덮개를 설치한다. 이렇게 꾸미는 이유는 샤부옷이 추수의 절기임을 강조하기 위해서다. 전승에 따르면, 이것은 시나이산이 푸른 초목으로 덮인 적이 있었다는 것을 기억하는 것이라고 한다.

샤부옷을 위한 고대의 성경 읽기(겔 1:1-28, 3:12, 합 2:20-3:19)는 성전 시대까지 거슬러 올라간다. 이 말씀들은 하나님 영광의 찬란함을 묘사한다. 에스겔이 본 환상에서 그는 바람과 불과 음성에 대해 증언했다. "내가 보니 북쪽에서부터 폭풍과 큰 구름이 오는데 그 속에서 불이 번쩍번쩍하여 빛이 그 사방에 비치며 그 불 가운

데 단 쇠 같은 것이 나타나 보이고 때에 주의 영이 나를 들어올리시는데 내가 내 뒤에서 크게 울리는 소리를 들으니 찬송할지어다 여호와의 영광이 그의 처소로부터 나오는도다"(겔 1:4, 3:12).

하박국은 주님의 계시로 불과 밝은 빛 가운데 오시는 메시아를 보았다. "하나님이 데만에서부터 오시며 거룩한 자가 바란 산에서부터 오시는도다(셀라) 그의 영광이 하늘을 덮었고 그의 찬송이 세계에 가득하도다 그의 광명이 햇빛 같고 광선이 그의 손에서 나오니 그의 권능이 그 속에 감추어졌도다 역병이 그 앞에서 행하며 불덩이가 그의 발 밑에서 나오는도다"(합 3:3-5).

이렇게 샤부옷은 율법의 수여를 재차 강조하였다. 그런 다음 출애굽기 19장과 20장을 샤부옷 성경 낭독에 포함시켰다. 이 두 장은 시나이산에서 있었던 하나님의 계시와 십계명을 묘사한다. 회당 예배 중 십계명을 읽으면 일어서는 것이 관례다.

회당에서 룻기를 읽는 것 역시 샤부옷의 또 다른 관례다. 그 이유는 다양하다. 가장 중요한 이유는 룻의 이야기가 보리 추수가 있는 봄이 그 배경이기 때문이고, 샤부옷은 보리 추수의 마침과 여름 밀 추수의 시작을 축하하기 때문이다. 둘째, 모압 여인인 룻은 이스라엘의 하나님과 그분의 율법(토라)을 자발적으로 품었다. 그래서 그녀의 이야기를 오늘날 율법의 수여에 초점을 맞춘 이 명절에 읽는다. 이런 면에서 많은 회당 역시 십 대 청소년들이 어린 시절부터 말씀을 연구하고 모세의 율법을 따라 헌신하는 삶을 살기로 결단하기 위한 샤부옷 헌신 예배를 드린다.

□ 음식

가장 인기 있는 샤부옷 전통 중 하나는 유제품을 먹는 것이다. 랍비들은 널리 퍼진 이 같은 의식이 율법을 기억하는 행위라고 한다. 왜냐하면, 성경 말씀은 영혼의 젖과 꿀과 같기 때문이다.

유제품 가운데 가장 맛있고 입맛 돋우는 것은 치즈케이크, 치즈 블린츠, 치즈 크레플락(kreplach)이다. 블린츠는 팬케이크에 치즈를 말아 튀긴 음식이다. 크레플락은 샤부옷을 위해 만두피에 치즈를 채워 넣은 것이다. 라비올리와 비슷하지만 모양이 삼각형이다. 만두의 세 모퉁이는 고대 랍비들의 말을 생각나게 한다. "삼중의 법[율법서, 선지서, 성문서]을 세 부류[제사장, 레위인, 이스라엘 백성]의 백성에게 세 번째 아이[미리암과 아론 다음에 태어난 모세]를 통해 세 번째 달 [Sivan, 시반월]에 주신 자비로우신 분을 송축하라"(Shabbat 88a).

샤부옷 날 할라(hallah)빵 두 개를 굽는 것 역시 관습이다. 이것은 성전에 바친 빵 두 덩어리와 시나이산에서 받은 두 개의 율법 돌판을 뜻한다. 전통적으로 두 덩어리의 빵은 모세가 십계명을 받기 위해 오른 일곱 계단의 사다리를 상징한다.

□ 철야

율법을 지키는 유대인들이 샤부옷 날 밤새도록 깨어 토라를 연구하고 토론하는 것은 현대의 전통이다. 전통적으로 그들은 안식일마다 읽는 성경의 처음과 마지막 구절, 성경 각 권의 처음과 마지막 구절 그리고 룻기 전체를 연구한다. 밤을 새우는 동안 커피와 치즈케이크를 먹으며 휴식하는 시간이 몇 차례 있다.

이스라엘에 새벽이 밝아오면 구불구불한 모양으로 줄을 선 수천의 율법을 지키는 정통 유대인들이 예루살렘 광장에서 고대의 성전이 있던 자리로 움직이는 것을 볼 수 있다. 서쪽 성벽 광장으로 쏟아져 내려간 군중은 고대의 아미다(Amidah) 기도를 함께 암송한다. 서서 조용히 드리는 아미다 기도는 19개의 축복으로 구성되어 있으며 이것은 2천 년이 넘는 기도문으로 모든 기도(아침, 점심, 저녁, 안식일, 절기) 예식의 중심이다.

성취

때는 주후 30년경이었다. 그해의 샤부옷이 있던 5월 말의 뜨거운 아침이었다. 불같이 타오르는 유대 태양의 황금 햇살은 이미 자신의 길을 따라 지평선 높이 떠올라 비추고 있었다. 얇은 담요처럼 낮게 깔린 구름은 태양의 열기로 인해 사라진 지 오래였고, 청명하고 파란 하늘만 예루살렘 위를 덮고 있었다.

아침 공기의 평온함은 성전의 샤카릿(Shakharit, 아침) 예배 소리를 더욱 깊게 들려주었다. 그 예배는 은나팔 소리, 예배자의 천둥 같은 합심 기도 소리, 한목소리로 에스겔과 하박국 말씀을 암송하는 소리로 마쳤다.

인산인해를 이루는 유대인 예배자들은 성전 뜰에 운집했다. 샤부옷이 순례를 하는 명절이기 때문에 중동, 북아프리카, 유럽, 아시아 등 세계 전역에서 온 많은 사람이 그곳을 방문 중이었다.

갑자기 하늘 높은 곳에서 거칠게 포효하는 폭풍 소리가 들렸다. 어떻게 된 것일까? 하늘에는 구름 한 점, 바람도 없었다. 그 시기는 연중 폭풍이 들이닥치는 때가 아니었다. 서 있던 예배자들은 혼란에 빠졌고 문제의 출처를 찾기 위해 구름 한 점 없는 하늘을 살펴보았다.

소리의 변화가 일어났다. 그 소리는 마치 서쪽으로 내려가는 듯했다. 바깥 뜰에 있던 수백 명의 사람이 남서문으로 달려 나가 성전 파수대를 통해 도시 아래로 연결되는 우뚝 솟은 계단을 향했다. 지켜보기에 좋은 지점에 있던 사람들은 근처 아래의 어느 가옥에서 나오는 회오리 불처럼 순간적으로 번쩍이는 것을 보고 사로잡혔다. 그들은 함성을 지르며 그 집을 가리켰다. 이 바람과 불은 무슨 뜻일까? 그들이 조금 전에 들은 에스겔과 하박국 말씀이 현실로 나타난 것일까? 과연 이것은 약 6백 년 후 이스라엘에 돌아온 쉐키나의 영광일까?

호기심이 가득한 군중은 계속 앞으로 밀고 나갔다. 잠시 후 그 집에 도착한 그들은 문을 두드렸다. 집 안에 있던 열두 사람이 그들을 길거리로 밀어내지 않았다면 그 문은 부서졌을 것이다.

열두 사람은 속사포처럼 쏟아내는 군중의 흥분된 질문에 즉각적으로 응답하였다. 그러나 군중은 깜짝 놀라고 말았다. 그 열둘이 순례자 무리가 사용하는 다양한 원주민의 언어로 대답했기 때문이다. 이것은 엄청난 논쟁을 촉발했다. 이 열둘은 분명 갈릴리 사람의 복장을 하고 있었다. 하지만 갈릴리인 가운데 제대로 교육받은 사람이 있다는 이야기를 들어본 적이 없었다. 교육의 중심은 예루살렘이지 가버나움이 아니었다. 어떻게 무식한 갈릴리 사람들이 그런 외국어들을 구사할 수 있으며, 마치 모국어를 말하듯 정확한 억양으로 다른 언어들을 구사할 수 있을까? 많은 사람이 그 해답을 알고 싶어 했다. 반면 어떤 사람들은 그들을 술주정뱅이라고 조롱하며 비방하기 시작했다.

그 바람과 불에 관한 소문은 성전에서 예배를 마치고 나오는 군중에게 급속히 확산되었다. 거리는 사람들로 가득찼고 의사소통은 불가능해 보였다.

그 열둘 중 언뜻 보기에 대변자 같은 베드로는 군중에게 성전 남문 바깥에 있는 광장으로 가자고 크게 외쳤다. 그곳은 랍비들이 학생들을 가르치기 좋은 인기 장소였다. 주변의 낮은 광장과 남문과 이어진 약 61미터 폭의 계단이 있는 그곳은 많은 군중 앞에서 연설하기

에 가장 좋은 곳 중 하나였다.

열둘은 백색의 계단형 석회암 단상에 올라갔다. 그들 뒤에는 3단으로 구성된 약 36미터 높이의 웅장한 행각이 버티고 있었다. 베드로가 손을 들어 군중을 잠잠하게 할 때 광장 아래에는 수많은 사람으로 붐볐다. 지역 주민들은 이 갈릴리 사람들이 두 달 전 유월절에 십자가에 달린 나사렛 예수의 추종자라는 것을 알아챘다.

베드로가 입을 열자 군중은 잠잠히 그를 주목했다. "유대와 예루살렘에 사는 모든 분들이여, 제가 여러분에게 이것을 설명해 드리겠습니다. 제 말을 주의해서 들어보세요. 이 사람들은 여러분의 추측대로 술에 취한 것이 아닙니다. 이제 겨우 아침 아홉 시잖아요. 이것은 요엘 선지자가 말씀하셨던 일입니다. '그리고 그것은 마지막 날에 이루어지리라. 하나님의 말씀이니라. 내가 나의 영을 모든 육체에 부어 주리니 너희 자녀들은 예언하리라.'"

그가 맞았다. 그들은 바람과 불의 표적을 직접 목격했고 열둘이 기적적으로 성경 말씀을 자신들의 모국어로 말하는 것을 들었다. 의심의 여지없이 하나님의 손이었다.

베드로는 다가올 하나님 진노의 날에 관한 히브리 선지자의 말씀을 인용했고 오직 "주의 이름을 부르는 자는 구원을 얻을 것"이라고 경고했다. 이 경건한 종교인 군중은 잠잠했다. 그저 성전 어딘가에서 우는 양떼의 아득한 울음소리만 간간히 들렸다. 베드로가 연설을 이어갈 때 대기 중에는 마치 전류가 흐르는 듯했다. 군중은 기대와 깊은 갈망으로 베드로에게 집중하였다.

베드로는 연설 주제를 나사렛 예수로 돌렸다. 그리고 15분 정도 서서히 강하게 그리고 명료한 화술로 약속된 메시아에 관한 다윗왕과 이스라엘 선지자들의 예언의 말씀을 전했다. 그가 각각의 예언을 다룰수록 성경은 메시아의 죽음과 부활과 승천에 대해 명확하고 확실하게 앞서 예언하고 있다는 것이 분명해졌다.

정통파 군중의 마음이 동요하기 시작했다. 베드로의 연설은 그들의 마음을 뜨겁게 달구었다. 눈물을 흘리는 사람들도 있었다. 어떤 사람들은 고뇌와 회개의 표시로 주먹을 꽉 쥐고 가슴을 치고 있었다. 또 어떤 이들은 견딜 수 없어서 외치기 시작했다. "그렇다면 우리는 어떻게 해야 합니까?" 베드로는 감정에 북받친 목소리로 그들에게 권면했다. "회개하세요!" 그는 근처에 있는 실로암 연못을 가리키며 외쳤다. "메시아 예수의 이름으로 세례를 받으세요. 여러분의 죄가 용서받았기 때문입니다. 그러면 여러분은 성령을 받게 될 것입니다. …이 약속은 여러분과 여러분의 자녀들을 위한 것입니다."

흩어진 군중은 오전 내내 광장에서 열두 사도와 함께 질문과 토론을 하며 시간을 보냈다. 그러나 정말 압도적인 장면은 미크베(mikvehs, 세례의 연못)로 이어지는 무리의 행렬을 보는 것이었다. 그날 아침 약 3천 명이 주님을 믿었다.

지금까지의 이야기는 직접 본 진실한 목격자의 진술에 근거하며 사도행전 2장에 기록되어 있다. 바로 그 샤부옷 아침에 하나님은 예언하신 대로 이스라엘과 새 언약을 시작하셨다. "여호와의 말씀이니라 보라 날이 이르리니 내가 이스라엘 집과 유다 집에 새 언약을 맺으리라"(렘 31:31). 그날 아침 하나님은 예언하신 대로 그분의 영을 부어 주셨다. "여호와의 말씀이니라 구속자[메시아]가 시온에 임하며 야곱의 자손 가운데에서 [회개를 통해] 죄과를 떠나는 자에게 임하리라 여호와께서 이르시되 내가 그들과 세운 나의 언약이 이러하니 곧 네 위에 있는 나의 영과…"(사 59:20-21).

놀랍게도 이 약속은 그들을 위한 것이기도 하지만, 당신을 위한 것이기도 하다. 주의 이름을 부르라. 그러면 구원을 받을 것이다.

일곱째 달에 이르러는 그 달 초하루에 성회로 모이고

아무 노동도 하지 말라

이는 너희가 나팔을 불 날이니라 (민 29:1)

8장
——
로쉬 하샤나-나팔절

케빈 하워드

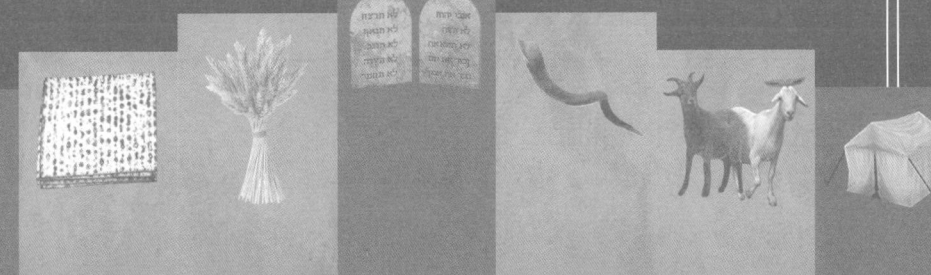

명절에는 다양한 악기를 사용해서 명절을 축하한다. 명절의 핵심과 본질을 단 하나의 악기에 의존하는 경우는 극히 드물다. 그런데 이스라엘의 다섯 번째 절기 로쉬 하샤나(Rosh Hashanah)가 그러하다.

성경의 규례

□ 로쉬 하샤나의 의미

로쉬 하샤나의 뿌리가 성경 안에 확고하게 자리잡고 있지만 성경에서 그 이름은 결코 나타나지 않는다. 대신 지크론 테루아(Zikhron Teruah, [나팔을] 불어 기념. 레 23:24)와 욤 테루아(Yom Teruah, [나팔을] 부는 날. 민 29:1)로 언급하고 있다. 성경의 이런 명칭들을 토대로 고대의 로쉬 하샤나 규례는 종종 단순하게 '나팔절'로 언급되며 성전과 이스라엘 땅 전역에 나팔을 부는 날이다.

로쉬 하샤나는 문자 그대로 '그해의 머리'라는 뜻이다. 이 명칭은 절기가 시작되었음에도 불구하고 1천5백 년 이상 사용되지 않다가 주후 2세기 이후부터 사용되기 시작했다. 그러다 주후 70년 성전 파괴 이후 이 절기를 지키는 것에 변화가 있었다. 절기는 비극적 상황 속에서도 지켜야 하는 생존의 문제였다. 성전이 파괴된 이후 더는 희생 제사를 드릴 수 없게 되면서 유대인들에게 나팔절은 더는 의미가 없어졌다. 그 결과 유대인들은 회당 예식에 더 집중하게 되었고 그에 따른 새로운 전통들이 생겨났으며 고토 밖으로 쫓겨나 흩어진 유대 민족은 절기의 관습을 보존하고 지키기 위한 노력이 더욱 커져갔다.

고대 나팔절의 시간은 이스라엘 신년의 시작과 일치한다. 주후 70년 제2성전 파괴 후 두 개의 규례가 필수 불가결하게 연결되었다. 마침내 나팔절은 무색해졌고 로쉬 하샤나(그해의 머리)로 알려진 유대인의 신년에 흡수되었다.

☐ 로쉬 하샤나의 시간

로쉬 하샤나는 가을에 지키는 절기다. 히브리력으로 로쉬 하샤나는 일곱 번째 히브리 달(보통 9월 중순부터 10월 초)인 티쉬리월 첫날이다. 이스라엘의 다른 두 가을 절기는 로쉬 하샤나로부터 며칠만 지나면 시작되는데, 욤 키푸르(대속죄일)는 티쉬리월 10일이고 초막절의 시작은 티쉬리월 15일이다.

성경에서 나팔절은 하루만 지키는 절기였다. 하지만 디아스포라

(이스라엘 땅 밖에 흩어져 사는 유대인 공동체) 유대인들에게는 많은 명절이 있었고 지금도 그들은 여전히 하루를 더 추가해서 지키고 있다. 그 이유는 유대력의 불확실성에 근거한다. 매 히브리 달의 시작은 원래 월삭(New Moon)의 출현에 근거했다. 그러나 구름이 끼거나 증인의 부족 때문에 월삭의 정확한 시간을 확정하기는 언제나 쉽지 않았다. 로쉬 하샤나는 이 문제를 더욱 복잡하게 만들었다. 왜냐하면, 이 절기는 달의 첫날 곧 실제적인 월삭에 맞아떨어졌기 때문에 이미 시작된 절기를 유대인 공동체들에 공지하는 것을 더욱 어렵게 만들었다. 이런 실수를 줄이기 위해 로쉬 하샤나를 이틀간 지켰고 그 전통은 오늘날까지 이어지고 있다.

☐ 로쉬 하샤나의 기록

로쉬 하샤나의 규례에 관한 성경의 기록은 장황하거나 복잡하지 않다. 이스라엘은 나팔을 불어 그날을 기념하고 안식의 날로 지키라는 단순한 명령을 받았다(레 23:23-25, 민 29:1).

성전에 바칠 희생 제물에 관한 성경의 기록 또한 복잡하지 않다(민 29:2-6). 로쉬 하샤나에 바칠 특별한 번제는 수송아지 한 마리, 숫양 한 마리, 어린양 일곱 마리로 구성되었다. 그리고 속죄제를 위해 어린 숫염소 한 마리를 바쳤다. 이 두 가지 제물을 매일 바치도록 정해진 제물에 추가했고(민 28:1-8) 로쉬 하샤나와 같은 날인 월삭(초하루, 민 28:11-15)에도 그러했다.

성경은 나팔절에 관한 실제적인 규례를 단 한 번 기록한다. 학사

에스라는 성전 제단을 재건하고 또 바빌론 포로에서 돌아온 사람들이 희생 제사 제도를 회복했을 때가 다름 아닌 나팔절 기간임을 알려 주었다(스 3:1-6). 느헤미야는 에스라가 백성의 귀에 하나님의 법을 들려준 바로 그날에 이스라엘에 광범위한 부흥이 터졌다고 기록한다(느 7:73~8:13).

☐ 로쉬 하샤나의 중요성

월삭과 관련해서 로쉬 하샤나는 독특한 면이 있다. 다른 절기들은 각각 정해진 월(month)에 달(moon)이 밝게 빛날 때 지키는 데 비해 로쉬 하샤나는 유일하게 어두운 초승달이 뜨는 월삭, 즉 월의 첫째 날(초하루)에 행하는 유대인의 절기다.

모세의 율법 아래 일곱째 날과 일곱째 년이 거룩한 것처럼(출 20:8-10, 레 25:4) 일곱째 달인 티쉬리 역시 거룩하다. 중요한 점은 로쉬 하샤나가 이스라엘의 세 가을 절기가 있는 이 일곱째 안식의 달 첫날에 있다는 것이다. 고대 이스라엘에서 월삭은 보통 나팔을 짧게 불어 알렸지만, 일곱째 달의 월삭에는 나팔을 길게 불어 다른 달보다 이달이 엄숙하고 특별하다는 것을 강조했다.

☐ 로쉬 하샤나의 악기
나팔의 종류

대부분의 영어 성경은 다양한 종류의 히브리 나팔을 명확하게 구분하지 않는다. 하쪼트쩨라(hatzotzerah)는 곧은 모양의 금속 나팔로 끝자락이 나팔 모양이다. 하나님은 이스라엘 자손에게 두 개의 은나팔을 '두들겨'(민 10:1-2) 만들라고 명하셨다. 제사장들은 주님께서 기억하시도록(민 10:10) 제물을 위해 은나팔을 불었다. 솔로몬 시대에 성전에서는 무려 120개의 은나팔로 구성된 하나의 장엄한 앙상블로 확장되었다(대하 5:12). 유대 역사가 요세푸스에 따르면, 모든 안식일의 시작과 끝을 알리기 위해 제사장들은 이 나팔을 성전 벽 남서쪽 모퉁이에서 불었다(유대 전쟁사 4.9.12). 고고학적으로 은나팔을 연주하는 모습은 로마의 티투스 장군의 개선문(주후 70)과 시몬 바르 코크바 봉기 때 주조된 은화에서 발견되었다(주후 132~135년). 최근 예루살렘에 있는 미래의 성전 재건을 준비하는 기관은 이 은나팔을 복원했다.

또 다른 히브리 나팔 쇼파르(shofar)는 숫양의 뿔로 만든 휘어진 나팔이다. 히브리어 쇼파르(양각 나팔)는 악기로 사용하지 못하는 '동물의 뿔'을 뜻하는 케렌(keren)과는 확연히 달랐다. 소뿔로 만든 나팔을 사용할 수 없었던 이유는 이스라엘 백성이 광야에서 숭배한 황금송아지를 떠오르게 했기 때문이다. 숫양의 뿔은 덤불 속에 걸린 숫양의 뿔을 통해 하나님께서 이삭을 구원하신 사건을 기억하기에 훨씬 좋아 보였다.

성경은 나팔을 '부는 날'과 '부는 것을 기념'하기 위해 티쉬리월 1일을 지정했지만, 로쉬 하샤나 때 사용할 나팔의 종류는 특정하지 않았다. 하지만 역사적 관례와 랍비 전승은 성경이 지정한 주된 악기를 예외 없이 제사장들이 사용한 은나팔이 아닌 쇼파르로 지목했다.

양각 나팔로 정한 이유를 희년의 선포에서 찾을 수 있다. 성경은 욤 키푸르(대속죄일, 레 25:9) 때 사용할 나팔을 값진 금속 재질로 만든 나팔이 아닌 쇼파르로 특정했다. 50년마다 쇼파르는 희년의 도래를 선포했다. 노예는 자유를 얻었고, 토지는 경작을 멈추고 안식을 누렸다. 더는 희년을 지키지 못할지라도 욤 키푸르 마지막에 쇼파르를 부는 현대의 관습은 이 고대의 명령을 보존하고 있다.

나팔을 부는 방식

성전이 파괴된 후 랍비들 사이에 쇼파르를 부는 방식에 관해 엄청난 논쟁이 있었다. 왜냐하면, 성경은 나팔을 부는 방식에 대해 명쾌하게 설명하지 않기 때문이었다. 모든 가능성을 포괄할 한 가지 절충안을 모색했다. 테키아(tekiah)는 떨지 않고 길게 부는 것으로 규정했다. 쉐바림(shevarim)은 세 번 짧게 끊어서 부는 것으로 규정했다. 성경에서 언급된 테루아(teruah)는 다소 흐느껴 우는 것을 연상시키며 아홉 번 짧고 날카롭게 끊어 부는 것으로 정했다. 종합적으로 다음의 패턴을 따라 쇼파르를 불기로 했다. 한 번 길게 부르기(테키아)-세 번 짧게 부르기(쉐바림)-아홉 번의 스타카토(테루아)-한 번 길게 부르기(테키아).

나팔의 사용처

제사 의식을 제외하고 나팔은 이스라엘 국가에서 유용하게 사용되었다. 나팔 소리는 주님 앞에 회중을 소집했고(민 10:2-4) 전쟁을 알렸다

(민 10:9, 비교 삿 3:27, 7:19-22, 느 4:18-22, 겔 33:3-6). 쇼파르는 또한 솔로몬(왕상 1:34, 39), 예후(왕하 9:13), 요아스(왕하 11:12-14), 기만적인 압살롬(삼하 15:10)의 경우처럼 새 왕의 대관식을 선포했다.

약 1천9백 년이 지난 후 1967년 6월 잊을 수 없는 쇼파르 소리가 예루살렘의 성전산에 다시 울려 퍼졌다. 그 소리는 이스라엘 군인들이 동예루살렘에 대한 유대인의 통치권을 회복하고 이스라엘의 영원한 수도를 재통합했을 때 랍비의 수장 슐로모 고렌(Shlomo Goren)이 불었다.

☐ 로쉬 하샤나의 예식

이스라엘의 성전 시대에 은나팔은 번제나 화목제를 드릴 때 불었다. 이것은 모세의 명령과 조화를 이루었다. "너희는 번제물을 드리고 화목제물을 드리며 나팔을 불라"(민 10:10). 희생 제물을 가져와 제단ⓒ 위에 바칠 때 제사장들은 나팔을 불었다. 그리고 성경(대하 29:27-28)과 요세푸스(유대 고대사 3.12.6)는 역사적으로 그 사실을 확증했다.

나팔절에는 쇼파르를 불기 위해 또 다른 제사장을 고용했다. 그는 은나팔을 들고 제단을 바라보고 있는 제사장들의 줄에 함께 서 있었다. 제사장들이 그날의 희생 제물 위로 은나팔을 짧게 불고 있을 때 그는 쇼파르를 계속 길게 불었다.

나팔절 동안 백 명이 넘는 제사장은 아침과 저녁 소제와 월삭과 절기의 희생 제물을 위한 직무를 수행했다. 절기의 전제를 제단에 부을 때 레위인 성가대는 시편 81편 나팔절의 시를 노래했다. "초하루와 보름과 우리의 명절에 나팔을 불지어다 이는 이스라엘의 율례요 야곱의 하나님의 규례로다"(시 81:3-4).

현대의 규례

현대의 로쉬 하샤나의 규례는 성경의 나팔절과는 상당한 차이가 있다. 절기의 이름을 바꾼 것 자체로 성경의 규례에 많은 전통을 덧붙여 재구성했음을 알려 준다.

□ 경외의 날

유대 전승에 의하면, 로쉬 하샤나에서 욤 키푸르(유대교에서 가장 거룩한 두 절기)까지의 10일을 '경외의 날'이라 부른다. 그리고 이 10일 동안에 어떤 사람이 다가오는 새해에 계속 살지 혹은 죽을지에 대한 결정을 내리는 신성한 심판이 있다고 말한다. 그들은 하나님께서 로쉬 하샤나(티쉬리월 1일)에 심판의 책을 검토하시고 욤 키푸르(티쉬리월 10일)에 최종 심판을 내리신다고 믿는다. 이 10일을 다가올 해에 대한 하나님의 최종 심판이 있기 전 마지막 회개의 기회라고 여긴다.

유대 전승에 의하면, 로쉬 하샤나 때 세 권의 책이 열린다. 그것은 악인을 위한 생명책, 의인을 위한 생명책, 이 둘 사이에 있는 사람들을 위한 생명책이다. 우주의 재판장께서 인간이 지난해에 행한 일들을 검토하신 후 모든 개인의 이름을 세 권의 책 중 하나에 새기신다. 악인에 대한 심판은 최종적이며 철회가 불가하다. 따라서 그들은 오는 해에 생명이 끊어질 것이다. 하지만 의인의 책에 기록된 사람들은 자비로 한 해 더 생명을 연장받고 주님의 축복을 받을 것이다. (이 둘 중 어느 곳에도 기록되지 않은) 나머지 사람들의 운명의 봉인은 욤 키푸르 때까지 보류되고 미결정 상태에 놓이게 된다. 만일 그들이 경외의 날 동안 진실하게 회개하면 하나님께서 다음 욤 키푸르 때까지 그들에게 생명을 허락해 주신다고 한다. 이 전승을 반영하듯 경외의 날 동안 주고받는 인사는 "레샤나 토바 티카테부"(Leshana tovah tikatevu, 멋진 한 해를 위해 [생명책에] 기록되기를 바랍니다!)이다.

비록 심판록에 관한 전승은 상당히 각색되었지만, 그 책의 기원은 성경에 있다. 다윗왕은 이 말씀을 기록했다. "그들을 생명책에서 지우사 의인들과 함께 기록되지 말게 하소서"(시 69:28). 선지자 모세는 간청했다. "그러나 이제 그들의 죄를 사하시옵소서 그렇지 아니하시오면 원하건대 주께서 기록하신 책에서 내 이름을 지워 버려 주옵소서 여호와께서 모세에게 이르시되 누구든지 내게 범죄하면 내가 내 책에서 그를 지워 버리리라"(출 32:32-33).

'경외의 날'이 자신을 돌아보는 심히 엄중한 날이기 때문에 일반적으로 즐기는 활동은 금한다. 결혼식처럼 축하할 일들은 욤 키푸르 이후로 미룬다.

□ 회개 기도

로쉬 하샤나 전 주간은 보통 셀리홋(Selihot, 용서)이라 부르는 참회의 기도문을 암송하며 지낸다. 용서받기 위한 가슴을 찢는 기도는 경외의 날을 위한 준비이며 로쉬 하샤나 전 토요일 밤 자정에 시작하는 것이 관례다.

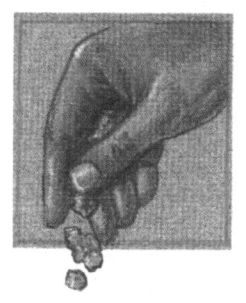

□ 던지는 예식

로쉬 하샤나 예식 중 타쉬리크(Tashlikh, 던지다)는 자기 정화와 죄 사함을 상징한다. 중세 때 시작된 이 의식은 지금까지도 여전히 널리 지키고 있다. 로쉬 하샤나의 첫날 오후 율법을 지키는 유대인들은 바다나 강 혹은 우물 같은 물가에 모여 타쉬리크 기도를 암송한다. 이스라엘의 경우, 절기 예복을 입은 수천의 예배자가 로쉬 하샤나 날 손에 기도서를 들고 지중해 바닷가나 예루살렘의 실로암 연못에 모여 타쉬리크 기도를 암송하는 모습을 볼 수 있다. 간략한 타쉬리크 기도는 여러 개의 히브리 성경 구절이 다음의 순서에 따라 구성되어 있다. 미가 7장 18-20절, 시편 118편 5-9절, 33편, 130편 그리고 종종 이사야 11장 9절을 포함한다. 이 예식의 이름은 히브리 성경 속에 있는 기도를 따온 것이다. "다시 우리를 불쌍히 여기셔서 우리의 죄악을 발로 밟으시고 우리의 모든 죄를 깊은 바다에 던지시리이다[타쉬리크]"(미 7:19). 기도를 마치면 예배자들은 그들의 주머니를 털거나 빵부스러기를 물속에 던진다. 이 의식에는 달라붙은 죄를 제거하는 상징적인 의미가 있다. 따라서 그들의 죄는 사라지고 다시 기억되지 않을 것이다.

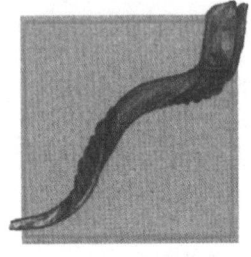

□ 쇼파르

랍비들은 종종 로쉬 하샤나를 욤 하딘(Yom Ha-Din, 심판의 날)이라고 칭했다. 그 이유는 로쉬 하샤나가 전통적인 하나님의 심판의 시간, 즉 경외의 날의 시작이기 때문이다. 그 결과 회개는 지금까지 유대인의 마음에 언제나 가장 중요한 것이 되었다.

히브리력 여섯째 달 초하루 전에 있는 안식일에 시작해서 그달 말까지 샤카릿(Shakharit, 아침 기도회) 후 쇼파르를 아침마다 분다. 이것은 회개로의 초청이자 유대력에서 가장 거룩한 날이 다가오고 있다는 것을 엄숙하게 상기시킨다.

유대인과 그리스도인 모두 신학적으로 사탄(대적자)을 하나님과 그분 백성의 가장 큰 원수로 본다. 성경에서 사탄은 종종 하나님 백성의 참소자 역할을 한다(욥 1:6~2:7, 슥 3:1, 계 12:10). 유대 전승은 로쉬 하샤나 날 심판의 책이 펼쳐지면 사탄이 전능자 앞에 나타나 이스라엘을 참소한다고 한다. 그래서 고대 랍비들은 로쉬 하샤나 때 쇼파르를 부는 전통적인 목적을 제시했다. "왜 [쇼파르를] 붑니까? 사탄을 혼란스럽게 만들기 위해서입니다"(로쉬 하샤나 16a). 그들은 로쉬 하샤나 때 쇼파르를 많이 불면 사탄은 혼란에 빠지고 메시아가 와서 자신의 권세가 끝났다고 믿게끔 만든다고 생각했다. 이 전승을 토대로 로쉬 하샤나 회당 예배 때 쇼파르를 매일 백 번씩 부는 것이 관례다.

□ 회당 예식

로쉬 하샤나를 위한 회당 예식은 욤 키푸르를 제외하고 가장 긴 의식에 속한다. 아침 예배 시간은 다섯 시간 혹은 그 이상 진행되는데 이것은 특별한 일이 아니다.

로쉬 하샤나 때 회당 예식의 기도와 말씀의 주제는 하나님의 왕권이다. 2천 년 동안 로쉬 하샤나 예식은 세 가지 히브리 축복, 말키욧(Malkhiyot, 왕권), 찌크로놋(Zikhronot, 기억), 쇼파롯(Shofarot, 양뿔)으로 구성되었다. 각각의 축복을 마칠 때마다 구슬픈 쇼파르 소리를 낸다. 한 번 길게, 세 번 짧게, 아홉 번 스타카토로, 마지막 한 번은 길게 분다.

말키욧은 우주를 통치하는 왕이신 하나님의 장엄함과 지고한 위치를 강조하며 다음과 같이 선포한다. "세상 모든 거민들아, 모든 무릎은 주님 앞에 꿇고, 모든 입은 충성을 맹세하여라…주님은 영원 무궁히 왕이시로다."

찌크로놋은 이스라엘과 맺은 영원한 언약에 대한 하나님의 기억을 증거하며 다음과 같이 간구한다. "주 우리 하나님, 주께서 모리아 산에서 우리 조상 아브라함과 맺은 언약과 자비와 엄숙한 약속을 기억하소서."

쇼파롯은 그 나라의 역사 속에 쇼파르의 중요한 역할을 강조한다. "우리의 왕께서 친히 시나이산에 현현하셨을 때 온 세상은 주의 임재 앞에 떨었고 피조물은 그 앞에 경외함으로 진동했노라…주님은 쇼파르 소리 가운데 그들에게 나타나셨도다."

이 세 가지 축복은 하나님께서 메시아를 보내실 때 불과 쇼파르 소리로 친히 다시 나타나실 마지막 날에 관해 말해 준다. "주님께서 그들 위에 나타나실 것이며 그의 화살은 번개 같이 날아갈 것이라 주 하나님께서 쇼파르를 불게 하시며 남방 회오리바람을 타고 진군하실 것이라"(비교 슥 9:14).

쇼파르와 로쉬 하샤나의 뗄 수 없는 관계성 때문에 로쉬 하샤나 둘째 날 회당에서 낭독할 정해진 성경 구절은 아브라함이 이삭을 묶어 희생 제단 위에 올린 사건을 기록한 창세기 22장이다. 이 놀라운 구절에서 주님은 이삭의 대체물로 숫양을 주셨다.

□ 유대인의 신년

자아 성찰과 회개에 초점을 맞춘 날이지만, 로쉬 하샤나에는 흥겨운 면도 있다. 로쉬 하샤나가 상용력으로 신년과 일치하기 때문에 행복한 시간이기도 했다. 로쉬 하샤나 때에는 보편적인 히브리식 인사 샤나 토바(Shanah tovah, 멋진 한 해)를 바라며 다채로운 색의 신년 인사 카드를 친구와 가족에게 보내는 관습이 있다.

□ 전통 음식

로쉬 하샤나는 다른 절기들처럼 전통 음식을 차린다. 가장 일반적인 전통 음식은 꿀에 절인 사과다. 이 음식은 다가오는 해가 아주 달콤하기를 바라는 마음을 표현한 것이다.

로쉬 하샤나 둘째 날 밤 저녁 식사 때에는 새 옷을 입고 오랫동안 맛보지 못한 달콤한 과일 하나를 먹는 전통이 있다. 정통 유대인들은 로쉬 하샤나 때 큰 기쁨으로 과일을 먹기 위해 종종 여름 내내 사과와 포도 혹은 석류를 일부러 먹지 않는다.

머리를 땋듯이 땋아 만든 할라빵은 보통 안식일 식탁에서 볼 수 있다. 로쉬 하샤나 때 하나님의 왕권을 강조하기 위한 회당 예식의 기념물로 면류관을 상징하는 둥근 모양의 할라빵을 먹는 전통이 있다.

□ 세상의 탄생

고대 랍비들의 주석인 탈무드는 "세상은 티쉬리월에 창조되었다"(로쉬 하샤나 10b)고 기록했다. 다른 랍비들은 로쉬 하샤나가 세상의 탄생일 뿐만 아니라, 사람을 창조한 바로 그날, 곧 인간의 날이 시작되었다고 주장했다.

성취

이스라엘의 다른 절기들처럼 나팔절은 강력한 예언적 암시를 담고 있다. 이 명절이 어떤 역사적 사건을 기념하지는 않지만, 나라의 장래 일을 묘사하고 있다. 나팔절은 이스라엘의 예언적 시간표의 다음 단계다. 이스라엘의 봄의 절기들(유월절, 무교절, 초실절, 칠칠절)은 메시아의 초림과 연결되었고 또한 이미 성취되었다. 고대 랍비들은 이와 비슷한 관점을 가지고 있었다. "니산월에[유월절에] 우리 조상들은 구속되었고 티쉬리월에[로쉬 하샤나에] 그들은 다가올 시간의 구속을 받게 될 것이다"(로쉬 하샤나 11a).

□ 이스라엘의 어두운 날

나팔절은 이스라엘의 어두운 날이다. 이 절기는 밤하늘의 주요한 빛이 어두워지는 월삭에 있다. 이스라엘의 선지자들은 다가올 심판의 어두운 날에 대해 거듭 경고했다. 그들은 그날을 주님께서 불같은 진노를 쏟아부으실 '주의 날'로 알았다. 주의 날은 주님께서 진노를 이스라엘의 적들뿐만 아니라 이스라엘에도 부어 이스라엘이 회개하고 새 언약에 들어가도록 만드는 시간이 될 것이다.

선지자 아모스는 이 어두운 심판의 날에 관해 말했다. "화 있을진저 여호와의 날을 사모하는 자여 너희가 어찌하여 여호와의 날을 사모하느냐 그 날은 어둠이요 빛이 아니라 마치 사람이 사자를 피하다가 곰을 만나거나 혹은 집에 들어가서 손을 벽에 대었다가 뱀에게 물림 같도다 여호와의 날은 빛 없는 어둠이 아니며 빛남 없는 캄캄함이 아니냐"(암 5:18-20).

히브리 선지자 스바냐는 불길한 경고를 썼다. "여호와의 큰 날이 가깝도다…그날은 분노의 날이요 환난과 고통의 날이요 황폐와 패망의 날이요 캄캄하고 어두운 날이요 구름과 흑암의 날이요 나팔을 불어 경고하며…"(습 1:14-16).

하지만 밤하늘의 어두운 달빛이 나팔절을 알리듯 장래의 어느 날 주의 날이 도래할 때도 하늘은 초자연적으로 어두워질 것이다. "여호와의 크고 두려운 날이 이르기 전에 해가 어두워지고 달이 핏빛 같이 변하려니와"(욜 2:31, 비교, 사 13:9-10, 34:4, 8, 욜 3:15, 행 2:20).

사도 요한 역시 주의 날을 알리는 우주적인 혼란과 어둠에 대해 묘사했다. "내가 보니 여섯째 인을 떼실 때에 큰 지진이 나며 해가 검은 털로 짠 상복 같이 검어지고 달은 온통 피 같이 되며 하늘의 별들이 무화과나무가 대풍에 흔들려 설익은 열매가 떨어지는 것 같이 땅에 떨어지며 하늘은 두루마리가 말리는 것 같이 떠나가고…그들의 진노의 큰 날이 이르렀으니 누가 능히 서리요"(계 6:12-17).

주님께서 하늘에 있는 자연의 빛을 끄실 그날이 다가오고 있다. 메시아께서 왕국을 세우기 위해 다시 오실 때 그분은 분노를 이 악한 세상 위에 꺼트릴 수 없는 불같이 쏟아부으실 것이다. 하나님의 진노로 이스라엘이 회개를 준비할 때 이스라엘의 '경외의 날' 심지어 국가적인 대속죄일 역시 이스라엘의 가장 어두운 날이 될 것이다.

☐ 마지막 나팔

성경은 종종 사람이나 천사가 나팔을 부는 것에 대해 말하지만 하나님께서 나팔을 부시는 경우는 단 두 번 등장한다. 이 경우 모두 쇼파르를 사용한다.

첫 번째는 시나이산에서 있었다. 주님께서 친히 하늘에서 강림하셨고 그 백성을 옛 언약 아래 데리고 갈 준비를 하실 때였다. 여호와의 쉐키나 영광이 불같은 폭풍과 쇼파르 소리와 함께 내려왔다. "시내 산에 연기가 자욱하니 여호와께서 불 가운데서 거기 강림하심이라…나팔 소리가 점점 커질 때에 모세가 말한즉 하나님이 음성으로 대답하시더라 여호와께서 시내 산 곧 그 산 꼭대기에 강림하시고 모세를 그리로 부르시니 모세가 올라가매"(출 19:18-20).

주님께서 쇼파르를 부실 두 번째는 메시아의 재림 때일 것이다. 주님은 회오리바람과 영광의 불과 구름과 나팔 소리와 함께 다시 한 번 하늘에서 강림하실 것이다. 선지자 스가랴는 예언했다. "여호와께서 그들 위에 나타나서 그의 화살은 번개 같이 날아갈 것이며(NKJV) 주 여호와께서 나팔을 불게 하시며 남방 회오리바람을 타고 가실 것이라"(슥 9:14).

고대 랍비들은 이 구절을 메시아의 오심과 연결해서 거듭 인용했다. "다윗의 아들, 우리의 의인께서 친히 나타나실 때 복되시며 거룩하신 분께서 운명적으로 부실 것은 다름 아닌 양각 나팔이다. 기록된

대로, '주 하나님께서 양각 나팔을 부실 것이다'"(Tanna debe Eliyahu Zutta XXII).

주의 날이 시작되면 하나님의 마지막 나팔 소리가 울려 퍼질 것이다. 메시아는 큰 진노로 친히 나타나실 것이고 그 나라를 준비해 새 언약 아래 거하도록 인도하실 것이다(렘 31:31, 겔 20:35-38, 슥 13:9).

고대 유대인 전승에 의하면, 죽은 자의 부활은 로쉬 하샤나 때 일어날 것이다. 이 전승을 반영해 주듯 유대인의 묘비에 종종 쇼파르를 각인했다.

이 두 가지 위대한 사건, 곧 하나님의 마지막 나팔과 의인의 부활은 신약에서 교회의 휴거와 복잡하게 연결되어 있다. 바울은 그 비밀을 알려 주었다. "보라 내가 너희에게 비밀을 말하노니 우리가 다 잠잘 것이 아니요 마지막 나팔에 순식간에 홀연히 다 변화되리니 나팔 소리가 나매 죽은 자들이 썩지 아니할 것으로 다시 살아나고 우리도 변화되리라"(고전 15:51-52).

바울은 다른 서신에서 주님의 재림을 묘사한다. "주께서 호령과 천사장의 소리와 하나님의 나팔 소리로 친히 하늘로부터 강림하시리니 그리스도 안에서 죽은 자들이 먼저 일어나고 그 후에 우리 살아남은 자들도 그들과 함께 구름 속으로 끌어 올려 공중에서 주를 영접하게 하시리니 그리하여 우리가 항상 주와 함께 있으리라"(살전 4:16-17).

하늘 보좌에 앉으신 주님께서 쉐키나 영광의 불같은 구름을 타고 다시 강림하실 날이 도래하고 있다. 예수님은 이것을 "인자가 구름을 타고 능력과 큰 영광으로 오는 것"(마 24:30)이라고 말씀하셨다. 하나님께서 마지막 나팔을 불면 주의 날이 시작될 것이다. 고대 이스라엘의 나팔처럼 하나님의 마지막 나팔은 여러 목적을 완수할 것이다. 첫째, 하나님의 마지막 나팔은 '교회의 휴거' 때 백성을 주님 앞으로 모을 것이다. 의인들은 '장차 올 진노에서' 구원받을 것이다(살전 1:10). 하나님께서 그들에게는 진노하지 않기로 하셨기 때문이다(살전 5:9). 죽은 의인들은 부활할 것이며 살아 있는 의인들은 '사방에서' 모이게 될 것이다(마 24:31). 둘째, 마지막 나팔은 하나님께서 '진노의 큰 날'(계 6:17)을 시작하실 때 사탄과 이 악한 세상에 대적하여 하나님의 전쟁 포고령을 발하게 될 것이다. 이것은 인간의 반역을 종결하는 날로 인도할 것이다. 마지막으로, 마지막 나팔은 메시아의 재림과 임박한 대관식을 알릴 것이다. 왜냐하면, '그날에 높임을 받으실 분은' 오직 주님이시기 때문이다(사 2:17).

적용

이스라엘의 국가적 회개는 메시아의 재림에 전제조건이다. 이스라엘의 회개는 주의 날의 주된 목적 중 하나다. 이스라엘의 왕은 이스라엘이 영접할 준비를 하기 전에는 오시지 않을 것이다. 고대의 랍비들은 다음과 같이 선포한 선지자들의 말씀을 정확히 이해했다. "단 하루 만에 이스라엘은 회개할 것이며 그들은 구속을 받을 것이다. 그러면 다윗의 가지[메시아]가 오실 것이다"(Song of Songs Rabbah 5:2).

회개하지 않은 이스라엘(이방인들도 함께)은 "여호와의 이름으로 오는 자[메시아]가 복이 있음이여"(시 118:26, 비교 마 23:39)라고 기꺼이 고백하기 전에 하나님의 불같은 진노로 고통받을 것이다.

하지만 회개의 개념은 단순히 회개와 관련된 예언보다도 하나님의 말씀 그 자체로 훨씬 더 본질적인 문제다. 회개는 모든 사람에게 요구된다. 성경에서 회개는 삶과 죽음의 원리다. "범죄하는 그 영혼은 죽을지라…그러나 악인이 만일 그가 행한 모든 죄에서 돌이켜 떠나 내 모든 율례를 지키고 정의와 공의를 행하면 반드시 살고 죽지 아니할 것이라"(겔 18:20-21).

회개의 히브리어 테슈바(teshuvah)의 문자적 의미는 '돌이키다', 즉 하나님께로 돌이키는 것이다. 회개는 영적 방향 전환이며 두 가지 행동을 통해 가능하다.

첫째, 죄를 버리고 죄에서 방향을 돌이켜야 한다. 전능자께서 손짓하며 부르신다. "…너희는 돌이켜 회개하고 모든 죄에서 떠날지어다 그리한즉 그것이 너희에게 죄악의 걸림돌이 되지 아니하리라 너희는 너희가 범한 모든 죄악을 버리고 마음과 영을 새롭게 할지어다…"(겔 18:30-31).

둘째, 하나님과 그분의 구속자이신 메시아를 온전히 신뢰함으로 하나님을 향하는 방향이어야 한다. 다윗왕은 기록한다. "그의 아들[메시아]에게 입맞추라 그렇지 아니하면 진노하심으로 너희가 길에서 망하리니 그의 진노가 급하심이라 여호와를 신뢰하는 자는(한글 성경은 '여호와께 피하는 모든 사람'으로 번역-역주) 다 복이 있도다"(시 2:12).

온 세상을 통치하실 위대한 왕께 '모든 무릎이 꿇고 모든 혀가 맹세할 것이다'(사 45:23). 하나님께 나아갈 다른 길은 없다.

메시아 왕께서 오실 날이 다가오고 있다. 예수님은 예루살렘에 다시 오실 것이다. 그분은 모든 땅을 통치하실 것이다. 선지자들의 예언대로 그분은 영원히 다스리실 것이다. 그러나 모든 사람이 그분의 영광스러운 왕국에 들어가지는 못할 것이다. 구속자께서 시온에 오실 때 그분은 '죄과를 떠난 자들'(사 59:20)과 '그분을 신뢰하는 자들에게'(시 2:12) 오실 것이다.

고대 이스라엘의 랍비 엘리에제르(Eliezer)는 선포했다. "죽기 전에 하루 동안 회개하세요." 깜짝 놀란 그의 제자들이 물었다. "그러면 사람이 죽을 날을 알 수 있습니까?" 랍비가 대답했다. "그렇다면 더더욱 오늘 회개해야 할 이유가 생겼습니다"(Shabbat 153a). 물론 사람은 자신이 죽을 날을 알 수 없다. 그래서 회개는 긴박하다. 성경은 이것을 아주 강하게 말한다. 오늘이 바로 회개의 날이다. 우리는 우리의 수명이나 하나님 심판의 날을 모른다. 옛 선지자가 "너희는 여호와를 만날 만한 때에 찾으라 가까이 계실 때에 그를 부르라"(사 55:6)고 간절히 애원했듯이 아직 회개의 문이 열려 있을 때 하나님을 찾아야 한다.

당신은 진심으로 회개한 적이 있는가? 죄를 등지고 하나님께로 향하고 있는가? 그로 인해 사망에서 생명으로 옮겨졌는가? 이렇게 행하는 사람들에게 주님은 그들의 모든 죄를 깊은 바다에 던지고 더는 기억하지 않겠다고 굳게 약속하셨다.

일곱째 달 열흘날은 속죄일이니
너희는 성회를 열고 스스로 괴롭게 하며
여호와께 화제를 드리라(레 23:27)

9장
—
욤 키푸르-대속죄일

케빈 하워드

이스라엘의 가장 놀라운 절기 욤 키푸르(Yom Kippur), 곧 '대속죄일'은 성경 전반에 얽혀 있는 중요한 주제다. 이 신성한 제도가 생긴 지 3천5백 년이 지났지만, 이 절기는 이스라엘의 문화와 예배에 여전히 막강한 영향력을 행사하고 있다. 이보다 훨씬 더 중요한 점은 욤 키푸르가 메시아의 죄값 지불과 하나님 백성의 오늘의 안전을 이해하기 위한 필수적인 배경이 된다는 것이다.

성경의 규례

☐ 욤 키푸르의 의미

'대속죄일(The Day of Atonement)'은 욤 키푸르를 영어로 표현한 것이다. 하지만 '속죄'라는 단어가 모호하고 이 절기의 의미를 무색하게 만들었다. 키푸르(Kippur)는 '덮다'는 뜻의 히브리어 카파르(kaphar)에서 파생되었다. 그러므로 속죄의 단순한 의미는 덮개(covering)다.

지난해의 죄를 위한 속죄(덮개)가 바로 욤 키푸르에 있었다. 속죄 혹은 덮개는 무죄한 가축의 피의 희생으로 구성된다. 주님은 명하셨다. "육체의 생명은 피에 있음이라 내가 이 피를 너희에게 주어 제단에 뿌려 너희의 생명을 위하여 속죄(덮도록)하게 하였나니 생명이 피에 있으므로 피가 죄를 속하느니라(덮느니라)"(레 17:11).

☐ 욤 키푸르의 시간

이스라엘의 여섯 번째 신성한 절기인 욤 키푸르는 가을에 있는 절기다. 히브리력으로 일곱 번째인 티쉬리월 10일이며 상용력으로 대략 9월에서 10월 정도다. 이 절기는 두 개의 다른 주요한 절기인 티쉬리월 1일의 나팔절(오늘날에는 로쉬 하샤나로 부름)과 티쉬리월 15일에 시작되는 초막절 사이에 지킨다.

☐ 욤 키푸르의 기록

욤 키푸르의 성경적 규례는 세 곳의 구절에 나타난다. 그 내용은 대제사장(레 16장)과 백성(레 23:26-32)과 희생 제물(민 29:7-11)에 관한 거룩한 가르침이다.

☐ 욤 키푸르의 중요성

욤 키푸르는 이스라엘 백성에게 가장 엄중한 날이고, 종종 짧게 '그날'이라고도 부른다. 주님께서 제정하신 욤 키푸르는 '너는 네 영혼을 스스로 괴롭게 하라'(레 23:27, 32)는 날이다. 사람들은 이것을 금식으로 이해했다(비교 스 8:21). 그날은 지난해 동안 지은 죄를 회개하기 위해 금식하며 온전히 하루를 드렸다. 욤 키푸르 날 금식은 유대교 내에서뿐만 아니라 성경이 명령하는 유일한 금식이었다. 욤 키푸르 날 금식과 회개로 자신을 직접 헌신하지 않는 이스라엘 사람은 "그 백성 중에 끊어질 것이다"(레 23:29). 또한 이날에는 모든 형태의 노동을 금했다. 마찬가지로 이 법을 무시하는 사람은 죽음의 형벌로 고통받게 될 것이다(레 23:30).

욤 키푸르는 이스라엘의 제사장들에게도 극히 엄중한 날이었다. 한 해 중 대제사장이 성전의 지성소에 들어가 하나님 영광의 임재 앞에 설 수 있는 오직 한 번뿐인 날이었다. 이런 마음으로 대제사장은 금색 흉패가 달린 일상의 채색옷 대신 아마포로 짠 거룩한 옷을 입어야 했다. 아마포 옷은 오직 이날에만 입었다.

희생될 가축의 숫자가 늘어날수록 욤 키푸르는 더욱 엄숙해졌다. 규례 외에도 정해진 곡물과 함께 드리는 매일의 번제와 관제 그리고 추가적인 번제를 드렸다. 추가적인 예물에는 백성을 위한 황소 한 마리, 숫양 한 마리, 어린양 일곱 마리와 제사장을 위한 숫양 한 마리가 포함되었다(민 29:7-11).

□ **욤 키푸르의 예식**

준비

대제사장의 부주의로 부정함을 입어 욤 키푸르의 직무를 수행할 자격을 잃는 것은 국가적으로 중차대한 사안이었다. 이런 재앙의 가능성을 사전에 막기 위해 대제사장은 욤 키푸르 한 주 전에 집을 떠나 성전 내부에 있는 대제사장의 숙소에 머물러야 했다. 그 한 주간 동안 대제사장이 사체를 만져 부정하게 될 가능성을 배제하기 위해 붉은 암송아지의 재를 그에게 두 번 뿌렸다. 이것은 제의적 부정을 해소하기 위한 일반적인 정결 과정이었다(민 19:1-10).

그가 죽거나 혹은 모든 예방 조치에도 불구하고 부정해질 경우를 대비해서 다른 대체자를 준비하였다. 대체자는 보통 성전에서 대제사장직의 다음 서열에 있는 사람을 선정했다. 그는 성전 맡은 자(행 4:1, 5:24, 26)였고 성전을 지키는 자들(성전의 시설들을 순찰하고 모세의 율법을 실행하는 레위인들)에게 직접 명령권을 행사할 수 있는 높은 권위자였다.

대제사장은 정기적으로 성전 제사를 수행하지는 않지만 욤 키푸르까지 한 주 동안은 혼자서 제사를 지냈다. 엄지와 검지에 피를 뿌리거나 향을 피우는 것, 메노라(등잔)에 불을 켜거나 그가 갈 성전 전역의 이동 경로를 미리 살피는 것까지 다가오는 절기를 위해 모든 면에서 충실하게 의무를 다했다. 실수는 용납되지 않았다. 실수의 결과는 엄청난 국가적 재난이자 치욕이 될 것이다. 이스라엘의 희생 제사는 자격 미달이 되고, 백성의 죄는 덮이지 않은 채 그대로 남게 될 것이다.

오전 예배

유대인의 하루가 저녁에 시작될지라도 욤 키푸르를 위한 성전의 예배는 다음날 아침 여명이 밝아올 때까지 시작하지 않았다. 제단 위의 재를 깨끗이 걷어내고 평소처럼 세 개가 아닌 네 개의 불을 지펴 그날을 다른 날과 구별했다.

그 외의 날에 대제사장은 제사 직무를 수행하기 전에 제사장용 물두멍ⓐ에 있는 물로 손과 발만 씻었다. 욤 키푸르 날이 되면 제사장의 뜰 근처에 있는 특별한 황금 욕조(파르바의 방)ⓑ에 몸을 완전히 담가야 했다. 커다란 아마포 커튼을 가리고 목욕을 했기 때문에 대중은 움직이는 그림자만 볼 수 있었다.

대제사장은 금으로 만든 옷을 매우 조심스럽게 입었다. 그가 백성을 대표해서 일하는 소리를 사람들이 들을 수 있도록 장엄한 보랏빛 예복에 작은 황금 종들을 달았다. 그는 예복 위에 열두 개의 보석으로 장식된 황금 흉패를 걸쳤다. 이것은 그가 진실하고 살아 계신 하나님 앞에 이스라엘의 열두 지파를 대표한다는 것을 끊임없이 상기시켰다.

예복을 다 차려입은 대제사장은 손과 발을 씻고 정해진 하루의 직무를 수행했다. 이어지는 오전 예배 때 대제사장은 욕조가 있는 그의 방ⓑ으로 돌아가 욤 키푸르를 위한 흰 아마포 옷으로 갈아입었다. 그날 하루 동안 그는 다섯 번 옷을 갈아입고 동일한 정결 과정을 다섯 번 치렀다. 그때마다 손과 발을 씻었고 옷을 벗고 온몸을 완전히 물에 담갔다. 그리고 새 옷으로 갈아입고 다시 한번 손과 발을 씻었다.

오후 예배

오후에 있는 성전 예배는 욤 키푸르 규례의 핵심이었다. 이 제사의 희생 제물을 통해 다가오는 새해를 위한 제사장과 이스라엘 백성의 속죄가 완성되었다.

- 대제사장의 고백

대제사장이 제사장의 뜰로 이동하면서 오후 예배는 시작되었다. 그곳에는 황소 한 마리가 제단과 성전 현관 사이ⓒ에서 그를 기다리고 있었다. 이 황소는 대제사장과 그의 직무를 위한 속죄제였고 예식은 제사장들이 사역하는 성전 근처에서 진행되었다. 대제사장은 자신을 대신할 표증인 황소의 머리에 두 손을 얹고 그의 죄를 고백했다. 죄를 고백하는 동안 주의 언약의 이름(야훼, YHWH)을 세 번 선포했다. (유대인의 구전 전승에 의하면 어떤 경우라도 이 거룩한 이름(성호)을 말하는 것은 금지되었다. 그 이름을 잘못 발음하거나 잘못 사용함으로 헛되이 부르는 것을[출 20:7] 막기 위해서였다.) 대제사장이 그 이름을 부를 때마다 백성과 제사장들은 얼굴을 땅에 대고 경배하며 반복해서 말했다. "주의 이름을 송축하라. 그의 영광스러운 왕국은 영원무궁하도다!"

- 두 마리의 염소

그다음 대제사장은 두 제사장의 호위를 받으며 제단ⓒ 동편으로 향했다. 그의 우편에는 부대제사장(대제사장이 직무를 완수하지 못할 경우를 대비해 기름 부은 제사장)이 있었고, 좌편에는 그 주간의 봉사를 위해 택함받은 제사장들의 여러 직무를 총괄할 우두머리 제사장이 그를 호위했다. 제사장들을 총 24반차로 나누었고, 24주 동안 각 반차는 한 주씩 교대로 직무를 수행했다(대상 24:1-19).

염소 두 마리가 나란히 서서 대제사장을 기다리고 있었다. 몸이 성전 쪽으로 향한 염소들은 크기, 색깔, 가치 면에서 동일했고 다가오는 대제사장과 수행원들을 응시하고 있었다.

돌로 만든 노면 위에 둔 금대접에는 황금 제비 두 개가 놓여 있었다. 한 제비에는 "여호와를 위하여", 다른 제비에는 "아사셀을 위하여"라고 새겼다. 대제사장은 금대접을 흔들어 무작위로 두 손에 각각 하나씩 제비를 뽑았다. 그가 두 염소의 이마에 제비를 대고 최종 결과가 나오면 두 염소를 "여호와께 드리는 속죄제"라고 선포했다. 이 두 염소는 하나의 제물로 간주했다.

"아사셀을 위하여"라는 제비를 받은 염소는 진홍색 양털 끈을 한쪽 뿔에 묶어 표시했다. 그런 다음 방향을 백성을 향해 돌렸다. 얼마 후면 백성의 죄는 이 염소의 머리에 전가될 것이다.

아사셀(azazel)의 정확한 의미에는 몇 가지 논쟁이 있다. 어떤 이들은 사탄의 이름이라고 믿는다. 왜냐하면, 유대인의 전승에 아사셀은 타락한 천사의 이름이기 때문이다. 하지만 대부분의 학자는 그 단어의 근원이 '도망을 가다'라는 히브리어 아젤(azel)에서 왔다고 믿는다. 죽음을 피해 도망쳐 광야로 쫓겨났기 때문에 이 염소를 '희생양(scapegoat)'이라 불렀다.

"여호와를 위하여" 제비를 뽑은 염소는 커다란 돌제단 쪽을 향하게 했다. 잠시 후면 그 염소는 속죄제로 바쳐질 것이다.

- 제사장 직무를 위한 속죄제

대제사장은 다시 황소에게 돌아가 머리에 두 번째 안수를 했다. 이전에는 황소의 머리에 안수하고 오직 자신의 죄를 고백했다면 이번에는 제사장 직무의 죄를 고백한다. 그런 다음 대제사장은 그 황소를 잡아 피를 금대접에 받았다. 곁에서 대접을 넘겨받은 제사장은 피가 굳지 않도록 휘젓는 일을 담당했다.

- 분향

이제 대제사장은 금화로 혹은 금향로를 들고 경사로를 따라 제단ⓒ을 향해 걸어 올라간다. 그리고 제단 위의 불 속에서 살아 있는 숯불을 조심스럽게 옮겨 화로에 가득 채운다. 그런 다음 두 손 가득히 향을 채워 황금 국자에 담는다. 오른손에는 금향로를, 왼손에는 향을 들고 성전에 올라가 등대와 진설병상과 분향단이 있는 성소ⓕ를 지나간다. 휘장을(성소와 지성소를 분리하는 두꺼운 커튼) 지나가기 위해 성소 뒤쪽에서 잠시 멈춘다. 지성소ⓖ 안에 들어서서는 아주 엄숙하게 서 있었다. 오직 숯불의 연한 오렌지 불빛만 그 방을 비추고 있었다.

대제사장은 향을 금향로의 숯불 위에 부었다. 그리고 두꺼운 휘장을 통해 되돌아오기 전 연기의 향연이 지성소를 가득 채울 때까지 잠시 기다렸다.

솔로몬 성전 시대에는 언약궤를 지성소ⓖ에 두었고 여호와의 쉐키나 영광은 그 위에 머물러 있었다. 바빌론 포로기 이후 언약궤는 사라졌다. 지성소는 이제 바닥에서 세 손가락 높이(5.7센티미터)로 돌출한 ('주춧돌'이라 부르는) 독특한 돌을 제외하고 빈방으로 남게 되었다.

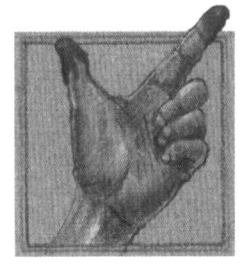

- 피뿌림

대제사장은 황소의 피로 가득 채운 금 대접을 들고 다시 지성소ⓖ로 돌아간다. 그리고 그 피를 언약궤 앞에 조심스럽게 뿌렸다. 위로 한 번 뿌린 뒤 채찍을 휘두르듯 아래로 일곱 번 뿌렸다. 그러는 내내 실수를 방지하기 위해 큰 소리로 숫자를 헤아렸다. 지성소에서 나온 그는 그 대접을 황금 받침대 위에 두었다.

계속해서 대제사장은 여호와를 위해 구별한 염소를 잡기 위해 바깥에 있는 제사장의 뜰ⓒ로 갔다. 그리고 염소의 피를 금대접에 담아 세 번째로 지성소에 들어가서 황소의 피와 동일한 방법으로 염소의 피를 뿌렸다.

그런 다음 황소의 피를 휘장 바깥에 뿌렸다. 그리고 염소의 피로 이 과정을 반복했다. 마지막으로 두 대접을 함께 쏟아부었고 그 피를 제사장의 뜰에 있는 번제단ⓒ의 뿔(네 귀퉁이의 돌출부위)에 뿌렸다.

- 희생양

이제 모든 관심은 오후의 태양 아래 초조하게 귀를 씰룩이며 회중을 응시하고 있는 염소 한 마리에게 쏠렸다. 대제사장은 염소의 머리에 안수하고 백성의 죄를 고백했다. 그 희생양은 한 제사장의 손에 이끌려 동문을 지나 다시 볼 수 없도록 하기 위해 16킬로미터(10마일) 이상 떨어진 광야로 보내졌다.

제2성전 시대에는 (이스라엘의 죄를 짊어진) 그 희생양이 살아서 사람의 거주지에서 방황하는 것을 방지하기 위해 죽이기도 했다. 비극의 가능성을 없애기 위해 희생양을 바위틈 끝으로 데리고 가서 제사장이 밀어 버렸다.

희생양을 광야로 데리고 가는 동안 백성은 계속 오후 예배를 드리면서 그 일이 끝났다는 소식을 기다렸다. 대제사장이 제단에서 황소와 염소의 희생 제사를 마치면 남은 부위는 도시 바깥에서 불태웠다.

그리고 대제사장은 백성에게 연설했다. 그는 레위기의 욤 키푸르 구절을 읽었고, 모든 명령을 절차에 따라 완수했다는 것을 확증해 주기 위해 암송한 민수기 구절을 인용했다.

그런 다음 욤 키푸르를 위한 나머지 제물을 드렸다. 이것은 속죄제와 대립되는 번제였다.

서쪽 하늘에 뜬 오후의 따스한 햇살과 길게 늘어선 그림자가 드리울 무렵 대제사장은 금향로(화로)와 향을 담는 국자를 수거하기 위해 마지막으로 지성소⑧에 들어간다. 그날의 다섯 번째 목욕을 마친 뒤 황금빛 옷으로 갈아입었다. 선선한 가을밤이 엄습할 즈음 성전에서 정기적으로 드리는 예배를 인도한다. 이제 욤 키푸르의 끝이 다가왔다.

현대의 규례

□ **유대인의 전통**

욤 키푸르의 현대 규례는 성경의 규례 중 극히 일부만 지키고 있다. 현대의 규례는 하나님의 율법 안에 세워진 것보다 사람의 전통에 토대를 두고 있다.

이는 한 사람의 영향 때문이다. 랍비 요하난 벤 자카이(Yohanan ben Zakkai)는 로마가 성전을 파괴하던 시대에 아주 유명한 랍비였다.

유대 역사는 다음과 같이 기록한다.

랍비 요하난 벤 자카이가 예루살렘에서 나오고 있을 때 그를 뒤따라 나온 랍비 여호수아는 성전의 멸망을 목격했다. '화로다 우리여!' 랍비 여호수아가 부르짖었다. '이스라엘의 죄를 속량하던 곳이 폐허가 되었도다!' '내 아들아,' 랍비 요하난이 그에게 말했다. '슬퍼하지 마라. 우리에게는 이와 동일한 효과가 있는 다른 속죄가 있단다. 그것은 바로 인자한 행동이란다. 기록된바, '나는 인애를 원하고 제사를 원하지 아니하노라'[호 6:6](Avot de Rabbi Nathan 4:18).

이 랍비의 말을 근거로 이스라엘은 피를 통한 속죄를 버렸고 대신 미쯔봇(mitzvot, 선행)을 통한 속죄를 찾았다. 그 결과 다양한 전통이 욤 키푸르 규례 속으로 스며들고 말았다.

하지만 욤 키푸르 전통 카파롯(Kaparot)은 여전히 피의 제사의 필요성을 보여 준다. 오늘날 카파롯은 오직 극단적인 정통파 내에서 지켜지고 있으며, 초기 랍비들의 권위자들 사이에 그것의 수용 여부는 논란거리였다. 이 의식은 무죄한 동물 한 마리, 특히 닭 한 마리를 죽이는 것을 포함한다. 욤 키푸르 전에 쇼켓(shochet, 랍비의 법을 따라 짐승을 잡는 전문가)에게 넘길 닭을 조심스럽게 선별한다. 율법을 지키는 유대인들은 그 닭을 왼손으로 잡고 닭의 머리에 오른손을 얹는다. 그리고 닭을 머리 위로 세 번 흔들며 선포한다. "이것은 나의 대체물,

나를 대신할 희생물, 나의 속죄입니다. 닭은 죽지만 나는 장수하며 행복과 평안을 누릴 것입니다." 욥기와 시편의 구절을 읽은 후에 그 사람은 동일시의 상징으로 닭의 머리에 안수하며, 그 닭을 자신의 대체물로 죽인 후 가난한 자들에게 금식 전 마지막 식사로 나누어준다.

욤 키푸르를 위한 동물 규정을 어기면서까지 한 마리의 닭을 선택하는 이유가 궁금할 것이다. 주님은 희생 제사를 오직 예루살렘 성전에서 드리도록 명확하게 말씀하셨다(신 12:5-6). 주후 70년 성전 파괴 후 잘못된 방식으로 희생 제사를 드리지 못하도록 동물 사용을 금했다. 이러한 이유로 대부분의 유대인은 성경 시대에 사용했던 어린 양 대신 닭이나 칠면조를 유월절에 먹는다. 오늘날 성전이 존재하지 않기 때문에 희생 제사도 없다. 하지만 카파롯을 지키는 사람들은 하나님 말씀의 무게를 잘 알고 있다. "피가 죄를 속하느니라"(레 17:11). 카파롯은 성전과 희생 제사 제도의 부재로 인해 피를 통한 속죄의 필요성을 중재하려는 시도다. 카파롯과 희생 제사의 차이점은 선택한 동물의 차이다.

□ 회당의 삶

오늘날 욤 키푸르의 주된 초점은 그 중심에 회당 예배가 있다. 욤 키푸르 예배는 보통 그해에 참석할 자를 기록한다. 만일 회당의 회원이 아니라면 빈자리를 찾기 어려울 것이다.

회당은 죄로부터의 정결함과 깨끗함을 상징하기 위해 종종 흰색으로 장식한다. 두루마리 토라를 담은 법궤를 현란하고 다채로운 태피스트리 대신 흰색 천을 마치 겉옷처럼 덮는다. 말씀을 읽는 단상은 흰색 식탁보로 덮고 회당은 흰 꽃으로 장식한다. 예배자들도 성전에서 아마포를 입었던 제사장들을 기념하며 흰옷을 입는다.

욤 키푸르 때 회당에서는 해가 떨어질 때 드리는 콜 니드레(Kol Nidre) 예배를 시작으로 다섯 번의 예배가 있다. 콜 니드레 기도의 잊을 수 없는 감미로운 멜로디는 예배자들이 지난해 동안 맺은 맹세와 무의식적으로 깨뜨린 맹세에 대해 하나님의 용서를 간절히 구한다. 오후 예배 때는 사람들의 마음을 회개와 하나님께로 돌이키도록 초점을 맞추기 위해 요나서를 읽는다.

욤 키푸르 때 드리는 고대 아람어 무사프(Musaf, 안식일과 축제일 아침 예배 직후에 드리는 추가 예배-역주) 기도에 한 가지 놀라운 기록을 발견할 수 있다.

우리의 의로운 메시아는 우리에게서 떠나시니, 공포가 우리를 사로잡고, 우리 중 누구도 우리 자신을 의롭게 만들 수 없다. 그분은 우리의 죄와 허물의 멍에를 담당하시며 우리의 죄로 인해 상함을 받으신다. 그분이 우리의 죄를 어깨에 짊어지심으로 우리는 죄를 용서받는다. 그분이 상하심으로 우리는 나음을 얻는다.

이 고대 기도문의 저자는 메시아에 관해 예언한 히브리 선지자의 말씀을 정확히 이해했다. "그는 실로 우리의 질고를 지고 우리의 슬픔을 당하였거늘 우리는 생각하기를 그는 징벌을 받아 하나님께 맞으며 고난을 당한다 하였노라 그가 찔림은 우리의 허물 때문이요 그가 상함은 우리의 죄악 때문이라 그가 징계를 받으므로 우리는 평화를 누리고 그가 채찍에 맞으므로 우리는 나음을 받았도다 우리는 다양 같아서 그릇 행하여 각기 제 길로 갔거늘 여호와께서는 우리 모두의 죄악을 그에게 담당시키셨도다"(사 53:4-6).

성취

이스라엘의 다른 가을 절기들처럼 욤 키푸르는 예언적으로 이스라엘 민족과 함께 하실 메시아의 사역을 가리킨다. 이 일들은 보좌를 세우기 위해 메시아가 오실 마지막 날에 일어날 것이다.

□ 이스라엘의 회개

히브리 선지자 다니엘은 '70주간'의 환상을 통해 이스라엘을 향한 예언적 사건들의 포괄적인 시간표를 알려 주었다. 이 예언적 '주간'(문자 그대로 7)의 기간은 7일이 아닌 7년이었다. 많은 구절이 이것을 입증해 주고 있다. 그 밖에 일흔 번째 주의 후반부는 3년 6개월(단 7:25, 12:7, 계 12:14)이나 42달(계 11:2, 13:5) 혹은 1,260일(계 11:3, 12:6)로 묘사한다. 7년이란 단위는 안식년 때문에 이스라엘에게 아주 친숙했다. 종합해 보면 '70주간'은 490(70×7년)년이다.

다니엘은 "예루살렘을 중건하라는 명령이 날 때부터 메시아(기름 부음을 받은 자) 곧 왕이 일어나기까지"(단 9:25) 예순아홉 이레(69×7년 =483년)가 될 것이라고 예언했다. 그는 메시아가 예순아홉 번째 주 끝에 처형(끊어질, 단 9:26)될 것이라고 말했다. 다니엘 환상의 예순아홉 이레는 성취되었다. 그 기간은 페르시아 왕 아닥사스다가 주전 5세기에 예루살렘 재건을 명령했을 때(스 7:6-7, 9:9, 느 2:5)부터 시작해서 대략 주후 30년경 로마인들이 메시아를 십자가에 못박기 직전에 끝났다.

더 나아가 다니엘은 메시아 처형 이후 일흔 번째 주(마지막 7년)가 재개되는 예언적 시간 이전에 특정할 수 없는 시간적 공백이 있을 것이라고 예언했다. 이 시간적 공백 기간에 이방인들은 예루살렘과 성전을 파괴할 것이다(단 9:26). 이 예언은 티투스 장군과 로마 군대가 주후 70년 제2성전을 파괴했을 때 성취되었다. 호세아는 이 공백 기간에 메시아는 하늘로 돌아가 이스라엘이 회개할 날을 기다리실 것이라고 예언했다. "그들이 그 죄를 뉘우치고 내 얼굴을 구하기까지 내가 내 곳으로 돌아가리라 그들이 고난 받을 때에 나를 간절히 구하리라"(호 5:15).

다니엘의 일흔 번째 주(이 시대의 마지막 7년)는 여전히 미래다. 성경은 한 악한 세계 지도자가 마지막 날에 일어날 때 그 일이 시작될 것이라고 말한다. 유대교 신학에서 보면 그는 아르밀루스(Armilus)다. 기독교 신학에서 보면 그는 적그리스도다. 일흔 번째 주의 중반부에 그는 재건된 성전을 자신의 형상으로 더럽힐 것이며 제사 제도를 멈추게 만들 것이다(단 9:27, 마 24:15, 살후 2:4). 그는 유대 민족을 박해할 것이고 그들을 광야로 쫓아낼 것이다. "또 환난이 있으리니 이는 개국 이래로 그 때까지 없던 환난일 것이라"(단 12:1, 비교 렘 30:7, 계 12:6).

그러나 하나님은 큰 진노로 일어나 악한 자에게 심판을 행하실 것이다. 메시아는 악한 자의 군대와 대적해 싸우실 것이며 일흔 번째 주의 마지막에 이스라엘의 목을 짓누르는 이방인의 압제의 멍에를 깨뜨리실 것이다(시 2:9, 사 9:4). 그때 메시아의 보좌가 세워질 것이며 "여호와께서 천하의 왕이 되실 것이다"(슥 14:9, 비교 시 2:8).

메시아가 그분의 보좌를 세우러 오실 때 이스라엘은 그들이 찌른 그분(예수님)을 보고 회개할 것이다(슥 12:10). 그러면 주님은 그들의 죄를 사하여 주시고 그 죄를 더는 기억하지 않으실 것이다(사 43:25, 렘 31:34). 이사야는 그 나라 이스라엘이 영적으로 단 하루 만에 태어날 것이라고 예언했다(사 66:8, 비교 롬 11:26). 일흔 번째 주의 마지막에 (단 9:24) 이스라엘이 그들의 메시아 앞에 얼굴과 얼굴을 맞대고 회개할 때 이스라엘의 속죄 날에 관한 예언은 성취될 것이다.

□ **언약궤**

언약궤는 욤 키푸르와 아주 밀접한 관계가 있다. 욤 키푸르 날 오직 대제사장만 법궤 위에 피를 뿌리기 위해 지성소에 들어가기 때문이다. 언약궤는 이스라엘의 국가적 회개의 날에만 볼 수 있었다.

주전 586년 바빌론이 솔로몬 성전을 파괴했을 때 언약궤를 잃어버렸다. 그 후 언약궤는 히브리 성경에 다시 언급되지 않았고 제2성전에도 없었다. 많은 이들이 바빌론이 탈취하지 못하도록 누군가 그 법궤를 감췄다고 추측하고 있다. 이는 언약궤의 추정된 위치에 관한 수많은 이야기를 낳았다. 어떤 이들은 에티오피아로 옮겼다고 믿는다. 어떤 이들은 요단에 있는 한 동굴에 숨겼다고 믿는다. 또 어떤 이들은 제3성전을 재건할 때까지 성전산 아래 은밀한 곳에 감췄다고 믿는다. 확실한 것은 성경이나 그 어떤 역사서도 잃어버린 언약궤의 운명을 기록하지 않는다는 것이다.

그러나 성경은 땅의 성전과 성전 기구들은 그저 하늘 성전의 모형이라고 가르친다(히 9:23-24). 현재 진정한 언약궤는 하늘에 존재한다. 그러므로 일흔 번째 주의 끝에 하늘 성전이 열리고 언약궤가 보일 것이라는 점은 아주 중요하다(계 11:19). 국가로서 이스라엘이 한마음으로 "오라 우리가 여호와께 돌아가자"라고(호 6:1) 고백할 때 그것은 이스라엘 미래의 욤 키푸르가 될 것이다.

적용

□ **피의 필요성**

성경은 피의 제사를 요구하며 피는 죄의 문제와 아주 긴밀하게 연결되어 있다. 무죄한 자를 대신 죽이는 것을 요구한 이유는 죄의 속죄(덮개)가 오직 피를 통해 이뤄졌기 때문이다(레 17:11). 신약성경 역시 이것에 동의한다. "피흘림이 없은즉 사함이 없느니라"(히 9:22). 심지어 예수님 이후 한 세기가 지날 때까지도 랍비들은 이 개념을 아주 중요한 것으로 가르쳤다. 유대인의 신앙과 실천에 관한 3세기 주석인 탈무드는 이렇게 말한다. "피가 없으면 속죄도 없다"(Yoma 5a). 죄의 문제에 대한 해법은 언제나 대속물의 피 흘림과 결부되어 있다.

한번은 급진적인 정통 유대교 회당의 한 관리가 나에게 이런 질문을 했다. "왜 하나님은 땀이나 눈물이 아니라 피를 요구하셨을까요?" 성경은 하나님은 절대적인 공의의 하나님이라고 가르친다. 하나님은 언제나 그분의 순결한 공의가 요구하는 것을 행하실 것이다. 하나님의 공의는 불순종(죄)을 심판하시고 순종(의)을 축복하실 것이라는 두 가지 원칙 안에서 작동한다. 하나님은 죄를 간과하실 수 없고, 하지도 않으실 것이다. 선지자 하박국은 선포한다. "주께서는 눈이 정결하시므로 악을 차마 보지 못하시며 패역을 차마 보지 못하시거늘"(합 1:13). 하나님의 법을 깨뜨린 것에 대한 처벌은 죽음(피 흘림)이다. 주의 공의는 피 흘림을 요구한다. 하지만 주의 자비하심으로 하나님은 대속물을 주셨다. 즉, 진실로 회개한 사람을 위해 무죄한 자가 그의 대속물이 되는 것이다. "선을 행하는 자가 없으니 하나도 없기"(시 14:3) 때문에 하나님은 모세의 언약 아래 어린양과 황소와 염소의 제사를 명하셨다.

☐ 옛 언약

선지자 예레미야는 모세의 언약을 능가하는 새 언약을 예언했다.

새 언약은 사람에게 지킬 능력을 준다는(또한 사람의 마음에 새길 것이라는) 면에서 더 뛰어날 것이다. 또한 지난해에 지은 죄를 단순히 덮는 대신 죄를 제거한다는 점에서 더 나을 것이다. 이 히브리 선지자는 약속했다. "여호와의 말씀이니라 보라 날이 이르리니 내가 이스라엘 집과 유다 집에 새 언약을 맺으리라…곧 내가 나의 법을 그들의 속에 두며 그들의 마음에 기록하여 나는 그들의 하나님이 되고 그들은 내 백성이 될 것이라…내가 그들의 악행을 사하고 다시는 그 죄를 기억하지 아니하리라"(렘 31:31-34).

옛 언약(구약)은 하나님께서 새 언약(신약)을 제정할 시간이 찰 때까지 있을 선두주자이자 일시적인 기준이다. 히브리서 기자는 말한다. "율법은 아무 것도 온전하게 못할지라 이에 더 좋은 소망이 생기니 이것으로 우리가 하나님께 가까이 가느니라"(히 7:19). 그리고 다시 "율법은 장차 올 좋은 일의 그림자일 뿐이요 참 형상이 아니므로 해마다 늘 드리는 같은 제사로는 나아오는 자들을 언제나 온전하게 할 수 없느니라"(히 10:1).

만일 옛 언약이 단순히 덮는 것이 아닌 죄에 대한 영구적인 해답으로 충분했다면 하나님은 그것을 능가할 두 번째 언약을 결코 약속하지 않았을 것이다(히 8:7).

옛 언약과 새 언약의 관계는 신용카드로 설명할 수 있다. 신용카드는 그 자체로는 가치가 없다. 플라스틱 조각에 불과하다. 하지만 가게에서 물건값을 계산할 때 현금 대신 신용카드를 사용할 수 있다. 신용카드는 다음달 현금 지불의 전신이자 그림자이기 때문이다. 실제적인 지불은 신용카드 청구서를 받을 때 이루어진다. 그때까지 그 카드는 구매한 상품을 덮는다. 이처럼 구약의 희생 제사는 죄를 덮었고 예수님께서 십자가에서 진정한 지불을 완성하실 다가올 날의 전조였다. 빚은 청산되었고 구원을 샀기 때문에 오늘날 신용카드(희생 제사 제도)는 필요가 없다. 예수님은 과거의 모든 죄뿐만 아니라 미래의 모든 죄값까지도 다 갚으셨다. 그분은 죄를 위한 단 한 번에 영원한 효력이 있는 대금 지불이 되셨다.

☐ 새 언약
진정한 용서

새 언약은 죄에 대한 진정한 용서와 정결함을 제공하기 때문에 옛 언약을 능가한다. 새 언약 아래에는 죄를 덮는 것(속죄)은 없다. 그럴 필요가 전혀 없다. 죄에 관한 질문은 갈보리에서 매듭지어졌다. 메시아는 우리의 속죄가 아니셨다. 오히려 그분은 우리의 속죄를 제거하셨다. 그러므로 오늘 우리가 속죄를 가지고 있다는 말은 매우 부정확한 것이며 신약에서는 결코 그렇게 말하지 않는다. 속죄라는 단어는 신약에 단 한 번 등장하며(롬 5:11) 다른 곳에서 화목으로 번역한 헬라어다.

옛 언약은 다가올 것의 그림자이고, 새 언약은 실상이다.

옛 언약 아래에서는 죄값을 지불할 것을 기대했다. 새 언약 아래에서는 죄값의 지불은 현실이 되었다.

옛 언약 아래에서 희생 제사는 임시적이고 반복적이었다. 새 언약 아래에서 예수님의 죽음을 통한 희생은 영원하고 완전히 충분하다(히 7:27, 9:12, 25-28).

옛 언약 아래에서 사람들이 바친 어린양들은 죄를 덮을 뿐이지만(히 10:4), 새 언약 아래에서 하나님의 어린양은 죄를 제거하실 수 있다(요 1:29).

진정한 안전

또한 새 언약은 언약의 안전함과 구원의 확신이란 측면에서 더욱 뛰어나다. 누구든 십자가 위에서 이루신 메시아의 희생을 믿는 순간 죄에 관한 문제는 영원히 매듭지어진다. 더는 어떤 희생 제사를 지속할 필요도 없다(히 9:11-14, 24-28, 10:11-12). 예수님께서 전부 마무리하셨다.

이는 예수님의 희생이 완벽하고 하나님께서 용납하셨다는 것뿐만 아니라, 단 한 번으로 충분하다는 진리를 아는 오늘날의 모든 믿는 자에게 엄청난 위로를 준다. 이보다 더 견고한 안전은 있을 수 없다.

그러므로 우리는 해마다 우리의 이름이 생명책에 기록되었는지 궁금해 여길 필요가 없다. 성경은 우리가 생명을 받았다는 사실을 알 수 있다고 확증해 준다. 그저 또 다른 한 해가 아니라 영원히!(요일 5:13).

결론

해마다 양각 나팔 소리는 이스라엘을 회개로 초청하지만 현대의 유대교에는 속죄가 없다. 피의 제사도 없고, 성전도 없고, 제사장도 없고, 레위인의 규례를 고수하는 것도 없다.

유대인의 가슴 속에는 하나님 앞에서 진정한 용서를 받고 싶은 깊은 갈망이 있다. 그러나 미쯔봇(mitzvot, 선행)이나 사람의 죄를 가금류에 전가하는 행위 같은 전통을 통해서는 결코 참된 용서를 받을 수 없다. 오직 하나님의 어린양, 곧 예수님의 영원한 희생을 받아들일 때 가능하다.

히브리 성경은 우리에게 하나님께서 메시아를 '속건 제물'로 주셨다고 말한다(사 53:10). 그분은 오늘날 죄를 위한 유일한 희생 제물이다. 만일 그분의 희생 제물을 거절한다면 단 하나의 비극적 대안만 남을 뿐이다. 그것은 바로 모든 사람이 반드시 자신의 죄값을 따라 고통을 받는 것이다. 이것의 형벌은 죽음이며 하나님과 영원히 단절되는 것이다(사 59:2, 롬 6:23). 하지만 그분을 신뢰하는 사람들에게 말씀하신다. "다시는 그 죄를 기억하지 아니하리라"(렘 31:34).

당신은 당신의 죄를 사해 주실 하나님의 어린양을 믿겠습니까, 아니면 사람의 전통을 따르겠습니까?

이스라엘 자손에게 말하여 이르라

일곱째 달 열닷샛날은 초막절이니

여호와를 위하여 이레 동안 지킬 것이라 (레 23:34)

10장
―
수콧 – 초막절

케빈 하워드

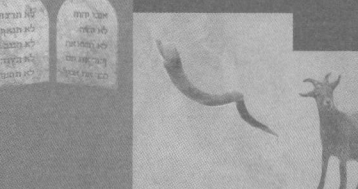

주님께서 이스라엘에 주신 일곱 번째이자 마지막 절기는 수콧(Sukkot) 혹은 '초막절'이다. 수콧은 이스라엘의 절기 중 가장 즐거운 축제다. 또한 성경에서 다른 절기들보다 자주 언급되며 가장 눈에 띄는 절기다. 이 절기는 요한복음 7~9장에 있는 메시아의 중요한 가르침의 역사적 배경이 된다.

성경의 규례

☐ 수콧의 의미

성경에서 초막절은 두 개의 이름이 있다. 가장 빈번하게 쓰이는 것은 수콧 혹은 '초막절(Tabernacles)'이다. 라틴어 타버나쿨룸(tabernaculum)에서 기인한 영어 '초막(tabernacle)'은 '칸막이를 한 작은 공간(booth)' 혹은 '간단하게 지은 막사(hut)'를 뜻한다. 이 이름은 모든 이스라엘 백성은 이 명절 동안 초막이나 임시 처소에 머물라는 성경의 명령에서 따왔다. 이스라엘이 이와 유사한 장막에 살면서 40년 동안 광야를 걸을 때 베풀어 주신 하나님의 공급하심을 매년 기억하는 것이다. 한 해의 마지막 절기인 이 절기는 성경에서 수장절(收藏節, The Feast of Ingathering, 열매를 거두어 곳간에 저장한다는 의미-역주)이라고도 한다(출 23:16, 34:22). 모든 곡물을 추수하고 모아들인 뒤 절기를 지켰기 때문이다.

이 절기는 큰 기쁨의 축제였다. 기쁨은 두 배였다. 왜냐하면, 광야 여정 동안 하나님의 과거의 선하심과 공급하심을 기념했고 동시에 추수의 완성을 통한 하나님의 현재의 선하심과 공급하심을 기념했기 때문이다.

☐ 수콧의 시간

초막절은 매해 가을에 지킨다. 히브리력으로 일곱째 달인 티쉬리월 15일(보통 9월 말에서 10월 중순 사이), 엄숙한 대속죄일 후 5일째 날이다.

초막절은 7일 동안 지킨다. 첫날과 초막절 다음날(여덟 번째 날, 쉐미니 아쩨렛Shemini Atzeret)은 성회 혹은 안식일(레 23:36, 39)로 간주한다. 따라서 이날에는 어떤 노동도 허락되지 않는다.

☐ 수콧의 기록

초막절에 관한 규례는 성경의 세 곳에 등장한다. 백성은 장막에 거하면서 나뭇가지를 들고 주님 앞에서 기뻐했고(레 23:33-43), 매일 많은 희생 제사를 드렸다(민 29:12-39). 안식년에는 공개적으로 율법을 낭독해야 했다(신 31:10-13).

☐ 수콧의 중요성

기쁨과 관련된 초막절은 이스라엘의 가장 중요한 절기였다. 그래서 고대 랍비들은 단순히 '그 명절'이라고 불렀다.

초막절의 중요성은 세 번의 순례 절기 중 하나라는 것을 통해 알 수 있다. 매년 세 차례 모든 유대인 남자는 성전에 나아가 주님 앞에 몸을 보여야 했다(무교절, 칠칠절, 초막절. 출 23:17, 34:22-23, 신 16:16). 이것을 순례의 절기라고 부르는 이유는 예루살렘까지 순례가 필요했기 때문이다. 초막절 기간에 사람들은 성전에 십일조와 예물을 가지고 왔다. '빈손으로 여호와를 뵈옵지'(신 16:16) 말아야 했기 때문이다.

이 절기가 중요한 이유는 절기 동안 요구되는 엄청난 분량의 희생 제물을 통해 알 수 있다. 매일 염소 한 마리, 어린양 열네 마리, 숫양 두 마리, 많은 수송아지(첫날 열세 마리로 시작해서 매일 한 마리씩 줄여 나감)를 성전에 바쳤다. 희생 제사를 드릴 때마다 그에 합당한 소제(밀가루와 기름)와 전제(포도주)를 드렸다. 이 주간에 모든 제사장은 24반차를 따라 희생 제사의 직무를 수행했다.

성전 시대에 사람들은 초막절을 깊은 경외심을 가지고 바라보았다. 솔로몬이 새로 지은 성전을 주님께 봉헌했을 때가 바로 초막절 기간이기 때문이다. 하늘로부터 내려온 여호와의 쉐키나 영광이 제단ⓔ에 불을 지피고 지성소ⓖ에 그 영광을 가득 채웠던 때는 다름 아닌 초막절을 지킬 때였다(왕상 8장, 대하 5:3, 7:1-10).

☐ **수콧의 기도**

초막절은 이스라엘의 계절이 바뀌는 겨울철 우기의 시작을 알린다. 사람들은 예루살렘의 연간 강수량이(50.8센티미터) 영국 런던과 비슷하다는 사실에 놀란다. 차이점은 예루살렘의 우기는 11월에서 3월 사이에 있다는 것이다. 이 기간에 내리는 단비는 토양의 수분이 되고 작물을 움트게 한다. 만일 기상 변화로 몇 주간 비가 내리지 않는다면 심각한 물 부족으로 이듬해의 작황에 큰 영향을 줄 것이다. 단비에 대한 기대가 최고조에 이른 중요한 분기점에 초막절을 지키기 때문에 이 두 가지는 끊을 수 없는 관계에 있다. 심지어 오늘날까지도 비를 구하는 기도는 초막절의 중요한 한 부분이다.

☐ **수콧의 예배**

성전 시대에 유대인 순례자들은 초막절을 지키기 위해 무리지어 예루살렘으로 올라갔다. 국내의 모든 마을과 해외에서 온 순례자들은 안전을 위해 큰 무리를 지어 행진하였다. 순례의 길은 끊임없는 노래와 웃음이 가득한 즐거운 여정이었다.

예루살렘에 도착한 순례자들은 그들의 힘을 절기를 위한 초막 짓는 일에 쏟았다. 티쉬리월 14일 오후가 되면 무성한 잎으로 덮인 수천수만의 막사가 길을 따라 줄지어 섰고 들판과 언덕 주위에도 여기

저기 흩어져 있었다. 초막은 성전 주변 안식일에 걸을 수 있는 거리 내에(반경 약 1킬로미터 이내) 조심스럽게 만들었다.

해가 떨어지면 성전에서 부는 쇼파르 소리는 명절의 시작을 알렸다. 저녁 어둠이 다가오면 도시는 흥분의 도가니가 되었다. 반짝이는 수많은 모닥불은 마치 작은 황금빛 보석의 섬세한 레이스 세공처럼 마을 주변을 온통 아름답게 수놓았다. 밤이 이슥할 때까지 이어지는 웃음과 기쁨 가득한 이야기 소리는 밤공기를 타고 유유히 흘러나갔다.

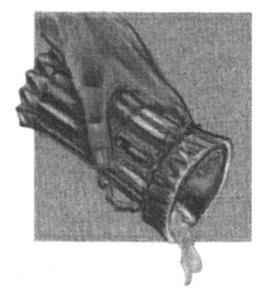

물-전제 의식

초막절 기간에 성전 예배에는 단비에 대한 강렬한 기대가 반영되었다. 비를 간구하는 가시적 표현으로 초막절 아침마다 주님께 물의 전제(어떤 음료를 부어 드리는 의식)를 드렸다.

아침마다 해가 뜬 직후 많은 희생 제사를 준비하는 동안 대제사장은 흥겨운 음악과 기쁨이 넘치는 예배자 행렬과 함께 실로암 못가로 내려갔다. 대제사장은 사분의 일 이상 채울 수 있는 황금 물병 하나를 가지고 갔다. 조심스럽게 연못에서 물을 담은 후 다시 성전산으로 돌아왔다.

다른 행렬은 근처에 소재한 예루살렘 동편 버드나무가 무성하게 자라는 모짜(Motza)라는 곳으로 내려갔다. 그곳에서 그들은 길고 가는 버드나무 가지를 모아 성전으로 가지고 왔다. 그들은 가져온 버드나무 가지를 성전 제단 곁에 세워 두었다. 자연스럽게 가지들이 제단을 덮는 덮개 모양을 이루었다.

그사이 실로암에서 물을 가져온 대제사장은 성전 남문에 이르렀다. 이 예식 때문에 그곳을 수문(Water Gate)ⓗ이라고 불렀다. 그가 들어설 때 성전에서는 은나팔을 세 번 불었고 제사장들은 한목소리로 이사야서 말씀을 반복해서 말했다. "그러므로 너희가 기쁨으로 구원의 우물들에서 물을 길으리로다"(사 12:3).

대제사장은 성전 안뜰에 있는 큰 돌로 만든 제단ⓔ을 향해 천천히 나아가 계단 오른쪽으로 올라갔다. 꼭대기에서 그는 왼쪽으로 돌았다. 그곳에는 제단 밑으로 빠지는 두 개의 은대야가 있었다. 하나는 정기적인 전제(포도주의 전제)를 위한 것이고, 다른 하나는 이 절기 기간에 쓸 물의 전제를 위한 것이었다.

대제사장이 황금 물병을 들어 물의 전제로 부어 드릴 때 백성은 외쳤다. "당신의 손을 드소서!" 이에 대한 응답으로 대제사장은 백성이 그의 행동을 확증하도록 손을 더욱 높이 들어 물을 부었다. 이 전통은 시몬 마카비의 손자이며 왕과 제사장이었던 알렉산더 얀네우스(Alexander Jannaeus) 때 일어난 봉기를 기념하는 것으로 주전 95년경에 생겨났다. 마카비 가문은 주전 165년 이스라엘에 대한 그레코-시리아의 통치를 전복시킨 맛다디아가 이끄는 제사장 가문이다(12장을 보라). 아이러니하게도 그들의 자손은 왕조를 이루었고, 불법적으로 왕과 제사장직을 취했다. 성경에 의하면 이스라엘의 왕들은 유다 지파의 다윗의 혈통이어야 하고, 제사장들은 레위 지파로 아론의 혈통을 따라야 했다. 그 결과 알렉산더 얀네우스는 유대인 동포들에게 미움을 받았다. 사두개파인 그는 물의 전제를 무시했다. 왜냐하면, 모세의 율법에 있는 명령이 아니라 하나의 전통이었기 때문이다. 그래서 그는 물을 대야에 붓는 대신 땅에 부었다. 이에 분노한 예배자들은 폭동을 일으켰고 나뭇가지에서 딴 유자 열매로 그를 공격하였다. 대노한 알렉산더 얀네우스는 폭동을 진압하기 위해 그를 보좌하는 외국 용병 부대를 소집했다. 내란은 폭력적으로 진압되었고 6천 명의 백성이 죽었다. 그리고 거룩한 제단의 뿔 하나가 부러졌다. 그 후로부터 물을 붓는 예식은 항상 면밀하게 살피게 되었다.

대제사장이 주님 앞에서 물의 전제를 부어 드릴 때 포도주의 전제를 다른 대야에 부었다. 전제를 마치면 즉시 세 번의 은나팔을 불어 성전 음악의 시작을 알렸다. 그러면 백성은 레위인 찬양대의 할렐(Hallel) 노래를(시 113~118) 들었다.

적절한 때가 되면 회중은 제단을 향해 종려나무 가지를 흔들며 함께 노래를 불렀다. "여호와여 구하옵나니 이제 구원하소서 여호와여 우리가 구하옵나니 이제 형통하게 하소서"(시 118:25). 제사장들은 손에 종려나무 가지를 들고 제단을 한 바퀴 돌았다.

시편 118편은 메시아의 노래로 간주되었고 그 절기의 강조점을 메시아께 두도록 했다. 이것이 군중이 호산나(Hosanna, 시 118:25에 있는 '지금 구원하소서'라는 뜻의 히브리어)를 외치며, 예수님의 승리의 예루살렘 입성을 종려나무 가지를 흔들며(마 21:8-9, 눅 19:38, 요 12:13) 환호한 이유다. 그들은 그분을 메시아 왕, 즉 시편 118편의 성취로써 이스라엘을 건지러(지금 구원하러) 오신 분으로 보았다. 그들은 초막절에서 기인한 메시아의 이미지를 그리며 종려나무 가지를 들고 그분을 환호했다. 이와 동일한 이미지는 요한계시록 7장 9-10절에 나타나는데 하나님의 보좌와 어린양을 둘러싼 구속받은 성도들이 손에 종려나무 가지를 들고 예배한다.

초막절에 나뭇가지를 들고 시편을 노래하는 관습의 기원은 고대에 있다. 그리스도께서 등장하시기 약 165년 전 마카비 시대까지 거슬러 올라간다(비교 마카비 2서 10:6-7).

물을 길어오는 의식 역시 아주 오래전부터 시작되었다. 이사야가 물을 길어오는 예식(사 12:3)을 암시했는지 아니면 이 의식이 이사야의 말씀에서 기인했는지 논쟁이 분분하지만, 이 의식이 예수님 시대보다 적어도 100년 전부터 있었던 것은 분명하다.

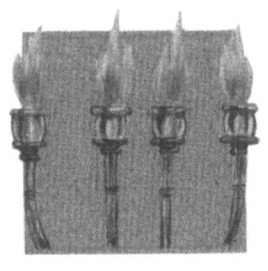

성전-빛의 의식

(물을 붓는 의식과는 반대로) 물을 붓는 축제는 성전에서 감동적인 빛의 의식이 시작되는 저녁에 지켰다. 그것을 심카 벳 하쇼아이바(Shimchat Bet Hasho'ayva, [물을 길어오는] 집의 기쁨)라고 불렀다.

초막절 둘째 날 밤이 되면 사람들은 여인의 뜰ⓘ로 알려진 성전의 넓은 바깥 뜰에 운집했다. 이때 남자와 여자를 나누는 분리대를 세웠다. 바깥 뜰 중앙에는 네 개의 우뚝 솟은 메노라가 있었는데 각각의 기름 등잔에는 네 개의 가지가 있었다. 등의 심지는 닳아서 못쓰게 된 제사장의 아마포로 제작했다. 각 메노라에는 등잔과 연결된 네 개의 긴 사다리가 있었고 올리브기름 항아리를 나르는 젊은 제사장들이 주기적으로 등잔에 기름을 채우기 위해 사용했다.

초막절은 추수의 보름달이 뜨고 가을 하늘이 청명한 음력의 중반부에 시작되었다. 부드러운 달빛은 유대 주변 언덕들의 윤곽을 선명하게 비추었다. 성전 축제의 빛은 그 아름다움으로 인해 숨이 멎을 정도였다. 메노라에서 타오르는 노란 불꽃이 성전을 가득 채우고 찬란한 빛이 예루살렘 거리를 비출 동안 산헤드린 장로들은 밤이 새도록 감동적인 횃불 춤을 추었다.

축제가 진행된 직후 한 무리의 레위인이 이스라엘의 뜰ⓓ이라고 하는 안뜰에 모였다. 레위인들은 니카노르 문ⓙ으로 이동해서 여인의 뜰로 내려가는 열다섯 개의 계단 꼭대기에 섰다. 레위인들이 열다섯 편의 시(시 120~134)를 노래할 때 성전의 피리, 나팔, 하프를 비롯한 현악기들의 소리는 점점 더 크게 울려 퍼졌다. 새로운 시편을 노래할 때마다 그들은 한 계단씩 내려갔다.

이 축제는 아침에 물을 긷는 의식의 전주곡으로 둘째 날 밤부터 마지막 날 밤까지 매일 반복되었다. 고대 이스라엘에서 빛의 축제와 비교할 만한 것은 아무것도 없었다. 경이로운 장관을 이루었기 때문에 고대의 랍비는 이렇게 말했다. "물을 긷는 즐거움을[심카 벳 하쇼아이바 축제] 보지 못한 사람은 삶 속에서 진정한 기쁨을 맛보지 못한 것이다"(Sukkah 5:1).

빛의 축제는 솔로몬 시대의 쉐키나 영광의 임재를 연상하게 했고 메시아의 날에 돌아올 쉐키나 영광을 간절히 고대하게 만들었다(겔 43:1-6).

요한은 올리브산에서 돌아온 예수님께서 성전에서 가르치실 때가 안식일, 곧 초막절 다음날(8일째)이었다고 기록한다(요 8:2, 비교 7:2, 37). 바리새인들이 예수님께 덫을 놓으러 왔을 때 그분은 말씀하셨다. "나는 세상의 빛이니 나를 따르는 자는 어둠에 다니지 아니하고 생명의 빛을 얻으리라"(요 8:12). 바리새인들은 이 말씀에 대해 의문을 제기하지 않았다. 이것이 메시아의 선포임을 알고 있는 그들은 그분을 거짓말쟁이라고 몰아붙였다. 그들은 성경의 많은 구절이 빛을 메시아로 간주한다는 사실에 익숙했다. 메시아는 야곱의 별, 이스라엘의 빛, 열방[이방인]의 빛, 정결의 불, 타오르는 등불, 공의로운 해(Sun)로 불렸다.

그날 이후 메시아는 소경을 치유하면서 이와 동일한 진리를 강조하셨다. 예수님은 반복해서 말씀하셨다. "내가 세상에 있는 동안에는 세상의 빛이로라"(요 9:5). 바리새인들은 다시 한번 예수님께 분노했다. 이는 그분의 메시아 되심에 관한 문제로 이어졌다(요 9:22). 하지만 이번에 그들은 그분의 약점을 발견했다. 주께서 8일째 곧 성경이 안식일로 간주하는 그날(요 9:14) 소경을 고치셨다는 점을 노렸다. 비록 안식일에 치유하는 것이 모세의 율법을 깨뜨리지 않을지라도 바리새인의 전통은 노동으로 규정했다. 따라서 그들은 안식일에 치유하는 것을 금했다.

단순한 하나의 메시아 선포를 넘어 자신을 '세상의 빛'이라고 하는 예수님의 선포는 성전의 빛의 축제에 대해 언급한 것이었다. 그들 마음에 빛의 축제는 여전히 생생했다. 그들은 6일 동안 밤마다 축제를 즐겼다. 그분이 말씀하신 빛(구원, 사 49:6)은 성전만 비추는 것이 아니라 온 세상을 비추는 빛이었다. 예수님 자신이 빛의 근원이셨다.

호산나 라바 의식

초막절 일곱 번째 날, 마지막 날이 되자 성전 예배는 절정에 이르렀다. 단비에 대한 기대도 최고조에 달했다. 유대 전승에 따르면, 하나님께서 이듬해 농작물을 위한 비를 내리실지에 대한 여부를 선포하는 날이 바로 이날이었다. 결론적으로 이 절기의 마지막 날 성전에서 물을 붓는 의식의 중요성은 이루 말할 수 없었다. 물은 모든 사람에게 가장 중요한 관심사였다.

지난 6일 동안은 은나팔을 세 번 불었다. 하지만 이날은 일곱 번씩 세 번 나팔을 불었다. 6일 동안에는 제사장들이 제단 주위를 한 바퀴 돌았다. 그러나 이날은 일곱 바퀴를 돌았다. 제사장들이 제단을 돌 때 그들은 호산나 말씀(시 118:25)을 노래했고 백성은 종려나무 가지를 흔들었다. 이 때문에 그날을 호산나 라바(Hoshana Rabbah) 혹은 '위대한 호산나'라고 했다. 이듬해에 있을 단비에 대한 염원과 메시아 대망은 최고조에 이르렀다.

그해는 대략 주후 30년경이었다. 그날은 호산나 라바 마지막 날, 초막절의 가장 큰 날이었다. 밝게 빛나는 아침 태양은 호산나 라바 예배를 드리기 위해 성전 뜰에 운집한 수많은 군중을 따뜻한 온기로 감싸주었다. 백성이 예배를 진행하는 제사장들을 주목하고 있을 때 군중으로부터 터져 나온 큰 소리가 있었다. 깜짝 놀란 제사장들은 불쾌한 마음으로 노려보았고, 놀란 백성은 감히 예배를 방해한 불청객을 보기 위해 급히 몸을 돌렸다. 그들은 사람들이 위대한 랍비, 선지자, 심지어 메시아라고 믿는 30대 초반의 젊은 갈릴리 청년을 보았다. 그는 굵게 울리는 목소리로 외쳤다. "누구든지 목마르거든 내게로 와서 마시라 나를 믿는 자는 성경에 이름과 같이 그 배에서 생수의 강이 흘러나오리라"(요 7:37-38, 비교 요 4:14). 그분은 이렇게 말씀하신 것으로 해석할 수 있다. 나는 너희 기도의 응답이다. 나는 메시아다. 나는 너희를 지금 구원할 수 있다. 그러면 너희는 구원을 위해 결코 다시 목마르지 않을 것이다.

그분의 말씀은 침묵하고 있던 백성의 마음을 관통하며 울렸다. 그러자 반응이 터져 나왔다. 화가 난 종교 지도자들은 격분했고 극도의 위협감마저 느껴졌다. 감히 성전 예배를 방해하는 그는 자신을 누구라고 생각할까? 그리고 자신을 메시아라고 선포하는 권위를 대체 어디서 얻었을까? 그들은 그를 인정하거나 이런 일을 하도록 승인한 적이 없다. 그들은 이것을 그들의 종교적 권위를 대항하는 심각한 도전이라고 여겼다. "그 중에는 그를 잡고자 하는 자들도 있으나 손을 대는 자가 없었더라"(요 7:44).

백성 사이에 열띤 논쟁이 일고 있었다. 그들은 그를 미치거나 불확실한 사람으로 보지는 않았다. 권위 있는 그분의 말씀을 모두가 잘 이해했다. 하지만 그분의 정체성에 관해서는 큰 논쟁이 있었다. 어떤 이들은 그분이 자신을 모세가 이스라엘 안에 나타나리라고 예언한(신 18:15) 바로 '그 선지자'(요 7:40)라는 주장한다고 생각했다. 맞다. 그분은 바로 그 선지자였다. 그러나 그들은 그들의 신학에 따라 그 선지자가 메시아와 동일한 인물이 아니라고 믿었다(비교 요 1:19-21). 또 어떤 이들은 그가 자신을 메시아라고 주장한다고 믿었다. 사실 그분은 메시아였다. 하지만 어떤 사람들은 여전히 이 개념에 대해 논쟁을 벌였다. "성경에 이르기를 그리스도는 다윗의 씨로 또 다윗이 살던 마을 베들레헴에서 나오리라 하지 아니하였느냐"(요 7:42).

실제로 예수님은 다윗의 자손이며 출생지가 베들레헴이라는 사실을 그들은 몰랐다. 그래서 요한은 기록한다. "예수로 말미암아 무리들이 나뉘어지니라(쟁론이 되니라)"(요 7:43).

성가신 문제가 발생하자 종교 지도자들은 긴급 비밀 회동을 소집했다. 24반차의 우두머리가 되는 24명의 제사장이 모이는 자리였다(대상 24:1-19). 그들은 성전의 예배를 관장하는 귀족 사두개인들이었다. 물론 바리새인도 참석했다. 바리새인들은 이스라엘 안에 구전 전승과 성경 이외의 전통을 영속시키며 후대에 전하는 사람들이었다. 그들은 회당의 예배를 관장했다. 신학에 많은 부가적 요소를 첨가하고 교권 싸움에 열심인 이 두 그룹은 예수님을 증오하는 일에 서로 연합했다.

그들은 관리들을 소집한 후 예수님을 체포하지 않은 이유를 설명하도록 요구했다. 관리들은 성전 건물을 감독하고 성전 법을 실행하는 레위인이었다. 그들은 경비 부대이자 성전을 지키는 사람들로 예배를 방해한 예수를 체포할 책임이 있었다(요 7:14, 30-32). 그렇지만 그들은 그분을 체포할 절호의 기회를 놓치고 말았다. 그들 역시 그분의 말씀에 압도되었기 때문이다. 이는 그들의 변명에 잘 드러났다. "그 사람이 말하는 것처럼 말한 사람은 이 때까지 없었나이다"(요 7:46). 분노의 큰 질책을 받은 후 그들은 자기 자리로 돌아갔다.

현대의 규례

☐ 초막

초막절의 주 상징물은 수카(sukkah) 또는 초막이다. 이것은 이스라엘이 광야에서 급히 지은 장막을 연상하게 한다. 욤 키푸르가 지나면 바로 유대인 가정은 앞뒤 마당에 초막을 세운다. 초막은 나뭇가지들을 엮어 덮고 최소 세 개 이상의 벽을 세워 만든다. 짚을 이어 만든 지붕은 낮에는 햇살을 가릴 그늘이 되고 밤에는 별을 바라볼 수 있다. 초막 내부는 수확한 다채로운 색의 열매와 채소로 장식한다. 초막절 동안 유대인 가정은 장막에서 식사를 하며, 정통 유대인들은 그 안에서 잠을 자기도 한다.

□ 나뭇가지

"첫 날에는 너희가 아름다운 나무 실과와 종려나무 가지와 무성한 나무 가지와 시내 버들을 취하여 너희의 하나님 여호와 앞에서 이레 동안 즐거워할 것이라"(레 23:40).

이 구절에 대해 사두개인과 바리새인들 사이에 논쟁이 일어났다. 사두개인들은 이것을 초막을 지을 때 사용할 재료라고 믿었다. 그러나 바리새인들은 기쁨이 넘치는 예배자들이 손에 들어야 할 나뭇가지라고 믿었다. 그래서 하나의 중재안으로 두 가지 모두 지키기로 했다.

성경에서 네 종류의 나무를 언급했기 때문에 이 명령을 수행하기 위해 네 종류(four species)의 나무를 사용했다. 유대의 권위자들은 '아름다운 나무 실과'는 작은 레몬 모양의 열매를 맺는 에트로그(etrog)로, '종려나무 가지'는 룰라브(lulav) 혹은 대추야자의 긴 가지로, '무성한 나무 가지'는 하다스(hadas) 혹은 작은 잎의 머틀(myrtle, 관목의 하나로 잎은 반짝거리고 분홍색 혹은 흰색 꽃이 피며 암청색 열매를 맺는다-역주)이라고 생각했다. 머틀 가지는 보통 손에 든다. '시내 버들'은 아라바(arava) 혹은 버드나무로 보았다. 일반적으로 두 개의 버드나무 가지를 드는데 그 이유는 성경이 복수로 표기하기 때문이다. 에트로그 혹은 유자나무의 가지는 왼손에, 다른 나뭇가지들은 함께 묶어 오른손에 든다. 고대의 성전 예배에서는 호산나 말씀(시 118:25)을 연호할 동안 이 나뭇가지들을 들었다.

□ 회당

전수된 고대의 성전 예식을 따라 모든 회중은 시편 118편을 노래하면서 회당을 돈다. 회당 중앙에 있는 단상 위에 놓인 토라 두루마리는 고대의 제단 대신 오늘날 행사의 중심이다.

성전 예배를 마친 후 초막절은 히브리력으로 5일 먼저 지킨 욤 키푸르와 밀착되었다. 호산나 라바, 절기의 마지막 날은 하나님께서 상벌의 심판을 하시는 마지막 날, 곧 욤 키푸르와 바꿀 수 있는 것으로 여겼다. 이날 회당 의자에 버드나무 가지들을 쳐서 잎을 제거하는 의식을 행하는데 이것은 회개와 죄 사함을 상징한다.

□ 기쁨

물을 긷는 의식과 빛의 축제가 오늘날에는 존재하지 않을지라도 기쁨의 개념은 여전히 초막절과 연결되어 있다. 중세 시대에 심카 토라(Simchat Torah, 율법의 기쁨)라는 하나의 새로운 명절이 생겼다. 초막절 시작 후 9일째(또는 8일째) 날 지킨다. 이렇듯 나중에 생긴 성경의 명절은 초막절 동안 누릴 기쁨과 모세의 율법을 읽는 전통을 보존한다(신 31:10-13). 1년 동안 율법 전체(모세 오경)를 안식일마다 정해진 분량을 따라 읽는다. 심카 토라 날 율법 일독을 다시 시작한다. 신명기 마지막 장과 창세기 첫 장을 읽음으로 새로운 율법 일독을 시작한다. 회당에 있는 모든 사람은 알리야(aliyah, 단상에서 성경을 읽을 기회)를 받는다. 그 후 높이 들린 토라 두루마리가 행렬을 인도하는 대로 회중은 큰 기쁨으로 회당 주위를 돈다.

성취

□ 추수

성경은 종종 마지막 심판을 추수로 표현한다(호 6:11, 욜 3:13, 마 13:39, 계 14:15). 장래에 추수하는 날이 있다. 그날 하나님께서는 그분의 백성을 모으시고 악한 자는 지푸라기처럼 태우실 것이다(말 4:1-2). 그러므로 초막절이 이스라엘의 과거만 아니라 미래와 연결되어 있다는 사실은 그리 놀라운 것이 아니다.

메시아께서 천년왕국을 세우실 때 이스라엘의 남은 자를 모아 고국으로 돌려보내실 것이다. 이사야는 이 사건을 올리브의 추수로 표현했다. 막대기로 나뭇가지를 쳐서 떨어진 올리브 열매를 모았다. "너희 이스라엘 자손들아 그 날에 여호와께서 창일하는 하수에서부터 애굽 시내에까지 과실을 떠는 것 같이 너희를 하나하나 모으시리라 그 날에 큰 나팔을 불리니 앗수르 땅에서 멸망하는 자들과 애굽 땅으로 쫓겨난 자들이 돌아와서 예루살렘 성산에서 여호와께 예배하리라"(사 27:12-13, 비교 사 11:11-12, 렘 23:7-8).

이방인들 가운데 의로운 자 역시 주님 앞에 모이게 될 것이다. 그 날에 이방인들은 예루살렘에서 기도할 것이다. 스가랴는 이렇게 예언한다. "예루살렘을 치러 왔던 이방 나라들 중에 남은 자가 해마다 올라와서 그 왕 만군의 여호와께 경배하며 초막절을 지킬 것이라 땅에 있는 족속들 중에 그 왕 만군의 여호와께 경배하러 예루살렘에 올라오지 아니하는 자들에게는 비를 내리지 아니하실 것인즉"(슥 14:16-17).

천년왕국 때 초막절 지키기를 거부하는 이방 나라에는 비가 내리지 않을 것이다. 이 구절은 초막절 기간에 비를 구하는 전통에 대한 성경적 토대를 제공했다.

□ 초막

주님은 단지 자기 백성을 모으는 것에 멈추지 않으시고 다가올 메시아 왕국에서는 그들 가운데 친히 장막(tabernacle)을 치실 것이다. "내 처소가 그들 가운데에 있을 것이며 나는 그들의 하나님이 되고 그들은 내 백성이 되리라 내 성소가 영원토록 그들 가운데에 있으리니…"(겔 37:27-28, 비교 계 21:3).

하나님 임재의 표적인 쉐키나 영광이 시온에 다시 비춰게 될 것이다(사 60:1, 19, 슥 2:5). 그것은 시온산 전체를 덮는 빛나는 불처럼 나타날 것이다. 수 세기에 걸친 박해와 야곱의 고난의 시간을 통과한 후 그 영광은 마치 초막(tabernacle)처럼 그 나라를 위해 피난처와 보호가 될 것이다. 이사야는 예언한다. "여호와께서 거하시는 온 시온 산과 모든 집회 위에 낮이면 구름과 연기 밤이면 화염의 빛을 만드시고 그 모든 영광 위에 덮개를 두시며 또 초막이 있어서 낮에는 더위를 피하는 그늘을 지으며 또 풍우를 피하여 숨는 곳이 되리라"(사 4:5-6).

적용

□ 빛

메시아께서 자신을 세상의 빛이라고 소개하실 때 그분을 신뢰하는 모든 사람에게 주실 구원과 죄의 용서를 말씀하셨다. 여호와께서 이사야 선지자를 통해 말씀하셨다, "내가 또한 너를 이방인들의 빛으로 주리니 이것은 네가 땅 끝까지 이르러 나의 구원이(My salvation) 되게 하려 함이라"(NKJV 사 49:6). 그분은 빛을 오늘 우리에게 주신다. "나는 세상의 빛이니 나를 따르는 자는 어둠에 다니지 아니하고 생명의 빛을 얻으리라"(요 8:12). 당신은 삶을 변화시키는 메시아의 빛을 경험했는가, 아니면 지금도 여전히 어둠 속에 방황하고 있는가?

☐ 물

이스라엘에는 세 종류의 물 근원이 있다. 바위를 깎아 만든 거대한 물탱크 시스턴(cisterns, 한글 성경은 웅덩이로 번역-역주)은 우기 때 비를 저장하는 데 사용한다. 수백만 갤런의 물을 담을 수 있는 거대한 시스턴은 오늘날 마사다 요새에 남아 있다. 하지만 시스턴은 이스라엘에서 가장 선호하지 않는 물이다. 고인 물은 쉽게 오염될 수 있고 다음 우기까지 보충할 수도 없다. 반면에 우물은 좀 더 가치가 있는 물 근원이다. 보충할 수 있는 신선한 물이다. 하지만 가뭄이 오면 마를 수 있다. 이스라엘에서 가장 가치 있는 물 근원은 (엔게디에 있는) 봄에 채워진 개울과 강들이다. 성경은 이것을 '생수' 혹은 '움직이는 물'이라고 한다.

주님은 이스라엘의 반역과 우상숭배를 설명할 때 이 진리를 사용하셨다. "내 백성이 두 가지 악을 행하였나니 곧 그들이 생수의 근원되는 나를 버린 것과 스스로 웅덩이(시스턴)를 판 것인데 그것은 그 물을 가두지 못할 터진 웅덩이들이니라"(렘 2:13).

예수님께서 명절 마지막 날 성전에서 백성에게 말씀하셨을 때 동일한 사실을 암시하셨다. "나를 믿는 자는 성경에 이름과 같이 그 배에서 생수의 강이 흘러나오리라"(요 7:38). 이 물은 순수하고 가장 가치있고 절대 마르지 않는 물이다.

고대 유대인들의 신학은 물긷는 의식을 성령과 연결했다. "왜 그들은 그것을 '물긷는 집'이라고 부를까요? 왜냐하면, 성령을 길어 올리기 때문입니다"(Gen. Rab. 70:1). 그리고 다시 "왜 그 이름을 '물을 긷는 것'이라고 할까요? '너희가 기쁨으로 구원의 우물들에서 물을 길으리로다'는 말씀대로 성령을 붓는 것이기 때문입니다"(Ruth Rab. 4:7). 그들은 성령이 그들 위에 임했고, 그분은 큰 기쁨을 통해 자신을 나타내셨다고 믿었다.

물에 대한 예수님의 말씀은 이와 정확하게 동일 선상에 있었다. "이는 그를 믿는 자들이 받을 성령을 가리켜 말씀하신 것이라"(요 7:39).

구원과 연결되어 성령을 부어 주시는 것은 구약의 선지자들의 자주 반복되는 주제였다(사 32:15, 59:21, 겔 11:19, 36:27, 37:14, 39:29, 욜 2:28-29). 주님은 이사야를 통해 말씀하셨다. "나는 목마른 자에게 물을 주며 마른 땅에 시내가 흐르게 하며 나의 영을 네 자손에게, 나의 복을 네 후손에게 부어 주리니"(사 44:3).

히브리 선지자 스가랴는 이스라엘이 한 국가로서 그들이 찔렀던 메시아를 바라보고 그를 거절한 죄를 회개할 때 있을 장래의 영광스러운 날에 관해 예언했다. 하나님의 영은 그들 위에 부어질 것이다. 그리고 그들은 새 언약 안으로 들어갈 것이다. "내가 다윗의 집과 예루살렘 주민에게 은총과 간구하는 심령을 부어 주리니 그들이 그 찌른 바 그를 바라보고 그를 위하여 애통하기를 독자를 위하여 애통하듯 하며 그를 위하여 통곡하기를 장자를 위하여 통곡하듯 하리로다"(슥 12:10).

당신은 지금 창조주 온 우주의 하나님과 살아 있는 교제를 하고 싶은 갈망이 있는가? 그리고 당신에게 영원한 생명이 있다는 사실을 알고 싶은가? 예수님은 말씀하셨다. "누구든지 목마르거든 내게로 와서 마시라"(요 7:37). 인간의 깊은 영적 갈증을 제거할 유일한 물이 있다. 바로 우리 주님께서 주시는 생수다.

내가 여러 해 동안 행한 대로
오월 중에 울며 근신하리이까(슥 7:3)

11장

티샤 바브
-다섯째 달의 금식

케빈 하워드

한여름의 열기가 한창일 때 정통 유대인들은 사랑하는 사람의 죽음을 애곡하듯 어떤 준비로 바쁘다. 바로 티샤 바브(Tisha B'Av)를 위한 준비. 이 금식의 날은 이스라엘의 다른 거룩한 날들보다 덜 알려져 있지만 상당히 중요하다.

역사적 배경

□ 티샤 바브의 의미

티샤 바브는 유대 역사 가운데 일반적으로 인정하는 비참한 두 사건을 기념한다. 바빌론 제국이 주전 586년에 솔로몬 성전을 파괴한 날과 로마가 주후 70년 제2성전을 불로 초토화한 날이다. 그러므로 티샤 바브는 유대력에서 가장 침울한 금식의 날이다.

티샤 바브는 문자적으로 '아브(Av)월의 아홉 번째'라는 뜻이며 바로 그날 이 금식을 지켜야 한다는 뜻이다. 만일 아홉째 날이 안식일이면 금식은 열 번째 날로 연기한다. 아브는 성경 달력의 다섯째 달이며 상용력으로 보면 대개 7월이나 8월경이다.

☐ 티샤 바브의 기록

솔로몬 성전의 파괴는 그저 하나의 독단적인 사건이 아니었다. 이어져 온 슬픈 발자취는 솔로몬 성전의 마지막 운명을 결정했다. 통탄할 죄와 반역의 무거운 족쇄는 의로운 왕 요시야를 제외하고 한 세기 이상 유대의 목을 옥죄여 왔다. 하나의 긴 족쇄를 잇는 연결고리들처럼 악한 왕 뒤에 등장한 또 다른 악한 왕은 회개를 위한 거룩한 부르심을 일축했고 이 무감각한 국가에 임박한 심판의 불을 향해 더욱 거세게 몰아갔다.

주전 608년 여호야김은 유다의 왕이 되었다. 그는 가차 없이 '그의 조상들이 행한 모든 일을 따라서 여호와 보시기에 악을' 계속 행했다(왕하 23:37). 그로 인해 3년 뒤 주님은 예루살렘을 바빌론의 큰 왕 느부갓네살의 손에 넘기셨다. 느부갓네살은 속국인 유다에 무거운 세금을 부과했고 다니엘과 그의 세 친구를 포함한 많은 귀족을 바빌론으로 끌고 갔다(단 1:1-3, 6).

그럼에도 여호야김은 그의 악함을 회개하지 않았다. 그는 끊임없이 주의 말씀을 멸시했고 예레미야 선지자를 죽이려 했다. 이 일이 실패하자 예레미야의 충성되고 타협 없는 말씀을 멈추기 위해 (제사장인) 그를 성전에 들어가지 못하도록 막았다. 그러자 주님은 예레미야에게 예언을 적어서 서기관 바룩으로 하여금 성전에서 낭독하도록 명하셨다. 이것은 악한 왕을 격분하게 했다. 여호야김은 신성한 두루마리를 압수한 뒤 주의 말씀을 조각조각 잘라 태워 그의 겨울 궁을 데웠다(렘 36장). 하지만 주의 말씀은 폐기되지 않았다. 몇 년이 지난 뒤 여호야김은 바빌론에 반기를 들었고 성전의 많은 금그릇과 더불어 그는 족쇄에 묶여 수치스럽게 끌려갔다.

주전 597년 그의 아들 여호야긴은 느부갓네살이 그를 폐위하기까지 3개월 동안 통치했다. 여호야긴은 '예루살렘의 모든 백성과 모든 지도자와 모든 용사 만 명과 모든 장인과 대장장이'와 함께 바빌론의 포로로 잡혀갔고 '비천한 자 외에는 그 땅에 남은 자가 없었다'(왕하 24:14). 에스겔 선지자 역시 2차 포로 기간에 잡혀가서 다니엘과 같은 시대를 살았고 바빌론에 사는 남은 자들을 위해 예언했다.

느부갓네살은 여호야긴을 대신해서 그의 삼촌 시드기야를 꼭두각시 왕으로 임명했다. 전방위적인 하늘의 심판에 대한 수많은 명백한 증거에도 불구하고 시드기야는 계속 '그의 하나님 여호와 보시기에 악을 행하고 선지자 예레미야가 여호와의 말씀으로 일러도 그 앞에서 겸손하지 아니하였으며 모든 제사장들의 우두머리들과 백성도 크게 범죄하여 이방의 모든 가증한 일을 따라서 여호와께서 예루살렘에 거룩하게 두신 그의 전을 더럽게 하였으며 그의 백성이 하나님의 사신들을 비웃고 그의 말씀을 멸시하며 그의 선지자를 욕하여 여호와의 진노를 그의 백성에게 미치게 하여 회복할 수 없게 하였다'(대하 36:12, 14, 16).

결국 주사위는 던져졌다. 하나님의 심판은 더는 지체되지 않았다. 시드기야 통치 9년 느부갓네살은 새로운 반란을 제압하기 위해 예루살렘으로 올라왔다. 1년 반의 처절한 전쟁 끝에 예루살렘은 주전 586년에 함락되었다. 탐무즈(넷째)월 9일 바빌론은 예루살렘 성벽을 뚫었고 그것은 유대 열왕기(왕하 25:3-4)에 기록되었다. 시드기야는 사로잡혀 가서 잔인한 벌을 받았다. 그가 마지막으로 본 것은 그의 아들들이 눈앞에서 처형당하는 모습이었다. 그리고 두 눈이 뽑힌 채 바빌론으로 끌려가 그곳에서 죽음을 맞이했다.

몇 주 후 모든 처형과 포로 이송을 마친 바빌론 군대의 수장은 임무를 완수했다. 아브월 7일부터 시작해서 아브월 10일까지 바빌론 군대는 광기를 부렸다. 그들은 예루살렘의 모든 장엄한 성벽을 부수고 완전히 갈아엎었다. 나흘 동안 왕족이 사는 왕궁과 부자들의 대궐을 불태웠다. 그들은 아름다운 성전의 모든 금, 은, 동을 탈취했다. 마지막으로 주님께서 자신의 것으로 선택한 주의 집을 잿더미로 만들었다. 그 후 70년간 포로가 된 유대 백성은 낯선 땅 바빌론 강가에서 이렇게 울부짖었다. "예루살렘아 내가 너를 잊을진대 내 오른손이 그의 재주를 잊을지로다"(시 137:5).

예레미야는 백성의 최악의 비극을 목도한 증인이었다. 그가 이 모든 사건을 기록했을 뿐만 아니라(렘 52장) 이 끔찍한 심판은 그의 글과 기도문에 영원한 영향을 주었다. 그는 이 사건들의 무서운 공포와 고통으로 아주 심하게 짓눌렸기 때문에 오늘날 우리는 그를 '눈물의 선지자'라고 부른다.

따라서 아브월 9일은 성전 파괴로 인한 슬픔과 금식을 위한 국경일이 되었다. 70년 후 스가랴는 티샤 바브를 다섯째 달의 금식이라고 말했다(슥 8:19). 그는 눈물과 통곡과 금식으로 자신을 구별하는 시간이라고 기술했다(슥 7:3, 5).

하지만 일련의 비극적 사건은 계속되었다. 6세기 후 이스라엘은 동일한 재앙을 초래할 죄를 반복했다. 이번에는 가장 위대한 선지자 메시아를 거절했다. 주후 70년 아브월 9일 영광스럽게 재건된 이스라엘의 성전은 로마에 의해 파괴되었다. 성전산을 둘러싼 작은 벽(오늘날의 서쪽 성벽)만 겨우 남게 되었다. 메시아는 끔찍한 비극이 임하는 것을 보고 탄식하며 우셨다. "예루살렘아 예루살렘아 선지자들을 죽이고 네게 파송된 자들을 돌로 치는 자여 암탉이 그 새끼를 날개 아래에 모음 같이 내가 네 자녀를 모으려 한 일이 몇 번이더냐 그러

나 너희가 원하지 아니하였도다 보라 너희 집이 황폐하여 버려진 바 되리라 예수께서 성전에서 나와서 가실 때에 제자들이 성전 건물들을 가리켜 보이려고 나아오니 대답하여 이르시되 너희가 이 모든 것을 보지 못하느냐 내가 진실로 너희에게 이르노니 돌 하나도 돌 위에 남지 않고 다 무너뜨려지리라"(마 23:37-38, 24:1-2).

현대의 규례

□ 재난의 때

유대 역사상 많은 재앙이 티샤 바브 날 일어났다. 제1성전인 솔로몬 성전과 제2성전이 파괴되는 뼈저린 슬픔을 경험하였다. 주후 135년 바르 코크바의 반란은 베타르에서 로마 군대에 의해 잔인하게 진압되었고 1천8백 년 동안 품은 독립에 대한 희망은 물거품이 되었다. 주후 1290년 티샤 바브 날, 모든 유대인은 그 어떤 죄명도 없이 유대인이라는 이유만으로 영국에서 추방되었다. 주후 1492년 티샤 바브 날, 가톨릭의 수호자로 불리는 페르디난도 2세와 스페인 여왕 이사벨라는 종교 재판을 시작했다. 수십만 명의 스페인계 유대인은 가톨릭 개종 명령을 받았고 받아들이지 않으면 화형에 처해졌다. 뒤따르는 피의 악몽과 박해와 눈물은 가장 크고 영향력 있는 유대인 공동체 중 하나를 뿌리 뽑고 파멸시켰다. 오늘날 티샤 바브는 유대 민족이 겪은 모든 비극의 상징이 되었다.

□ **애통의 때**

개인

유대 전통은 티샤 바브의 규례를 사랑하는 사람의 죽음을 애도하는 것으로 규정한다. 이날은 침략군이 예루살렘 성벽을 무너뜨린 날이기 때문에 탐무즈월에 애통의 시간이 시작된다. 이 기간은 예레미야애가의 말씀을 따라 3주 혹은 궁지 사이라고 한다. "그를 핍박하는 모든 자들이 극심한 궁지에서 그를 뒤따라 잡았도다"(NKJV, 애 1:3). 이 3주 동안에는 결혼식이나 축제를 하지 않는다. 정통 유대인들 역시 이 기간에는 머리를 자르거나 새 옷을 입지 않는다.

아브월 첫날 애통함은 커진다. 마지막 9일 동안 전통적으로 축제용 음식으로 분류되는 포도주와 고기는 먹지 않는다. 대신 유제품을 먹는다.

티샤 바브 전에 먹는 마지막 식사는 애통한 자의 음식이다. 완숙 달걀, 렌즈콩, 롤빵, 베이글처럼 둥근 형태의 빵을 주로 먹는다. 둥근 모양은 시작도 끝도 없는 영원을 상징한다. 이 같은 음식은 보통 유대인의 장례식을 마친 후에 먹는다.

티샤 바브가 중요한 금식일이기 때문에 모든 음식과 음료를 금한다. 이날에는 신발을 신는 것, 목욕, 향수 사용, 면도, 세탁, 서로 인사하는 것도 금한다. 전통적으로 거울은 가리고 애곡하는 자들은 마치 사랑하는 사람을 잃은 것처럼 땅바닥이나 낮은 스툴 의자에 앉는다.

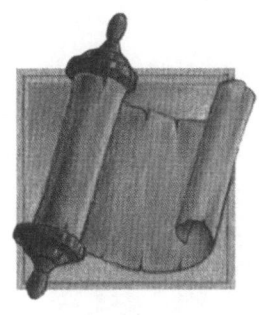

회당

애통함에 초점을 맞추는 것은 티샤 바브를 위한 회당 예배에도 드러난다. 성전이 파괴되었을 때 이스라엘이 당한 칠흑 같은 어둠을 상징하기 위해 회당의 불빛을 희미하게 줄이고 단 몇 개의 촛불만 밝힌다. 지성소ⓖ 문에 걸린 위대한 휘장의 파괴를 상징하기 위해 궤(두루마리 성경을 보관하는 곳)를 덮고 있는 아름답게 수놓은 커튼을 치운다. 예배자들은 애통함의 표현으로 낮은 의자나 신발을 벗고 바닥에 앉는다. 때때로 예배자들은 머리와 두루마리 토라 위에 재를 뿌리기도 한다.

회당 예배의 분위기는 침통하다. 기도와 성경 낭독은 조용하면서 구슬프다. 선지서 중 할당된 성경 낭독 구절은 선지자 예레미야가 백성의 죄로 인해 고통과 슬픔에 잠긴 내용을 담고 있는 예레미야 8장 13절~9장 23절이다. 또한 예배 시간에 예레미야애가 전체를 낭독한다. 예배자들은 예레미야가 그의 백성과 수도의 파멸을 애곡할 때 겪은 극심한 고통 소리를 아픈 마음으로 듣는다. "내 눈이 눈물에 상하며 내 창자가 끊어지며 내 간이 땅에 쏟아졌으니 이는 딸 내 백성[예루살렘]이 패망하여…"(애 2:11).

이스라엘

약 2천 년 동안 이방인 통치자들은 유대 백성이 성전산에서 기도하는 것을 금지했다. 1995년 이스라엘 법원은 티샤 바브(두 성전이 파

괴된 날)를 1년 중 유대인이 성전에서 기도할 수 있는 날로 승인했다. 하지만 지금도 무슬림의 폭동과 공격 때문에 유대 민족은 여전히 그 권리를 행사할 수 없다. 반대로 무슬림들은 이스라엘의 성전산에서 매일 자유롭게 기도한다. 이런 가슴 아픈 상황은 이스라엘이 여전히 마지막 구속을 기다리고 있다는 사실을 상기시킨다.

성취

티샤 바브 금식은 언제쯤 끝날 수 있을까? 이스라엘은 죄와 성전을 잃은 아픔을 위해 영원히 애통해야만 하는 운명일까? 이 긴박한 질문에 주님께서 친히 대답하신다. "만군의 여호와가 이같이 말하노라 넷째 달의 금식과 다섯째 달의 금식과 일곱째 달의 금식과 열째 달의 금식이 변하여 유다 족속에게 기쁨과 즐거움과 희락의 절기들이 되리니 오직 너희는 진리와 화평을 사랑할지니라"(슥 8:19).

그날이 오고 있다. 어쩌면 우리 시대에 일어날 수도 있다. 주님께서 진노를 바꾸시고 메시아를 보내실 날이다. "보라 싹이라 이름하는 사람이 자기 곳에서 돋아나서 여호와의 전을 건축하리라"(슥 6:12). 모든 인류의 역사는 그날을 기다려왔다. 이스라엘의 죄는 더는 기억되지 않을 것이며(렘 31:34) 이스라엘의 거룩한 성전은 상상할 수 없을 정도로 더 영광스러운 모습으로 회복될 것이다. 가장 중요한 사실은 주님께서 새 성전에서 통치하신다는 것이다. "시온의 딸아 노래하고 기뻐하라 이는 내가 와서 네 가운데에 머물 것임이라 시온의 딸아 크게 기뻐할지어다 예루살렘의 딸아 즐거이 부를지어다 보라 네 왕이 네게 임하시나니 여호와께서 천하의 왕이 되시리라"(슥 2:10, 9:9, 14:9).

그날에는 금식할 필요가 없다. 메시아께서 성전에서 통치하시기 때문에 티샤 바브는 이스라엘의 가장 기쁘고 즐거운 날이 될 것이다.

예루살렘에 수전절이 이르니 때는 겨울이라
예수께서 성전 안 솔로몬 행각에서 거니시니

(요 10 : 22-23)

12장

하누카
-수전절, 헌신의 절기

케빈 하워드

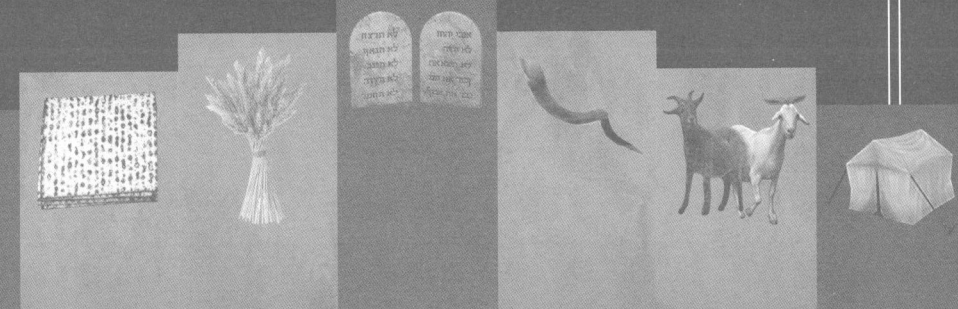

구약과 신약 사이에는 '4백 년간의 침묵기'가 있다. '침묵'이라고 부르는 이유는 그 기간에 하나님께서 그분의 백성에게 새로운 계시를 주지 않으셨기 때문이다. 말라기부터 세례 요한에 이르기까지 이스라엘의 예언적 목소리는 없었다. 선지자도, 환상도, 천사의 방문도 없었다. 그러나 예언적 침묵이 하나님께서 그분의 백성을 잊으셨다는 뜻은 아니다.

400년간 회당의 발전, 사두개인과 바리새인의 등장, 로마의 통치 등 이스라엘 역사에 많은 중요한 사건들이 발생했다. 그중 유대인의 명절 하누카를 초래한 사건보다 더 중요한 일은 없을 것 같다.

역사적 배경

☐ 하누카의 의미

하누카(Hanukkah)는 '봉헌(헌신)'을 뜻하는 히브리어다. 이렇게 명명한 이유는 이방인에게 훼파된 성전을 주님께 다시 봉헌하게 된 것을 축하하기 때문이다. 하누카 이야기는 주전 165년 그레코시리아(Greco-Syrian)의 압제에서 독립한 사건이며 역사 속에서 발생한 유대의 가장 위대한 승리 가운데 하나로 엄청난 투쟁과 영웅적 업적을 지니고 있다.

☐ 하누카의 시간

하누카는 겨울이 시작될 무렵에 있는 8일간의 축제다. 히브리력으로 아홉 번째 달(대략 10월) 키슬레브(Kislev) 25일에 시작한다. 그리고 이스라엘의 대속죄일인 욤 키푸르로부터 75일 이후다.

☐ 하누카의 기록

하누카 명절이 성경에 나타나 있지는 않지만 여전히 유대의 명절 가운데 역사적으로 가장 잘 검증된 명절이다. 마카비 1서와 2서는 하누카에 대한 가장 초기의 역사적 기록이다. 마카비서는 14권의 구약 외경에 속하며 구약 외경은 주전 200년에서 주후 100년 사이에 쓰인 영감받지 않은 유대인의 글 모음집이다.

비록 보수 학자 중 압도적으로 많은 이들(유대인과 그리스도인, 고대와 현대에)이 마카비 1서와 2서를 정경에 넣는 것을 거부했지만, 이 책은 역사 기록물로서 가치가 있다.

□ 하누카의 기원
마케도니아 사람

주전 336년 변화의 바람이 불기 시작했다. 고대 세계를 휩쓸고 간 격변은 인류의 역사를 바꾸었다. 그해 다리우스 3세는 광대한 메대-바사 제국의 권좌에 올라 세계를 통치했다. 그러나 보다 더 중요한 사건은 서부 지역에서 또 다른 왕이 등극했다는 것이다. 그는 그리스의 도시 국가 마케도니아의 왕 필리포스 2세의 아들 알렉산더였다. 20세에 불과한 그는 탁월한 사령관이었다. 페르시아(바사) 제국의 강성함과 재력은 압도적이었지만 알렉산더의 탁월한 군대는 페르시아에 대항해 빛의 속도로 진격해 나갔다. 주전 332년, 3년 만에 알렉산더의 군대는 이소스에서 다리우스 3세를 물리쳤다.

30세가 된 알렉산더는 유럽과 이집트와 인도 국경 지대까지 알려진 모든 세계를 정복했다. 그의 스승 철학자 아리스토텔레스에게 가르침을 받은 알렉산더는 헬레니즘으로 알려진 그리스 문화와 종교의 응집력을 통해 그의 제국을 통일했다.

영원할 것 같던 그리스 제국의 황금기는 스쳐 지나가는 하나의 유성처럼 불과 몇 년 만에 막을 내렸다. 알렉산더는 후계자 없이 33세의 일기로 죽었고 제국의 통치권은 네 명의 장군에게 넘어갔다. 그들은 광대한 그리스 제국을 지리적으로 네 등분했다. 셀레우코스는 시리아와 동부 소아시아를, 프톨레마이오스는 이집트를, 라시마커스는 트라키아와 서부 소아시아(터키)를, 카산더는 마케도니아와 그리스를 통치했다.

광인

고대 세계의 격동 한복판에서 지정학적으로 작은 속국에 불과한 이스라엘은 주목을 받지 않아도 되지만 현실은 그렇지 않았다. 전략적 요충지인 이스라엘은 시리아와 이집트 사이에 있었고, 아시아와 아프리카와 유럽 대륙의 가교 역할을 하는 땅이었다. 이스라엘에 대한 통제는 그 지역을 장악하기 위한 열쇠였다. 알렉산더의 사망으로 이스라엘은 다시 한번 거대한 소용돌이의 중심에 빠져들고 말았다. 중동을 장악하기 위해 팽창주의를 표방한 셀레우코스 왕조(시리아)와 프톨레마이오스 왕조(이집트) 사이에서 이스라엘은 2세기에 걸쳐 바람 앞에 흔들리는 낙엽같이 격랑의 길을 걸었다.

주전 171년 안티오코스 4세는 시리아에서 셀레우코스 왕조의 왕좌에 올랐다. 그는 아주 냉혹하고 잔인했으며 오만한 독재자였다. 자신을 육신을 입은 신이라고 여긴 그는 스스로를 안티오코스 테오스 에피파네스(Antiochus Theos Epiphanes, '안티오코스, 신의 현현') 혹은 안티오코스 에피파네스라고 불렀다. 반대로 그를 평가절하 하는 사람들은 에피마네스(Epimanes) 혹은 '미친 인간(madman)'이라고 불렀다. 이스라엘은 그의 무자비한 폭정의 폭풍에 빠지고 말았다.

안티오코스는 왕국의 많은 언어와 문화와 종교 통합에 집착했다.

흡수 정책으로 통치권을 통합하려는 노력의 일환으로 모든 것을 '헬라화'하길 원했다. 그는 속국들에게 헬라어와 사상과 종교를 강요했다. 그의 흡수와 통합 정책은 오히려 민족주의와 독립의 불을 지피는 계기가 되었다.

이스라엘 내부에서는 두 개의 정치적 파당이 출범했다. 이스라엘 종교인들은 정통파를 구성했다. 그들은 이집트 프톨레마이오스 왕조의 통치를 원했다. 이 왕조는 속국들의 헬라화 정책을 추구하지 않았기 때문이다. 헬레니즘은 그리스 철학과 질서 정연한 사회 그 이상이었다. 왜냐하면, 헬레니즘은 그리스 종교 위에 세워졌기 때문이다. 자연을 신격화했고, 고대 신화 속의 신들을 위한 만신전을 만들었으며, 이런 신들을 숭배하면서 도덕적(성적) 타락을 광범위하게 부추겼다. 따라서 정통파는 유대교와 이스라엘의 하나님에 대한 순수한 예배를 지키기 원했다.

반대당으로는 '진보적인' 헬라파가 있었다. 선조들의 믿음에 관심이 없는 대다수 귀족이 헬라파에 포함되었다. 그들은 세계 곳곳에 헬레니즘을 수용한 선진국들의 개화된 문명이 주는 가시적인 경제적·사회적 혜택을 보았다. 그래서 헬라파 사람들은 그리스 문화를 따르는 시리아의 통치를 원했다. 이 집단은 자발적으로 거룩한 언약(마카비 1서 1:15)을 버렸다(헬라어로 '변절하다' '버리고 떠나다'라는 뜻).

예루살렘에서 대제사장이었던 요한나(오니아스 3세)는 국내에 있는 헬라 세력들을 극렬히 반대했다. 그러나 그의 형제 여호수아는 그와 다른 신념을 가지고 있었다. 여호수아는 이름을 그리스어 야손으로 개명했고 헬라파를 이끌었다. 이스라엘의 많은 이들이 그를 지지했고 그리스와 언약을 체결하길 원했다(마카비 1서 1:11). 대제사장직을 얻을 기회를 잡기 위해 야손은 엄청난 뇌물을 안티오코스 에피파네스에게 상납했다. 뿐만 아니라 예루살렘에 그리스 신들을 위한 신전과 팔루스(남근상-역주), (남자들이 나체로 경기하는) 체육관을 지어 주기로 약속했다. 그리고 예루살렘 주민을 시리아의 수도 안디옥의 시민으로 등재하겠다고 했다. 안티오코스는 그의 제안에 동의했고 야손은 대제사장이 되었다. 야손이 암살자들을 보내 그의 형제를 죽였을 때 이스라엘은 골육상잔의 가마솥이 되었다. 이방인이 신성하게 제정된 대제사장직을 함부로 변경한 일은 결단코 한 번도 없었다.

3년 뒤 대제사장 가문 출신이 아닌 급진 헬라파 메넬라우스가 더 큰 뇌물을 주고 대제사장직을 차지함으로 상황은 더욱 악화되었다. 대제사장직에 오른 그는 성전의 재정((백성의 헌금)이 약속한 뇌물을 지급하기에 부족하다는 것을 깨달았다. 그래서 성전의 금대접들을 훔쳐 안티오코스에게 뇌물로 상납했다.

동시에 안티오코스 에피파네스의 야망은 점점 더 커졌다. 그는 그리스 제국을 알렉산더 대왕 시대처럼 재통합하기를 열망했다. 주전 168년에 그는 이집트를 대적해 전쟁을 일으켰고 승리는 확실해 보였다. 하지만 로마 의회는 포필리우스 라에나스를 파견해서 안티오코스가 이집트를 차지하는 것을 막았다. 로마와 화친할 것인가, 아니면 대적할 것인가에 대한 질문을 받자 그는 즉답을 피하기 위해 지연 전술을 썼다. 그러자 로마 대사는 안티오코스가 서 있는 모래 주

위에 원을 그린 후 원 밖으로 나가기 전 반드시 결정해야 한다고 말했다. 결과적으로 안티오코스는 큰 굴욕을 당했고 이집트에서 철군해야만 했다.

시리아로 회군하던 중 안티오코스는 예루살렘에 들렀다. 로마의 개입으로 화가 머리끝까지 치민 그는 자신이 죽었다는 풍문을 들은 야손이 메넬라우스를 대적해 반란을 일으켰다는 사실을 알게 되었다. 안티오코스는 자신의 권위에 대한 도전과 조롱으로 격분했다. 이스라엘 내부의 끊임없는 정치적 음모와 헬라화 정책에 대해 깊게 자리 잡은 저항은 그의 인내를 한계에 이르게 했다. 그는 어떤 경고도 없이 갑자기 예루살렘을 파괴하라고 명령했다. 그는 극에 달한 분노와 불만을 유대 민족에게 터뜨렸다. 집을 태웠고, 도시의 성벽을 무너뜨렸으며, 수십만 명을 살해하거나 노예로 팔아 버렸다.

그의 파괴는 여기서 멈추지 않았다. 안티오코스의 관심은 시온산에 있는 성전을 향했다. 시리아 군사들은 성전 현관과 문들을 난도질하며 훼손하였다. 그들은 성전의 금대접과 보물들을 약탈했다. 주전 168년 키슬레브월 15일 안티오코스는 그리스 만신전 최고의 신 제우스 우상을 성전 안뜰에 있는 거룩한 제단ⓒ 위에 세웠다. 그리고 제우스의 생일(키슬레브, 12월 25일)에 돼지를 그 제단에 바쳤다. 돼지는 유대인에게 가장 혐오스러운 것이며, 하나님의 율법이 엄격히 금하는 것이었다. 안티오코스는 돼지의 피를 지성소ⓖ에 뿌렸고 거룩한 두루마리 성경을 갈기갈기 찢어 불태우기 전에 그 위에 돼지 피를 쏟아부었다. 충격과 공포로 이스라엘은 극심한 트라우마에 휘청

거렸다. 지존자의 지성소는 오염되었고 경멸당했다. 그곳은 훼파되고 더럽혀졌다. 그곳은 '광야처럼 황폐해졌고'(마카비 1서 1:39) '짓밟혔다'(마카비 1서 3:45). 이스라엘은 완전히 황량해지고 말았다.

성전은 제우스 신전으로 바뀌었고 제물은 오직 돼지만 허용했다. 시리아 주둔군은 신전을 통제하기 위해 성전 가까운 곳에 아크라(Acra)라는 요새를 세웠다.

더 나아가 안티오코스는 유대교를 금하는 칙령을 내렸고 어기면 사형에 처했다. 가택 수색을 통해 이 칙령을 강요했다. 만일 안식일을 지키거나, 음식법을 지키거나, 할례를 행하거나, 율법 두루마리를 소지하면 모든 가족을 처형했다. 젖먹이 아기는 엄마의 목에 매달아 걸었고 여자들은 성벽 위에서 던졌다. 선은 그어졌다. 완전히 동화되든지 아니면 몰살당하든지!

순교자들

공포와 박해로 가득한 캄캄한 날들이 이어졌다. 신실한 사람들은 광야로 도망치거나 동굴에 숨어 살기 위해 유대 언덕으로 달아났다. 그러나 그들은 짐승처럼 사냥당했다. 참혹한 고난의 기간에 수천의 사람들은 하나님을 향한 신앙을 지키기 위해 목숨을 바쳤다.

유대 역사는 충성된 헌신에 관한 영웅적 행동을 기록한다. 수석 서기관(성경을 수기로 복사하는 전문가) 중 한 사람인 엘르아살은 향년

90세에 안티오코스 앞에 끌려가서 돼지고기를 먹으라는 명령을 받았다. 그는 하나님의 법을 깨뜨리고 자신을 더럽히는 것을 거부했다. 그러자 군인들은 율법이 허락하는 고기를 가져와서 가증스러운 돼지고기처럼 먹으라고 하였다. 그는 훌륭한 믿음의 고백을 하며 요동하지 않았다. 그들이 자신을 본보기 삼아 젊은이들을 속이는 것을 원치 않았기 때문이다. 그러자 군인들은 그가 죽을 때까지 무자비하게 폭행했다.

또 다른 이야기는 한나라는 여성과 그녀의 일곱 아들의 끈기 있는 용기에 관한 것이다. 그들 역시 체포된 후 돼지고기를 먹고 이방 제사에 동참할 것을 강요받았지만 거부하였다. 한나의 아들들은 한 명씩 차례대로 고문받았다. 군인들은 그들을 가마솥에 넣어 산채로 끓였다. 한 아들에게 신앙을 버리지 않으면 그의 혀와 두 손을 자르겠다고 협박하자 그는 용감하게 외쳤다. "내 혀와 두 손은 하늘이 주신 것입니다. 하나님의 율법을 위해 나는 이것을 기꺼이 버리겠습니다. 나는 하나님께 다시 받을 것이라는 소망이 있습니다"(마카비 2서 7:11). 다른 아들이 죽기 전에 말했다. "하나님께서 우리를 다시 살리신다는 소망 가운데 죽는 것은 참으로 좋은 일입니다"(마카비 2서 7:14). 셋째 아들이 끌려 나오자, 어머니는 그에게 다음과 같은 부활의 소망으로 용기를 주었다.

사람이 출생할 때 모양을 만들어 주시고 만물의 근원을 형성하신 창조주께서 자비로운 마음으로 네게 목숨과 생명을 다시 주실 것이다. 이 도살자들을 무서워하지 말고 네 형들에게 부끄럽지 않은 태도로 너의 죽음을 기꺼이 맞이하거라. 그러면 나는 하나님의 자비하심으로 너의 형들과 함께 너를 다시 맞이하게 될 것이다(마카비 2서 7:23, 29).

마지막으로 그 어머니도 죽었다. 부활의 소망을 가진 이 가족은 목숨을 구걸하기 위해 끝까지 배교하지 않았다.

마타티아스(Mattathias)

말로 다 할 수 없는 유대 국가의 고통은 계속되었다. 안티오코스는 잔악한 계획을 실행하기 위해 시리아 주둔군을 나라 전역에 파견하였다. 시리아군이 모딘(예루살렘에서 북서쪽으로 약 27킬로미터)에 도착해서 제우스를 위한 제단을 세웠다. 마을 사람들을 소집한 후 마타티아스라는 나이든 제사장을 불러내었다. 그에게 안티오코스를 높이고 그리스 신들에게 돼지를 제물로 바치라고 명령했다.

마타티아스의 희끗희끗한 머리는 그를 향한 백성의 존경심을 표현하는 하나의 가시적 증거였다. 그는 하스몬의 증손자이자 제사장들의 첫 번째 분파인 여호야립의 후손이었다. 또한 요한, 시몬, 유다, 엘르아살, 요나단이라는 다섯 명의 아들을 둔 아버지였다. 모든 눈이 그를 주목하였다. 과연 그는 어떻게 했을까?

"절대로 할 수 없습니다!" 그는 저항했다. 바로 그때 배교한 제사장이 제단 앞으로 나와 돼지를 바칠 수 있도록 허락을 구했다. 구경꾼들은 무슨 일이 벌어질지 알고 있었다. 제물을 바친 후 그곳에 있는 모든 사람은 제사에 동참한다는 의미로 돼지고기를 먹으라는 강요를 받을 것이다.

마타티아스의 치솟은 분노는 폭력으로 분출되었다. 그는 시리아 장교의 손에서 재빠르게 칼을 뺏은 뒤 그를 죽이고 앞으로 돌진해서 배교한 유대인을 찔렀다. 그리고 시신을 제단 위에 버렸다. 그의 다섯 아들은 군사들을 도륙했다. 처절한 보복을 예상한 그들은 재빨리 제단을 허물고, 모든 재산을 버리고 충성된 사람들과 유대의 산으로 도망갔다.

이렇게 혁명은 시작되었다. 하나님의 원수들을 대적하기 위한 유일하고 진실한 봉기였다.

마카비

저항의 검이 확산됨에 따라 신실한 무리의 규모도 매일 커졌다. 그들은 게릴라전을 통해서 시리아 전초 기지들을 공격했고, 이방인 제단을 파괴했으며, 배교한 동조자들을 응징하였다. 그해 고령의 마타티아스는 질병으로 사망했다. 그가 임종할 때 지휘권은 그의 아들 유다가 이어받았다.

유다를 선택한 것은 탁월한 결정이었다. 기량 면에서 그는 군사 분야의 천재였다. 사람들은 '망치'를 뜻하는 히브리어 마케베트(makkevet)같다고 해서 그를 마카비(the Maccabee)라고 불렀다. 그의 군사적 기량의 능력을 잘 반영한 이름이다.

3년간 혁명은 맹위를 떨쳤다. 동굴에 숨고 누워 매복하면서 마카비 혁명군은 점진적으로 시리아 점령군을 좌절시키며 약화시켰다. 마침내 자유를 수호하는 전사들은 원수를 야전에서 만났다. 그들은 벳호른과 엠마오에서 뜻밖의 승리를 얻었고, 이는 예루살렘으로 가는 길을 활짝 열어 주었다.

제단의 수축

유다의 군대는 예루살렘에서 직면할 일에 대해 무방비 상태였다. 성전의 문들은 불탔고, 성전 뜰에는 무성한 잡초가 허리 높이만큼 자라고 있었다. 그리고 무엇보다 흉물스러운 제우스 우상이 안티오코스의 얼굴과 함께 드러났다. 그들은 옷을 찢고 머리에 재를 뿌리며 통곡했다. 아, 황폐한 나라여!

자유의 수호자들은 즉시 성전을 정화하기 시작했다. 그들은 더러운 것과 그리스 우상을 철거했다. 더럽혀진 제단의 돌들을 허물었고 '한 선지자가 와서 그것에 대한 응답을 줄 때까지' 그 돌들을 보관해 두었다(마카비 1서 4:44-46). 그들은 주전 165년 키슬레브월 25일에 거룩한 제단을 재건했다. 제단이 더럽혀진 후 정확히 3년째 되는 날 그들은 주님께 다시 제단을 봉헌했다.

기적

탈무드에 있는 유대 전승에 의하면 (Shabbat 21b), 마카비 혁명군은 성전에서 오염되지 않은 단 하나의 작은 기름병을 발견했는데 그때까지 대제사장의 봉인을 떼지 않은 상태로 있었다. 하지만 황금 등대의 겨우 하루치 분량이었다. 기적적으로 그 불은 성별된 새로운 기름을 준비할 때까지 8일 동안 타올랐다. 따라서 이 전승은 하누카를 8일간 지키는 이유에 대한 설명이 된다. 또 다른 전승은(Shabbat 20a) 마카비 혁명군이 성전에서 여덟 개의 쇠창을 발견했기 때문이라고 설명한다. 그들은 초를 창에 끼워 불을 밝혔다. 두 설명 모두 상상 속 이야기이며 명절에 관한 가장 초기의 역사적 설명이 나온 이후에도 수 세기 동안 받아들여지지 않았다.

아마도 기름병에 관한 전승은 하누카의 중심 주제를 후에 심하게 부패한 마카비 왕조에서 벗어나 종교적으로 재조정하려는 시도에서 발생한 것처럼 보인다. 이것은 하누카가 탈무드에서 아주 드물게 언급된 이유를 설명해 준다. 탈무드는 바리새인의 전통에서 성장했다. 바리새인의 전통은 마카비의 후손을 자처하는 사두개인의 전통과 크게 상충했다. (주후 1세기) 유대인 역사가 요세푸스는 이 명절을 빛의 축제(절기)로 알았는데(유대 고대사 12.7.7) 이는 기름병 전승이 등장하기 수 세기 이전의 일이다.

현대의 규례

지난 2천 년 동안 하누카의 규례는 계속 발전해 왔다. 충성된 마카비 혁명군을 통한 주의 구원을 기억하기 위해 많은 아름다운 전통이 오늘날에도 여전히 존재한다.

□ 빛의 시간

가정에서

하누카의 주된 의식은 매일 밤 가정과 회당에서 촛불을 밝히는 것이다. 이 촛불은 다른 목적을 위해 사용할 수 없고 오직 이 명절을 축하하기 위해 사용한다. 여덟 개의 초를(하누카 기간 중 매일 밤 하나씩) 꽂을 수 있는 하누카 메노라를 하누키아(hanukkiyah)라고 부른다. 아홉 번째 초는 보통 다른 여덟 개의 초보다 더 높은 하누키아의 중앙에 두는데, 샴마쉬(shammash) 혹은 '종'의 초라고 하며 다른 초를 밝힐 때 사용한다. 종의 초를 사용해서 매일 밤 하나씩 추가해서 촛불을 켜면 하누카 8일 차에는 여덟 개의 촛불 모두 밝히게 된다. 전통적으로 초는 왼쪽에서 오른쪽으로 불을 붙인다. 그리고 촛불 점화 전후로 하나님의 구원에 대한 감사와 축복의 말씀을 선포한다. 지나가는 모든 사람이 그 빛을 보고 하누카의 의미를 기억하도록 하누카 메노라는 집 전면 창문 앞에 둔다.

이스라엘에서

하누카 전야에는 마라톤 선수들을 고대 마카비 혁명의 발원지인 모딘으로 보낸다. 그곳에 있는 하누카 메노라에서 자유의 횃불에 불을 붙인다. 그러면 자유의 횃불 봉송 주자들은 성전의 서쪽 벽 가장 큰 메노라의 점화 행사를 여는 예루살렘으로 운반한다. 이 의식은 자유를 기억하는 것과 더불어 이것을 가능하게 만든 순교의 영을 표현한다.

□ 선물의 시간

하누카는 선물의 시간이다. 특히 미국에서 하누카는 크리스마스와 시기가 근접하기 때문에 크리스마스의 영향을 많이 받았다. 이런 영향력에 대응하기 위해 선물 교환은 21세기 하누카 규례에서 당연한 일이 되었다.

동유럽이 보존하고 있는 보다 이른 한 가지 전통은 하누카 겔트(gelt, 이디시어로 '돈')를 주는 관습이다. 하누카 다섯째 밤 부모와 조부모는 자녀들을 불러모은 뒤 동전을 나누어준다.

하누카는 쩨데카(tzedekah, 자선)를 베푸는 특별한 시간이기도 하다. 시각 장애인들은 명절의 가장 중요한 행사인 하누카 불빛을 보는 즐거움을 누릴 수 없기 때문에 특별 기부금은 종종 시각 장애인들을 위해 사용한다.

□ 게임의 시간

하누카는 여러 게임을 하는 시간이다. 어른들은 종종 카드 게임을 즐긴다. 랍비들은 운에 맡기는 이런 놀이를 반대하지만 이 전통은 오늘날까지 계속 이어지고 있다.

가장 인기 있는 어린이 게임은 드레이들(dreidel, 이디시어) 혹은 시비본(sivivon, 히브리어)이다. 각 면에 하나의 히브리어 글자를 새긴 사각형 팽이 놀이다. 그 글자는 네스 가돌 하야 샴(Nes Gadol Hayah Sham, '그곳에서 놀라운 기적이 일어났다')의 첫 글자들이다. 이스라엘에서는 마지막 단어(그곳에서)를 '이곳에서'로 바꾼다. 왜냐하면, 하누카의 발생지가 이스라엘이기 때문이다. 참가자들은 한 개의 동전이나 견과, 혹은 호일에 싼 동전 모양의 초콜릿을 항아리에 넣은 후 교대로 팽이를 돌린다. 히브리어 눈(נ)이 나오면 아무것도 아니다. 기멜(ג)이 나오면 항아리 전부를 차지한다. 헤이(ה)가 나오면 항아리의 절반을 갖고, 쉰(ש)이 나오면 동전 한 개를 항아리에 넣어야 한다.

☐ 음식의 시간

하누카는 음식의 시간이다. 하누카 파티는 촛불 축제를 즐기기 위해 종종 친구와 가족들이 함께 준비한다.

1천9백 년 동안 뿔뿔이 흩어져 산 유대인들은 두 개의 주요한 전통을 개발했다. 아슈케나지(Ashkenazic) 전통은 동부 유럽과 중앙 유럽에 있는 유대인 공동체가, 세파르디(Sephardic) 전통은 스페인과 북아프리카와 중동 전역에 흩어져 사는 유대인 공동체가 발전시켰다.

하누카 기간에는 기름병 전승을 기념하기 위해 기름에 볶은 음식을 먹는 것이 관례다. 아슈케나지 유대인들은 라트카(latkes), 혹은 기름에 부친 감자 팬케이크를 자주 먹는다. 세파르디 유대인은 수프가니욧(sufganiyot, 기름에 튀긴 도넛)을 만든다. 젤리를 가득 넣고 그 위에 설탕을 뿌린 이 도넛은 인기 있는 하누카 별미다.

☐ 노래하는 시간

하누카는 노래하는 시간이다. 아슈케나지의 전통은 마오즈 쭈르(Maoz Tzur) 혹은 이스라엘의 구원자이신 하나님을 찬양하는 '위대한 반석'을 노래한다. 이 곡은 13세기 한 무명의 독일 시인이 이사야 26장 4절 말씀에서 영감을 받아 작곡했다. 세파르디의 대중적인 전통 하나는 촛불을 밝힌 후 시편 30

편을 암송하는 것이다.

성경과의 연결고리

□ **성경의 패턴**

흥미로운 기름병 전설이 전해지긴 하지만 그 전설은 하누카 축제를 8일간 여는 이유와 축제 때 빛을 밝히는 이유에 대한 믿을 수 있는 답은 아니다. 하누카의 형식을 찾기 위해 성경 외에 것을 살펴볼 필요는 없다.

왜 8일인가?

탈무드에 의하면(Megillat Taanit 9) 제단을 재건하는데 8일이 걸렸기 때문이다. 제단을 수축하는데 8일이 걸렸는지(하누카 초기 자료에는 언급되지 않음) 아니면 그렇지 않은지, 그 진위 여부와 상관없이 이 규례의 패턴에 관한 훨씬 더 견고한 토대가 있다.

성경에서 8일의 기간은 언제나 헌신의 패턴이다. 즉, 헌신을 결정한 대상은 7일간 구별(성별)한 후 8일이 되면 여호와 앞에 거룩했다. 하나님께 성별된 초태생 짐승도 마찬가지였다(출 22:30, 레 22:27). 히브리인 사내아이들 역시 8일째에 할례를 행했다(레 12:3). 성전 제단은 7일간 성별한 다음 8일째 거룩하게 되었다(출 29:37). 바빌론 포로기 후 중수한 성전의 낙성식은 유월절(스 6:16-22) 기간에 드렸고 무교절과 함께 8일 동안 지켰다. 더 나아가 장차 있을 천년왕국 성전의 제단은 여드레 날 거룩하게 될 것이다(겔 43:26-27).

하누카와 아주 유사한 사건은 히스기야왕의 시대 상황이다. 그의 아버지이자 잔악한 왕 아하스는 앗수르 신들에게 제사를 드렸고 그들을 위해 제단을 만듦으로 살아 계신 하나님의 성전을 더럽혔다(왕하 16:10-18, 대하 28:21-25). 왕좌에 등극한 경건한 왕 히스기야는 성전을 정화했고 8일 후 주님께 다시 봉헌했다(대하 29:16-17).

8일간 하누카 축제를 여는 또 다른 이유는 하누카가 초막절 패턴을 그대로 답습했다는 점이다. 초막절은 안식이 뒤따르는 7일간의 축제였다. 하누카에 대해 유대 역사는 다음과 같이 기록한다.

초막절과 마찬가지로 이 즐거운 축제는 8일 동안 계속되었다. 그들은 얼마 전까지만 해도 초막절을 제대로 지내지 못하고 산과 토굴에서 들짐승처럼 살았던 것을 회상하였다. 그들은 나뭇잎으로 엮은 화환과 아름다운 나뭇가지와 종려나무 가지를 손에 들고 성전 정화를 아름답게 성취하게 하신 주님께 시편의 노래를 올렸다(마카비 2서 10:6-7).

그러므로 근본적으로 하누카는 두 번째 초막절과 같다. 그것은 마치 백성이 첫 번째 유월절을 지키지 못했을 때 히스기야가 두 번째 유월절을 제정했던 것과 상당히 흡사하다(대하 30장, 비교 민 9:10-11). 이것은 오직 초막절에 불렀던 할렐(시 113~118)을 오늘날 하누카 예배를 드리는 회당에서 여전히 부르는 이유를 설명해 준다. 마카비 혁명군은 초막절 때처럼 '시편을 노래했다'(마카비 2서 10:7).

왜 빛인가?

하누카가 초막절 패턴을 답습했다는 사실은 빛을 강조하는 이유에 어떤 단서를 제공한다. 솔로몬이 첫 성전을 주님께 봉헌했을 때가 다름 아닌 초막절이었다(대하 5:3). 낙성식에 쉐키나의 영광이 성전에 가득했고 제단 위에는 거룩한 불빛이 임했다(대하 7:1). 이로 인해 초막절은 후기에 매일 밤 성전에서 여는 감동적인 빛의 축제로 발전했다. 하누카가 정화된 제단 위에 불을 다시 밝힌 것을 축하하고 초막절 패턴을 따랐기 때문에 빛을 강조하는 것 또한 자연스럽게 답습한 것이다.

☐ 다니엘의 예언

히브리 성경은 하누카에 대해 직접적으로 언급하지 않는다. 왜냐하면 구약이 완성된 후에 이 명절이 제정되었기 때문이다. 비록 하누카라는 이름이 명시되지는 않았지만, 하누카의 사건들은 수 세기 전 히브리 선지자 다니엘에 의해 예언되었다.

다니엘은 놀라운 환상을 보았다(단 8:1-12). 그는 두 개의 뿔(메대와 바사 제국)이 달린 숫양이 어떤 짐승도 그 앞에 맞서지 못하도록 돌진하는 것을 보았다. 그러자 염소 한 마리(그리스)가 서쪽에서 나타나 발이 땅에 닿지 않을 정도로 빨리 움직였다. 염소의 두 눈 사이에 아주 현저하게 눈에 띄는 뿔 하나(알렉산더 대왕)가 있었다. 그 염소(그리스)

는 엄청난 분노로 숫양(메대와 바사)을 짓밟았고 머리에 있는 두 뿔을 꺾은 다음 거의 죽였다. 염소(그리스)가 강성하자 큰 뿔이 꺾였고 네 개의 작은 뿔들(알렉산더의 장군들)이 큰 뿔을 대체했다. 그러자 놀랍게도 하나의 작은 뿔(안티오코스)이 네 뿔 중 하나로부터 나타나 심히 강대하게 되었다. 그 작은 뿔은 별(의로운 유대인들) 중 몇을 땅에 떨어뜨리고 짓밟았다. 심지어 자신을 별들의 군대의 주재로 높이고, 제사를 폐하고, 하나님의 성전(예루살렘 성전)을 무너뜨렸다.

몇 장 후에 다니엘은 다가올 시리아의 박해와 하나님 백성의 용기에 대해 다시 예언했다. "그가 또 언약을 배반하고 악행하는 자를 속임수로 타락시킬 것이나 오직 자기의 하나님을 아는 백성은 강하여 용맹을 떨치리라 백성 중에 지혜로운 자들이 많은 사람을 가르칠 것이나 그들이 칼날과 불꽃과 사로잡힘과 약탈을 당하여 여러 날 동안 몰락하리라"(단 11:32-33).

□ **예수님의 설교(요 10:22)**

하누카(외세의 압제에서 얻은 자유를 기념하는 축제) 기간에 국가적 해방에 대한 사상이 다시 일어나는 것은 자연스러운 일이다. 예수님 시대에 이스라엘은 궁극적 구원자, 친히 로마의 통치에 항쟁할 메시아를 찾고 있었다. 만일 그가 유대 국가를 해방하면 그들은 다시는 이방인의 압제 아래 살지 않게 될 것이다. 그는 메시아의 황금기를 이끌고 솔로몬 성전의 낙성식 때처럼 쉐키나의 영광을 성전에 되돌려 놓을 것이다.

이런 기대를 마음에 품은 한 무리의 유대인이 예수님께 나아왔다. 그때가 하누카였다. 예수님은 솔로몬 행각(기둥이 있는 성전 복도)을 걷고 계셨다. 그분은 불과 몇 세대 전 정화하고 다시 봉헌한 그 성전에서 하누카를 지키고 계셨다. 그들은 질문했다. "당신이 언제까지나 우리 마음을 의혹하게 하려 하나이까 그리스도이면 밝히 말씀하소서"(요 10:24). 그분은 자신이 바로 그 메시아라고 명백히 알려 주셨고 많은 기적으로 확증하셨다. 그러나 그들은 그분을 거절했다. 그들이 생각하는 메시아의 기대치를 계속 깨뜨렸기 때문이다. 그들은 군대의 메시아, 즉 단 한 명의 위대한 인간 지도자를 찾고 있었다. 따라서 예수님은 메시아의 신성에 대한 그들의 좁은 식견을 넓혀 주기 위해 아주 중요한 선언을 하셨다. "나와 내 아버지는 하나이니라"(요 10:30). 이 말씀을 들은 그들은 격분하였다. 그래서 그분을 돌로 치려고 했다. 사실 같은 구절 초반부에 예수님께서 자신을 '선한 목자'라고 하셨는데(요 10:11) 그 말씀 또한 자신을 이스라엘의 목자(시 80:1, 사 40:11, 겔 34:12-23)로 인정하신 것이다. 하지만 새로운 하누카(이방인의 통치를 전복시킬) 사건을 일으킬 필요가 없었다. 이스라엘은 그분을 거절하였고 여전히 눈이 멀었기 때문이다.

☐ 충성된 순교자들(히 11:35)

위대한 믿음의 본보기를 인용한 히브리서 기자는 안티오코스 에피파네스에 맞서 싸운 경건한 믿음의 사람들을 언급했다. "여자들은 자기의 죽은 자들을 부활로 받아들이기도 하며 또 어떤 이들은 더 좋은 부활을 얻고자 하여 심한 고문을 받되 구차히 풀려나기를 원하지 아니하였으며 또 어떤 이들은 조롱과 채찍질뿐 아니라 결박과 옥에 갇히는 시련도 받았으며 돌로 치는 것과 톱으로 켜는 것과 시험과 칼로 죽임을 당하고 양과 염소의 가죽을 입고 유리하여 궁핍과 환난과 학대를 받았으니 이런 사람은 세상이 감당하지 못하느니라 그들이 광야와 산과 동굴과 토굴에 유리하였느니라 이 사람들은 다 믿음으로 말미암아 증거를 받았으나 약속된 것을 받지 못하였으니"(히 11:35-39).

하누카 이야기는 히브리서에 나오는 무명의 순교자들의 이름을 알려 준다. '더 좋은 부활 얻기를' 끝까지 추구함으로써 뜨거운 열정을 보인 엘르아살과 한나와 그의 아들들은 하나님께 충성한 뛰어난 본보기가 되었다.

□ 마태의 이름

예수님을 따르던 레위인 마태(Matthew, 마 9:9, 눅 5:27)는 그가 태어나기 한 세기 반 전에 살았던 이스라엘의 영웅이자 레위인인 마타티아스(Mattathias)를 따라 지은 이름이 확실했다. 영어 이름 매튜(마태)는 헬라어 마타티아스에서 왔고, 마타티아스는 히브리어 맛팃야후(Matityahu)에서 왔다.

□ 크리스마스의 날짜

많은 사람이 하누카와 크리스마스의 연계성을 주장한다. 두 축제가 같은 달 25일(키슬레브, 12월)에 열리기 때문이다. 성경이 메시아의 탄생을 기록하고 있지만 메시아의 탄생 날짜나 그날을 지켜야 한다는 규례는 성경 어디에도 없다. 초대교회는 3세기가 지나도록 탄생일의 축제를 이방인의 관습으로 보았다.

하지만 하누카와 크리스마스의 날짜는 연결되어 있다. 제우스는 태양의 성육신으로 간주되었다. 그의 어머니 여신 레아(Rhea, 하늘의 여왕)와 함께 제우스는 바빌론에서 발견된 어머니와 아들 숭배 주술을 헬라식으로 변형한 것이었다. 안티오코스는 이방 제물로 성전을 더럽히기 위해 25일을 선택했다. 그날은 제우스의 생일이었기 때문이다. 그날은 낮이 길어지는 동지이기도 했다. 그래서 태양을 숭배하는 이방인들은 새로운 태양의 탄생인 12월 25일을 기념했다.

태양을 숭배하는 로마인들은 제우스를 주피터라고 불렀다. 그는 새턴(Saturn, 그리스 신화에서는 제우스의 아버지 크로노스-역주)과 옵스(Ops, 풍요의 여신, 그리스 신화의 레아에 해당-역주) 사이에 태어난 아들이다. 그는 가장 높은 로마의 신이자 이방 신들의 아버지였다. 12월 17일에서 24일까지를 사투르날리아(Saturnalia, 새턴에 경의를 표한다는 뜻)로 불렀고 무절제하고 방탕한 축제를 열었다. 로마는 12월 25일(제우스/주피터의 생일)을 디에스 나탈리스 인빅티 솔리스(Dies Natalis Invicti Solis, 정복할 수 없는 태양의 탄생일)로 기념했다.

주후 4세기 로마 교회는 12월 25일을 그리스도의 탄생에 경의를 표하기 위한 특별한 미사 곧 '그리스도의 미사(Christ's Mass)'를 축하하는 날로 정했다. 로마의 이방 종교의식을 '기독교화하기 위한' 노력의 일환이었고 이를 통해 제국의 모든 백성을 로마 교회로 이끌 수 있었다.

수 세기 동안 기독교의 많은 분파는 12월 25일을 지키는 것을 태양 숭배로 단죄했다. A. H. 뉴맨은 기록한다. "서부와 근동의 기독교 설교자들은 이처럼 꼴사납고 경망스럽게 그리스도의 탄생을 축하하는 것을 반대했다. 한편 메소포타미아의 그리스도인들은 그리스도인으로써 이방인의 축제를 수용한 서방의 형제들에게 우상 숭배와 태양 숭배를 했다고 비난했다. 하지만 이 축제는 빠르게 수용되었고 결국 너무도 확고하게 자리 잡았기 때문에 16세기 종교개혁조차 몰아낼 수 없었다"(The New Chaff-Herzog Encyclopedia of Religious Knowledge, 48쪽).

성취

여러 시대에 걸쳐 이방 나라들은 하나님의 발등상인 성전산을 훼손할 생각에 집착했다. 안티오코스는 이곳에 제우스 상을 세웠다. 로마 황제 하드리아누스가 주피터를 위한 신전을 건설한 장소도 바로 이곳이다. 오늘의 성전산은 초승달의 신을 위한 신전을 세움으로 더럽혀지게 되었다.

미래의 다른 하누카 때까지 이 패턴은 계속될 것이다. 성경은 하누카 사건을 이 시대의 마지막에 있을 사건들의 그림자라고 말한다. 다니엘은 이스라엘 내부에 '많은 사람이' 한 이방인 통치자와 언약 혹은 안전 조약을 다시 맺을 것이라고 예언했다(단 9:27). 유대인 신학자들은 이 잔악한 통치자를 아르밀루스(Armilus)로, 그리스도인들은 적그리스도(Antichrist)라고 부른다. 언약 체결은 다니엘이 말한 일흔 번째 주, 곧 7년의 시작을 알리는 것이다. '사망'과 '스올'(사 28:15)과의 언약이라 불리는 이것은 국가적 배교의 가시적 증표가 될 것이다. 소경이 된 그들은 유일하신 참 하나님 대신 평화를 명분 삼아 그 이방인 지도자를 따르게 될 것이다.

3년 반 후 중반부에 접어들면 이방인들은 예루살렘을 사로잡고 억압할 것이다(눅 21:20, 계 11:2). 그때 적그리스도는 정체를 드러낼 것이다. 그는 자신을 하나님이라고 선포하고 세상 사람들에게 경배를 요구할 것이다(살후 2:4, 계 13:12-15). 안티오코스 에피파네스처럼 자신을 숭배할 형상을 만들어 재건된 성전을 더럽히고 완전히 훼파할 것이다. 메시아께서 이 일에 관하여 다음과 같이 말씀하셨다. "그러므로 너희가 선지자 다니엘이 말한 바 멸망의 가증한 것이 거룩한 곳에 선 것을 보거든 그 때에 유대에 있는 자들은 산으로 도망할지어다"(마 24:15-16).

다시 한번 선이 그어질 것이다. 완전히 동화되든지, 완전히 학살되든지! 많은 사람이 떨어져 나가(배교하고) 엎드려 절할 것이다(살후 2:3). 그러나 이스라엘 안에 있는 신실한 사람들은 산과 광야로 달아날 것이다. 적그리스도가 하나님의 백성에게 분노를 쏟아낼 때(계 12:13-17) 많은 충성된 사람이 목숨을 잃을 것이다(마 24:22). 이 같은 대환난은 그 나라가 그때까지 한 번도 경험하지 못한 시간이 될 것이다(렘 30:7, 단 12:1).

그러나 신실하신 하나님은 그분의 백성 이스라엘을 다시 기억하실 것이다. 그분은 이스라엘의 남은 자를 구원하기 위해 메시아를 보내시고 쉐키나의 영광을(사 4:5, 겔 43:1-6) 다시 비출 새로운 성전을 세우실 것이다(슥 6:12). 그리고 그날에 "이스라엘의 남은 자와 야곱 족속의 피난한 자들이 다시는 자기를 친 자[적그리스도]를 의지하지 아니하고 이스라엘의 거룩하신 이 여호와를 진실하게 의지하게"(사 10:20) 하실 것이다.

결론

하누카는 하나님을 향한 끈기 있는 믿음과 용기를 기념하는 영웅담이다. 많은 사람이 "더 좋은 부활을 얻고자 하여 심한 고문을 받되 구차히 풀려나기를 원하지 않고"(히 11:35) 순교했다. 어떤 이들은 그들의 하나님을 위해 위대한 업적을 남겼다. 오늘날 하나님께서 우리 남녀 종들에게 찾으시는 유일한 자질은 믿음이다. 하나님은 변함없이 그분을 신뢰하는 사람들을 기뻐하신다. "믿음이 없이는 하나님을 기쁘시게 하는 것이 불가능하기"(히 11:6) 때문이다. 하나님의 말씀은 위대한 믿음의 사람 아브라함을 이렇게 평가한다. "아브람이 여호와를 믿으니 여호와께서 이를 그의 의로 여기시니라"(창 15:6).

하누카는 하나님의 신실하심을 기억하는 것이다. 안티오코스 에피파네스를 이용한 사탄은 타협과 학살을 통해 하나님 말씀과 그분의 백성을 파멸할 계획을 세웠다. 만일 사탄이 성공했다면 더는 유대 민족이 없고, 오실 메시아도 없으며, 무엇보다 가장 비극적인 것은 갈보리 십자가도 없었을 것이다. 모든 남녀는 소망도 없이 죄 가운데 영원히 길을 잃었을 것이다. 그런데 놀라운 기적이 일어났다. 그 기적은 남은 기름병 하나가 아닌 자기 백성과 메시아의 약속에 대한 하나님의 신실하심이다. 하나님의 신실하심은 하누카의 진정한 중요성을 오늘날에도 변함없이 보여 주고 있다.

무리가 부르의 이름을 따라
이 두 날을 부림이라 하고(에 9:26)

13장

부림절
-제비뽑기의 절기

케빈 하워드

반유대주의는 현대에만 있는 하나의 현상이 아니다. 적의를 품은 이스라엘의 원수들은 말로 표현하기 어려울 정도로 오랫동안 권모술수와 잔인한 증오심으로 야곱 자손들을 학살할 음모를 꾸몄다. 이스라엘을 폄하하는 사람들의 흔적은 인류 역사의 뒤안길에 널리 산재해 있다. 그들은 몰래 계획을 세웠고, 책략을 꾸몄고, 함께 모여 작당했지만 그들의 끝은 결국 자신들의 죽음뿐이었다. 그들이 후대에 남겨준 유일한 업적은 유대의 달력에 또 하나의 새로운 절기를 만들어준 것이다. 하나님께서 유월절을 제정하셨을 때 바로가 그 역할을 했다. 안티오코스 에피파네스의 패배는 하누카 축제의 시작이 되었다. 히틀러의 패망은 현대의 이스라엘 국가를 생성하는 길을 닦았고 매년 독립기념일을 맞이할 길을 열어 주었다. 고대 페르시아 시대에 발생한 유대인의 부림절 축제와 그 축제의 제정도 마찬가지였다.

역사적 배경

□ 부림의 의미

부림(Purim)절은 '제비들(lots)'을 뜻하는 히브리어다. 악한 하만이 강성한 페르시아 제국 전역에 사는 유대 민족을 죽일 달과 날을 결정하기 위해 던진 푸르(pur, 제비)를 기념하는 절기다. 역설적으로 이스라엘의 파멸을 위해 던진 제비가 또 하나의 새로운 국가적인 행사가 되었다.

'에스더의 축제'이자 고대 시대에는 '모르드개의 날'(마카비 15:36)로 알려진 부림절은 에스더와 모르드개의 손을 통한 하나님의 구원을 기념한다.

□ 부림의 시간

부림절은 늦겨울 축제이며(2월 말이나 3월) 성경 달력으로는 마지막 절기다. 날짜는 히브리력으로 열두 번째 달인 아달(Adar) 14일이며(윤년에는 열세 번째 달인 아달 쉐니 14일) 정확히 유월절 한 달 전이다.

오늘날 예루살렘에서는 부림절을 세계의 다른 나라들보다 하루 늦은 아달월 15일에 지킨다. 다음날까지 원수들과 싸우느라 쉬지 못한 고대 페르시아 수도 수산에 있는 유대인들을 기념하기 위해서다. 그래서 아달월 15일을 수산 부림(Shushan Purim)이라고 한다.

□ 부림의 기록

부림절은 추가된 축제로 모세 시대에서 수 세기가 지난 후에 제정되었다. 그래서 신성하게 주어진 레위기 23장의 절기에는 없다. 이러한 사실에도 불구하고 부림절은 성경의 절기이며 모세 시대 이래로 가장 잘 알려진 유대인의 명절이다. 그 역사적 배경과 규례에 관한 기록은 성경 에스더서에 잘 기록되어 있다.

에스더서의 저자는 불확실하지만 전통적으로 모르드개라고 생각한다. 그렇게 보는 이유는 공문서를 통해 페르시아 제국 전역에 사는 유대 민족에게 부림절의 제정을 알린 사람이 모르드개이기 때문이다(에 9:20, 29). 또한 에스더서 전반에 걸쳐 모르드개가 페르시아의 법률과 문화에 아주 능했다는 것을 알 수 있다.

□ 부림의 영웅들

주전 538년 대다수의 페르시아 유대인은 스룹바벨의 지도하에 그들의 땅으로 돌아가기보다는 페르시아에 남는 것을 선택했다. 그들은 이스라엘로 귀환하는 고난을 겪기보다는 차라리 50년 이상 이미 얻은 안정 속에서 계속 번영하기를 원했다. 그들은 외적인 모든 면에서 잘 융화되었고 심지어 페르시아 사회에 거의 동화되었다. 그런 상황은 에스더 시대까지 이어졌다.

이렇게 잘 통합된 유대인 디아스포라에서 부림절의 훌륭한 두 영웅 에스더와 모르드개가 등장했다. 그들은 페르시아의 반유대주의를 피하기 위해 일반 대중에게 유대인이라는 사실을 숨겼다.

페르시아식 이름 에스더는 이방 여신 이슈타르(사랑과 풍요와 전쟁의 여신-역주)에서, 모르드개는 바빌론 신 마르둑에서 따왔다. 이는 바빌론 왕궁에 사는 다니엘과 그의 세 히브리 친구가 이름을 바꾼 이유와 아주 흡사하다(단 1:7). 페르시아의 사회적 분위기 속에서도 에스더와 모르드개는 강한 애국심과 더불어 이스라엘의 하나님께 뜨겁게 헌신했다.

에스더의 히브리 이름 하닷사는 '도금양나무'라는 뜻이며 그녀의 출중한 미모에(에 2:7) 잘 어울리는 이름이었다. 그녀의 부모는 그녀가 어릴 때 죽었고, 사촌 모르드개가 그녀를 입양해서 친딸처럼 키웠다.

메대와 바사 궁중(그 시대의 세계 강국)의 고위 공직자인 모르드개는 궁궐을 편히 드나들 수 있었고(에 2:5, 11) 왕의 대궐 문 앞에 앉을 수 있었다(에 2:20-21). 하지만 모르드개는 히브리인의 정체성을 강하게 지켰다. 그는 '베냐민 자손이며 기스의 증손이요 시므이의 손자요 위엄 있는 야일의 아들로서'(에 2:5) 사울 왕가와 정확히 같은 계보였다.

이런 사실은 이 이야기에서 아주 흥미로운 배경이 되었다. 모르드개의 적 하만은 아각 사람이었고(에 3:1) 사울왕 치세 때 있었던 아말렉 왕 아각의 후손이었다(삼상 15:8). 아말렉 족속은 에서의 손자 아말렉의 후예다(창 36:12). 이스라엘의 뼈아픈 적인 그들은 고대 야곱과 에서 사이의 싸움을 일으켰다. 모세와 여호수아 시대에 아말렉 족속은 이스라엘 민족이 시나이반도를 지나갈 때 무장하지 않은 이스라엘 백성을 공격했다. 여호와께서는 그들의 무지한 안목과 타고난 증오심을 절대로 잊지 않으셨고 "천하에서 아말렉에 대한 기억을 지워버리라"는 저주를 선포하셨다(신 25:19, 비교 출 17:14, 16, 민 24:20).

주님은 사울왕에게 아말렉 족속을 완전히 멸하라는 명령을 내리셨다. 그가 순종했다면 하만의 손을 통한 살육의 위협은 불가능했을 것이다. 그러나 사울과 아각의 후손들은 약 6세기 후에 다시 만났고 다시 한번 목숨을 건 싸움을 시작했다.

☐ 부림의 기원

에스더서의 배경은 수산에 있는 왕의 궁궐이다. 페르시아의 수도 수산은 페르시아만 북부 지역이며 오늘의 이란이다. 본 사건들은 (역사가들이 주전 486-465년 크세르크세스 1세라고 규정한) 아하수에로 치세 때 일어났다. '인도에서 에티오피아'까지 127개 지방을 관장하던 강대국 페르시아는 그 당시 권력과 영광이 절정에 이르고 있었다(에 1:1).

왕비의 불복종(에 1장)

아하수에로 통치 3년, 그는 지방의 고관대작들을 위해 호화로운 축제를 6개월간 열었다. 자신의 부와 찬란한 궁궐로 그들을 감탄하게 만들고 싶었다. '백색, 녹색, 청색 휘장을 자색 가는 베 줄로 대리석 기둥 은고리에 매고, 금과 은으로 만든 걸상을 화반석, 백석, 운모석, 흑석을 깐 땅에 진설한' 눈부신 부속 건물들과 화려한 왕궁은 그들을 완전히 압도하기에 충분했다(에 1:6). 이렇게 정성을 다한 축제를 마치자 아하수에로는 그의 모든 종을 위해 연이어 7일간의 축제를 열었다. 7일 차 마지막 날 흥건하게 취한 그는 왕비 와스디에게 잔치에 참석한 관료와 유명인들 앞에서 그녀의 출중한 아름다움을 보이라고 명했다. (현대의 이슬람 법처럼) 여자가 낯선 사람들 앞에 얼굴을 보이는 것을 금지한 페르시아의 엄중한 법 때문에 왕비는 명성을 지키기 위해 왕의 명령을 거절했다. 하지만 와스디의 행실은 국가적 위기를 초래하였다. 그녀는 페르시아 왕의 존엄과 페르시아 남성의 사회적 권위를 위협하는 본보기가 된 것이다. 와스디의 불복종에 격분한 아하수에로는 이 문제를 지방관들과 상의했다. 지방관들은 와스디가 '다시는 왕 앞에 오지 못하게 하는 조서를 내리고 그 왕비의 자리를 그보다 나은 사람에게 주는 것이'(에 1:19) 이 문제의 유일한 해결책이라고 단호하게 말했다. 그렇게 와스디는 폐위되었다.

새 왕비의 즉위(에 2:1-18)

왕비의 폐위로 급한 위기를 잠재웠지만 새로운 왕비를 맞이해야 할 과제가 생겼다. 그래서 왕은 전국 각 지방에 관리를 임명해서 아리따운 처녀들, 곧 왕비 후보들을 '여인의 집'으로 소집했다. 그중에 에스더가 있었다. 그녀는 여인들의 관리자에게 은총을 입었고 그곳에서 가장 좋은 숙소와 특별한 대우를 받았다. 아하수에로왕 역시 에스더에게 매료되었고 "모든 여자보다 에스더를 더 사랑하므로 그가 모든 처녀보다 왕 앞에 더 은

총을 얻었다"(에 2:17). 그렇게 에스더는 페르시아의 왕비가 되었다.

왕궁에 벌어진 음모(에 2:19-23)

어느 날 왕의 대궐 문에서 공직을 수행하던 모르드개는 시종 두 사람이 원한을 품고 아하수에로왕을 암살하려는 음모를 우연히 들었다. 그는 신속하게 그들의 유혈 쿠데타 계획을 에스더에게 알렸고 왕은 즉시 조사를 착수했다. 그 보고는 사실이었고 공모자들은 처형되었다. 모르드개의 영웅적 행동과 왕에 대한 충성심은 페르시아 왕궁의 역대기에 기록되었다.

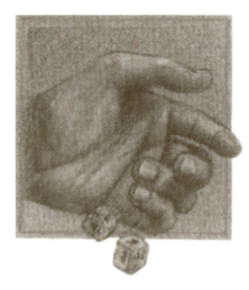

간계(에 3장)

얼마 후에 페르시아 왕궁에서는 비극적인 임명이 있었다. 하만이 모든 대신을 다스리는 총리로 승진하면서 오직 그만 왕께 직접 보고할 수 있었다. 왕의 명령을 따라 모든 사람은 하만 앞에 엎드려 절함으로(신에게 경의를 표하듯) 경의를 표해야 했다. 경건한 모르드개에게 우상숭배는 있을 수 없는 일이었다. 그는 오직 유일하신 참 하나님께만 경배했다. 다른 관료들이 왕의 명령에 불순종하는 이유를 물었을 때 그는 자신이 유대인임을 밝혔다.

이를 보고 받은 하만은 모르드개뿐만 아니라 전 지역의 모든 유대인을 죽이기로 마음먹었다. 만일 한 사람이 절하지 않는다면 유대인 가운데 그 누구도 그 앞에 절하지 않을 것은 명백했다. 그의 높은 자존심과 명성은 위기를 맞았다. 유대 민족을 도륙할 목적을 세운 하만은 제비를 던져 계획된 대량 살상을 위한 최적의 날짜를 페르시아 신들에게 받았다. 제비는 아달월 13일을 찍었다. 하만이 사악한 계획을 세부적으로 준비할 수 있는 11개월의 시간이었다.

하만은 아하수에로왕에게 그의 칙령에 대한 왕의 비준을 간청했다. 그는 페르시아 왕국 내부에 존재하면서 문제를 일으키는 한 민족에 대해 보고했다. 그들은 제국 전역에 흩어져 사는 악한 외국인이며, 공존할 수 없는 다른 법을 지키고, 왕의 법을 대적한다고 말했다. 칙령을 제안하면서 하만은 그가 증오하는 민족을 위한 최종 방안을 마무리했다. 그것은 그들을 파멸할 칙령이었다. 이에 대한 보답으로 그는 왕의 금고에 은 1만 달란트(283톤 이상)를 헌납하였다. 이 막대한 자금이 제국의 중대한 경제적 손실에 대한 배상이었는지, 그 칙령을 착수할 때 드는 엄청난 군사 비용을 부담하기 위한 것인지는 확실하지 않다. 하만이 유대인 희생자들에게 빼앗은 자산으로 자신이 바친 뇌물을 메우고자 했다는 것은 아주 명확하다. 하만을 크게 신뢰한 아하수에로왕은 인장 반지를 빼 하만에게 주었고 그의 간계를 실행할 전권을 허락했다. 그래서 하만은 왕명으로 칙령을 서둘러 보냈다. "이에 그 조서를 역졸에게 맡겨 왕의 각 지방에 보내니 열두째 달 곧 아달월 십삼일 하루 동안에 모든 유다인을 젊은이 늙은이 어린이 여인들을 막론하고 죽이고 도륙하고 진멸하고 또 그 재산을 탈취하라"(에 3:13).

에스더의 중보 기도(에 4~5장)

잔악한 칙령에 대한 소문을 들은 모르드개는 애통한 마음으로 옷을 찢고, 상복을 입고 재를 뒤집어썼다. 그는 이 끔찍한 소식을 에스더에게 알렸고 칙령의 복사본을 전달했다. 모르드개는 에스더에게 백성을 대신해서 왕 앞에서 중재할 것을 간곡히 요청했다.

이로 인해 에스더는 심각한 딜레마에 빠졌다. 그녀는 왕 앞에 나가는 것을 두려워했다. 페르시아 법률에 의하면 초대받지 않은 사람이 왕의 내실에 들어가면 사형에 처해졌다. 사형을 막는 유일한 길은 왕이 황금 홀을 내미는 것뿐이었다. 에스더는 30일 동안 왕의 부름을 받지 못하고 있었다. 노골적으로 페르시아 법을 위반하면 목숨을 잃을 것이 자명했다. 모르드개가 말했다. "이 때에 네가 만일 잠잠하여 말이 없으면 유다인은 다른 데로 말미암아 놓임과 구원을 얻으려니와 너와 네 아버지 집은 멸망하리라 네가 왕후의 자리를 얻은 것이 이 때를 위함이 아닌지 누가 알겠느냐 하니"(에 4:14).

이 말을 들은 에스더는 모르드개에게 수산에 사는 유대 백성을 모아 그녀가 왕 앞에 나아가기 전 3일 동안 금식할 것을 요청했다. 용기를 낸 그녀는 결심했다. "나도 규례를 어기고 왕에게 나아가리니 죽으면 죽으리이다"(에 4:16).

금식 3일째 에스더는 왕비의 옷을 입고 아하수에로왕 내실에 섰다. 내실에 있는 에스더를 본 왕은 깜짝 놀랐고 왕비의 목숨을 위해 황금 홀을 내밀었다. 그녀의 깊은 근심과 절박한 행동을 본 왕은 모든 왕권을 동원해서라도 그녀의 요청을 들어주겠다고 약속했다. 에스더는 영리하게 소원 말하기를 미루고 대신 왕과 하만이 그녀가 준비한 잔치에 참석할 것을 부탁했다.

잔치 자리에서 왕은 다시 물었다. "그대의 소청이 무엇이뇨? 곧 허락하겠노라"(에 5:6). 왕이 가장 신임하는 정부 고문에 관한 문제였기 때문에 조급하게 결정을 내리고 싶지 않았다. 그래서 에스더는 다음날 있을 잔치에 왕과 하만을 다시 초대했다. 그녀의 어려운 간청을 이루기 위해서는 이상적인 환경이 필요했다.

자만심 강한 하만은 왕의 특별한 개인 잔치에 다시 초대받은 것 때문에 의기양양했다. 그리고 자신을 권력의 정점이라고 생각한 그는 집으로 달려가 아내와 친구들에게 자랑했다. 가장 작은 바늘이 가장 큰 풍선을 터뜨리는 법이다. 그가 왕의 대궐 문을 지나갈 때 여전히 고집스럽게 절하지 않는 모르드개를 다시 만났다. 깊이 자리 잡은 증오심이 끓어오른 그는 친구들에게 투덜거렸다. "그러나 유다 사람 모르드개가 대궐 문에 앉은 것을 보는 동안에는 이 모든 일이 만족하지 아니하도다"(에 5:13). 하만의 친구들은 그에게 22미터 높이의 교수대(장대)를 만들어 다음날 아침 모르드개를 매달라고 조언했다. 하만은 그렇게 하면 저녁에 있을 잔치를 기쁘게 즐길 수 있을 것 같았다.

왕의 불면증(에 6장)

그날 밤 왕은 쉬 잠이 오지 않았다. 터키 커피를 너무 많이 마셨기 때문이 아니었다. 그의 불면증은 신적 개입이었다. 자만심이 강한 군주 아하수에로는 자신이 이룬 찬란한 업적과 큰 공로를 듣기 위해 왕의 역대 일기를 읽으라고 명했다. 역대 일기를 낭독할 때 왕의 암살 시도를 막은 모르드개의 충성심에 대한 이야기가 나왔다. 위대한 일을 한 모르드개에게 어떤 상도 베풀지 않았다는 사실을 안 아하수에로왕은 심기가 불편해졌다.

다음날 아침 왕은 그를 알현하기 위해 뜰에서 기다리고 있는 하만을 불렀다. 하만은 자기가 세운 장대에 모르드개를 달아 처형할 수 있는 왕의 재가를 기다리고 있었다. 왕은 하만에게 물었다. "왕이 존귀하게 하기를 원하는 사람에게 어떻게 하여야 하겠느냐?"(에 6:6) 왕이 지칭하는 대상이 자기라고 착각한 하만은 이렇게 대답했다. "왕께서 입으시는 왕복과 왕께서 타시는 말과 머리에 쓰시는 왕관을 가져다가 그 왕복과 말을 왕의 신하 중 가장 존귀한 자의 손에 맡겨서 왕이 존귀하게 하시기를 원하시는 사람에게 옷을 입히고 말을 태워서 성 중 거리로 다니며 그 앞에서 반포하여 이르기를 왕이 존귀하게 하기를 원하시는 사람에게는 이같이 할 것이라 하게 하소서"(에 6:8-9). 그러자 왕은 하만에게 즉시 모르드개를 높여 그대로 실행하고 말 탄 모르드개를 하만이 직접 맡아 성 중 거리로 안내하라는 명령을 내렸다. 끔찍한 굴욕감에 하만은 참담해졌다. 설상가상으로 유대 민족을 말살하려는 그의 음모는 걷잡을 수 없이 틀어지고 있었다.

가해자의 종말(에 7장)

마침내 잔치 자리에서 에스더는 왕께 아뢰었다. 그녀는 아하수에로왕에게 임박한 멸망에서 그녀와 그녀의 민족을 구해 달라고 간절히 구했다. 이는 참으로 충격적인 사실이었다. 왜냐하면, 왕은 에스더가 유대인이라는 사실을 몰랐기 때문이다. 화가 난 아하수에로는 벌떡 일어나 원수의 정체를 밝히라고 말했다. 하만을 가리키며 에스더가 대답했다. "대적과 원수는 이 악한 하만이니이다"(에 7:6). 격분한 왕은 잔치 자리를 박차고 나갔고 어떻게 처리할지 고민했다. 왕의 행동을 본 하만의 얼굴에 핏기가 사라졌다. 그의 목숨은 벼랑 끝에 있었다. 완전히 겁에 질린 그는 왕비의 걸상 위에 엎드려 자비를 애걸했다. 바로 그 순간 되돌아온 왕은 하만이 왕비를 폭행한다고 오해했다. 설명할 시간조차 없었다. 왕의 명령을 받은 집행관들이 하만의 얼굴을 덮어씌운 뒤 모르드개를 위해 준비한 장대에 매달았다.

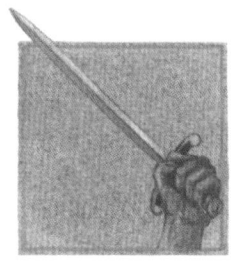

새로운 조서의 실행(에 8:1~9:16)

하만의 죽음으로 모르드개는 하만의 자리로 승진했고 왕의 인장 반지를 받았다. 하지만 에스더의 민족을 멸하라는 페르시아

법은 여전히 유효했다. 그래서 에스더는 다시 한번 목숨을 걸고 왕 앞에 나아가 민족의 구원을 간청했다. 그러나 한 가지 난제가 있었다. 메대와 바사 정부 내에서는 법률을 절대 폐지할 수 없었다. 왕의 명령으로 모르드개와 에스더는 각 지방에 보낼 조서의 초안을 만들어 인장 반지로 봉하고, 유대 민족이 그들을 공격하는 대적들과 맞서 싸울 권리를 허락했다. 오늘날 이슬람 국가들처럼 우발적인 살인도 살인자의 목숨을 박탈하거나 생존자들에게 막대한 보상금을 지불해야 한다는 의미다.

아달월 13일 운명의 날이 되었을 때 페르시아의 유대인들은 그들의 목숨을 지키기 위해 싸웠다. 존귀한 모르드개를 두려워한 지방관들은 힘을 모아 유대 민족을 도왔다. 하지만 반유대주의가 깊이 배인 수산에서는 맹렬한 싸움이 다음날까지 이어졌다. 싸움이 끝났을 때 하나님 백성의 원수들은 각 지방에서 7만 5천 명, 수산에서 8백 명이 죽었고 하만의 아들 열 명은 피의 보복이 재발하지 않도록 모두 교수대에 매달았다.

부림절의 제정(에 9:17-32)

하나님의 놀라운 구원을 기억하기 위해 모르드개는 이 사건을 조심스럽게 기록했고 "아하수에로 왕의 각 지방에 있는 모든 유다인에게 원근을 막론하고 글을 보내어 이르기를 한 규례를 세워 해마다 아달월 십사일과 십오일을 지키라"(에 9:20-21)고 했다. 이 축제를 부림절이라 부르는 이유는 하만이 "유다인을 진멸하기를 꾀하고 부르 곧 제비를 뽑아 그들을 죽이고 멸하려"(에 9:24) 했기 때문이다. 이렇게 부림절은 이스라엘의 절기 곧 "서로 예물을 주고 가난한 자를 구제하는 기쁨이 넘치는 축제의"(에 9:22) 날이 되었다. 그러므로 부림절을 기념하는 것은 자자손손 이어져 결코 멈추지 않을 것이다.

현대의 규례

모세의 율법 이후에 제정된 부림절은 작은 절기로 간주하며 제한 사항이 없었다. 에스더서 자체도 "서로 예물을 주고 가난한 자를 구제하는 기쁨이 넘치는 축제의"(에 9:22) 시간을 갖는 것 외에 다른 종교의식을 지키지 않았다. 부림절 규례에 관한 세부 사항이 없어서 2천5백 년 동안 따뜻한 부림절 전통을 발전시킬 수 있었다.

☐ 기념의 시간
에스더의 금식

부림절이 제정된 지 얼마 후 아달월 13일 역시 그 명절과 연결되었고 '에스더의 금식'이라는 이름으로 지켰다. 에스더가 요청한 금식일은 3일이었고(에 4:16) 유월절 가까운 시점에 지켰는데 이는 부림절(열두째 달)보다 거의 11개월 앞선 시점이었다(에 3:12 첫째 달). 이 금식이 엄격한 명령이 아니기 때문에 오늘날에는 극소수의 사람만 지키고 있다.

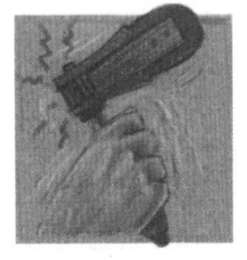

에스더 스크롤(두루마리에 쓴 에스더서)

부림절의 주된 의식은 회당에서 에스더서를 낭독하는 것이다. 저녁 예배 후 두루마리에 손으로 쓴 에스더서를 읽으며 부림절을 시작한다. 그리고 다음날 아침 회당 예배 때 다시 한번 읽는다. 낭독을 통해 청중은 부림절의 기적적인 사건들을 다시 재현한다.

에스더서를 히브리어로 메길라(megillah, 두루마리)라고 한다. 이 책은 '두루마리들(scrolls)'이라고 부르는 다섯 권의 히브리 성경 중 가장 잘 알려져 있다. 이 두루마리들은 분량이 짧으며 다음과 같은 절기 때 읽는다. 아가서(유월절), 룻기(칠칠절), 예레미야애가(티샤 바브), 전도서(초막절), 에스더(부림절).

부림절 축제 때에는 아말렉의 이름을 제거하라는 신성한 명령을 문자 그대로 취한다. 에스더 스크롤을 낭독하다가 하만의 이름이 나오면 큰 소리로 박수를 치고, 발을 쾅쾅 구르고, 야유하며, 딸랑이 같은 물건들을 돌려 온갖 시끄러운 소리를 낸다. 손잡이가 있는 딸랑이들을 그로거(groggers)라고 하며 특별히 하만의 이름이 들리지 않도록 하기 위해 사용한다. 그로거는 손잡이 끝에 돌면서 소리를 내는 물건이 달려 있다.

하만의 이름을 '제거'하기 위해 예전에 사용했던 몇 가지 흥미로운 방법이 있다. 어떤 전통은 신발 끝에 하만의 이름을 적었다. 에스더를 읽는 동안 발을 쾅쾅거리면 하만의 이름이 지워지는 것이다. '하만 때려잡기'라는 전통은 하만의 모형(형상)을 만든 후 매달아 불로 태웠다. 이런 관습은 중세 시대에 거의 사라졌다. 유대인을 공격할 빌미로 그들이 부림절에 십자가에 달린 예수의 형상을 불태웠다는 반유대주의적 중상모략이 그때 무너졌기 때문이다.

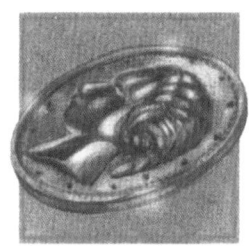

반 쉐켈

두루마리 성경을 읽기 전 회당에서 접시 한 개를 돌리는 관례가 있다. 성전 관리를 위해(출 30:13) 모든 이스라엘 남자는 매년 반 쉐켈을 바치라는 고대의 명령을 기념하는 것이다. 사람들이 돌리는 접시 위에는 보통 한 개에서 세 개의 은화(예를 들어 은화 1달러 또는 1/2달러)가 놓여있다. 예배자들은 접시 위 은화들을 자신의 것으로 삼기 위해 접시 위에 각자 헌금을 따로 올린다. 그리고 은화를 잠시 들었다가 바로 접시 위에 다시 올려 바친다. 이런 식으로 고대의 명령을 완수하는 것이다. 부림절 기간에 '가난한 자에게 선물을' 나누어주라는 모르드개의 명령을 성취하기 위해 모든 기부금은 대부분 자선 단체에 기부한다.

□ 선물의 시간

부림절은 '서로 예물을 주고 가난한 자를 구제하는'(에 9:22) 시간이다. 맛있는 음식을 친구들에게 보내는 일(미쉬로아 마놋, mishloah manot)은 널리 알려진 부림절 전통 중 하나다. 일반적으로 케이크와 페스트리와 과일과 견과류를 가득 담은 접시를 어린아이의 손에 들려 친구와 친척들에게 보내서 이날의 기쁨을 마음껏 표현한다.

부림절 기간에 적어도 도움이 필요한 두 사람에게 자선을 베풀어 그들 역시 이 축제를 즐기도록 하는 것이 또 하나의 관례다. 심지어 어린아이들도 용돈을 모아 이 구제에 동참한다.

□ 음식의 시간

부림절은 특별한 명절 음식과 축제(에 9:17)의 시간이다. 오늘날 가장 인기 있는 부림절 음식은 하만타셴(Hamantashen)이다. 하만타셴은 속을 양귀비 씨(혹은 말린 자두)로 채운 삼각형 모양의 맛있는 페스트리다. 이 이름은 두 개의 독일어 단어 몬(mohn, 양귀비 씨)과 타셴(taschen, 주머니)에서부터 나왔다. 전승에 의하면 하만타셴은 하만의 모자 세 귀퉁이를 상징한다. 부림절 아침 식사로 종종 이것을 먹는다.

부림절에 먹는 다른 명절 음식은 크레플락(kreplach)이다. 크레플락은 다진 고기와 다진 양파를 삼각형 모양의 만두피에 듬뿍 넣고 끓인 수프다.

부림절 축제 음식인 세우다(Seudah)는 전통적으로 흥겨운 부림절을 마무리하기 위해 늦은 오후에 친구들과 가족이 함께 먹는다.

□ 기쁨의 시간

부림절은 기쁘고 즐거운 시간이며 현대 히브리력에서 가장 흥겨운 명절이다. 탈무드의 랍비들은 "하만에게 저주를"이란 말과 "모르드개에게 축복을"이란 말의 차이를 더는 분간하지 못할 정도로 부림절의 기쁨에 사로잡혀야 한다고 가르쳤다(그리고 어떤 이들은 술을 권하기도 했다). 그래서 부림절에는 아들로야다(Ad de lo yada, 분간이 안 될 때까지)라는 히브리어를 흔하게 들을 수 있다.

부림절 축제의 일환으로 종종 가장무도회나 가장행렬, 축제(카니발)를 연다. 전통적으로 유대인의 법은 가장무도회를 금지했다. 사람들이 종종 다른 성별의 옷을 입기 때문인데, 그것은 성경에서 엄히 금한 것이었다(신 22:5). 하지만 랍비들은 부림절의 큰 기쁨 때문에 가장무도회를 허락했고 오늘날에는 보편적인 부림절 전통이 되었다.

이스라엘에서 가장 유명한 부림절 이벤트는 매년 텔아비브에서 개최하는 아들로야다(Adloyada) 퍼레이드와 카니발이다.

성경과의 연결고리

☐ **하나님의 원수들의 패망**

부림절의 근본 원리는 아브라함의 언약에서 찾을 수 있다. 하나님은 아브라함에게 약속하셨다. "내가 너로 큰 민족을 이루고 네게 복을 주어 네 이름을 창대하게 하리니 너는 복이 될지라 너를 축복하는 자에게는 내가 복을 내리고 너를 저주하는 자에게는 내가 저주하리니 땅의 모든 족속이 너로 말미암아 복을 얻을 것이라 하신지라"(창 12:2-3). 일반적으로 인류가 아브라함의 후손을 대한 방식 그대로 하나님은 그들을 대하신다. 아브라함의 자손(sons)을 향한 우리의 태도는 아브라함의 하나님을 향한 우리의 태도를 반영한다. 하나님께서 축복하신 이스라엘을 저주하는 것은 하나님을 대놓고 대적하는 것이다. 이 말은 이스라엘이 항상 의롭다는 뜻이 아니다. 사실 이스라엘은 그렇지 않다. 하지만 이스라엘을 증오하는 것은 그들을 창조하신 하나님을 증오하는 것이다. 주님은 유대 민족에 대해 이렇게 말씀하신다. "너희를 범하는 자는 그의 눈동자를 범하는 것이라"(슥 2:8).

이런 면에서 아브라함의 언약은 일종의 '부메랑 효과'를 보여 준다. 우리가 이스라엘 사람들(특히 이스라엘의 가장 위대한 아들 예수님)을 축복한 그대로 하나님은 정확히 동일하게 우리를 축복하신다. 반대로 하나님은 이스라엘을 모욕한 저주를 원수의 머리에 그대로 되갚아 주신다.

이것은 하만의 아이러니를 잘 설명한다. 하만은 모르드개를 죽일

교수대를 만들었지만, 그 장대에 처형된 것은 다름 아닌 그였다. 하만은 자신의 권좌를 확고히 하려 했지만, 그의 권좌는 모르드개에게 넘어갔다. 하만은 모르드개의 동족을 죽이려 했지만, 오히려 그와 그의 가족과 유대인을 증오하는 모든 사람이 죽고 말았다. 하만은 자신에게 엎드려 절하는 것을 금한 유일하신 참 하나님 경배하는 것을 완전히 없애려 했지만, 오히려 '본토 백성이 유다인을 두려워하여 유다인 되는 자가 많아'(에 8:17)졌다.

반유대주의의 길은 그 길 위의 여행자를 파멸로 인도하는 멸망의 대로다. 하만의 때로부터 지금까지 많은 사람이 그 길을 따라갔다. 바로, 안티오코스 에피파네스, 히틀러, 나치, 호메이니(페르시아어 이름은 하만)의 운명처럼 카다피, 아라파트, 아사드, 사담 후세인의 운명 역시 그렇게 될 것이다. 이스라엘을 저주하는 것, 곧 아브라함의 하나님을 저주하는 모든 사람의 운명도 마찬가지다.

하나님께서 아주 단호하게 선포하셨다. "너를 치려고 제조된 모든 무기는 쓸모가 없을 것이라 일어나 너를 대적하여 송사하는 모든 혀는 네게 정죄를 당하리라"(사 54:17). 그렇다면 주님의 이 말씀은 얼마나 단호하실까? "이 법도가[해, 달, 별이] 내 앞에서 폐할진대[사라질진대] 이스라엘 자손도 내 앞에서 끊어져 영원히 나라가 되지 못하리라 여호와의 말씀이니라"(렘 31:36).

☐ 하나님 백성의 구원

마지막으로 분석해 보면 부림절은 하나님의 원수들의 멸망을 훨씬 뛰어넘는다. 그것은 하나님 백성의 구원이다.

하나님은 다니엘 선지자를 통해(단 7장) 이스라엘의 역사 가운데 그 나라를 통치할 네 개의 이방인 세력이 일어날 것을 예언하셨다. 바빌론, 페르시아, 그리스 제국이 이스라엘을 탄압했다. 하지만 다가올 네 번째 제국 곧 적그리스도의 통치 아래 부활할 로마 제국의 잔악함과는 그 어떤 것도 비교할 수 없을 것이다. 다니엘은 그때를 예언했다. "그 때에…또 환난이 있으리니 이는 개국 이래로 그 때까지 없던 환난일 것이며 그 때에 네 백성 중 책에 기록된 모든 자가 구원을 받을 것이라"(단 12:1). 이스라엘이 마지막 구원을 여전히 기다리고 있다는 것은 명명백백하다.

그렇다면 과연 이스라엘의 구원을 어떻게 성취할 것인가? 성경에 의하면, 구원은 오직 단 한 사람(주님)을 통해서다. 어떤 민족을 통해 절대 이룰 수 없다. 이스라엘은 스스로 구원할 능력이 전혀 없다. 이스라엘이 직접 자신을 구원할 수 있다는 것은 아주 인간적이고 교만한 생각이다. 그런 생각은 이스라엘이 자력으로 구원하도록 부추겨 적그리스도와 위장 언약을 맺도록 만들 것이다. 그러나 이스라엘은 결국 이렇게 고백할 것이다. "우리가 잉태하고 산고를 당하였을지라도 바람을 낳은 것 같아서 땅에 구원을 베풀지 못하였고 세계의 거민을 출산하지 못하였나이다"(사 26:18). 구원은 오직 여호와께 달려 있다.

하나님은 이스라엘을 자주 구원하셨다. 그러나 이스라엘의 온전한 구원은 그 구원자(Deliverer, 롬 11:26)의 오심을 기다리고 있다. 오직 (다윗 왕좌의 합법적인 상속자이신) 메시아께서 오실 때 이스라엘의 목을 짓누르고 있는 이방인의 압제 멍에는 영원히 사라질 것이다.

이 진리는 부림절 때마다 무의식적으로 선포되고 있다. 다음은 부림절 때 노래하는 코러스다. 우쭈 에짜, 베투파, 다브루 다바르, 벨로 야쿰, 키 임마누엘(Utzu etzah, vetufar; dabru davar, velo yakum; ki immanuel). 이 히브리어는 장래에 닥칠 적그리스도와 그의 동맹국들에 대한 주님의 경고다. "너희는 함께 계획하라 그러나 끝내 이루지 못하리라 말을 해 보아라 끝내 시행되지 못하리라 이는 하나님이 우리와 함께 계심이니라"(사 8:10). 하나님의 백성을 대적하는 음모가 항상 실패하는 이유는 무엇 때문일까? 바로 '하나님이 우리와 함께하시기' 때문이다. '임마누엘' 때문이다. 그렇다면 임마누엘은 누구신가? 그분은 다름 아닌 이스라엘의 메시아 예수님이다. 예수님은 이사야가 예언한 동정녀가 낳은 임마누엘이며(사 7:14) 다윗의 왕좌에 올라 영원히 통치할 분이다(사 9:6-7). 그분은 이스라엘의 가장 강력한 하만인 적그리스도를 멸망시킬 것이다. 그리고 파멸에서 이스라엘을 구원하시며 자기 백성의 상처를 싸매실 것이다. 그렇다. 이스라엘을 구원할 분은 오직 예수님뿐이다.

그러나 가장 중요한 것이 있다. 예수님은 그분을 신뢰하는 모든 사람의 구원자이다. 그분은 바로 이 순간 죽음에서 구원하신다. 하나님은 말씀하셨다. "선을 행하는 자 없으니 한 사람도 없도다"(시 53:3). 그리고 다시 말씀하셨다. "범죄하는 그 영혼을 죽을지라"(겔 18:20). 모든 사람은 죄인이다. 그러므로 모두 죄의 저주 아래 있다. 메대와 바사의 법이 그러했듯이 선포된 하나님 말씀은 철회할 수 없다. 죄인은 죽어 마땅하며 하나님의 완벽한 공의는 죄인의 죽음을 요구한다. 그러나 메시아의 희생적 죽음을 통해 하나님은 그분의 공의를 깨지 않는 한 가지 피할 길을 열어 주셨다. 이제 한 가지 엄중한 질문이 남는다. "우리가 이같이 큰 구원을 등한히 여기면 어찌 그 보응을 피하리요?"(히 2:3)

그 오십 년째 해는 너희의 희년이니
너희는 파종하지 말며 스스로 난 것을 거두지 말며
가꾸지 아니한 포도를 거두지 말라(레 25:11)

14장

희년

케빈 하워드

주님은 이스라엘을 위해 거룩한 날(days)과 거룩한 주간(weeks)과 거룩한 해(years)를 디자인하셨다. 이 중에서 가장 친숙한 것은 희년일 것이다. 그러나 희년에 관한 성경의 세부 사항들은 거의 논의되지 않았으며 이 주제에 관한 신뢰할 수 있는 문서들 또한 거의 존재하지 않는다.

새로운 천년이 다가오면 지나치게 신비한 적용을 희년의 개념에 넣기도 한다. 예를 들어 교황은 2천 년이 되는 해를 기독교와 이슬람과 유대교의 온전한 에큐메니컬적 교제를 위한 '희년'으로 공포하기를 긴급히 요청했다. 이것은 성경에서 말하는 희년의 개념과는 상당히 다르다.

메시아의 재림 시기를 예측하기 위해 다음 희년의 날짜에 관한 다양한 공방의 주도권을 잡으려는 사람들은 수많은 추측을 쏟아내었다. 최근 이런 관심들에 반드시 해야 할 질문은 이것이다. "희년에 관해 성경이 가르치는 것은 무엇이며 다음 희년은 언제인가?"

성경의 규례

□ 안식년

희년을 이해하려면 먼저 안식년을 알아야 한다. 성경에서 안식년의 이름은 다양하다. 각각의 이름에는 규례의 독특함이 있다. 7년마다 지켰기 때문에(출 23:11, 레 25:20, 신 15:9, 느 10:31, 비교 마카비 1서 6:53) 일곱째 해, 그해에는 땅을 경작하지 않고 완전히 묵혀야 해서(레 25:4, 6, 26:34, 43) 땅의 안식이라고 불렀다. 마지막으로 그해 농사를 멈추고 빚을 갚지 않아도 되었기 때문에 면제년이라고도 했다(신 15:1-2, 31:10).

안식년의 의무사항

주님은 안식년을 위한 여러 필요조건을 알려 주셨다. **첫째,** 안식일이 사람의 안식을 위한 것처럼(출 23:12) 안식년은 땅의 안식을 위한 것이었다(출 23:10-11). 안식년은 해(years)의 한 주(week) 중 일곱 번째 해였다. 안식년에는 모든 경작 활동을 금했다. 어떤 기경도 파종과 농작물 관리도 허용하지 않았고 포도원과 감람원도 마찬가지였다(출 23:10-11, 레 25:2-5).

주님은 일곱째 해에 필요한 양식을 저장할 수 있도록 여섯째 해에 넘치는 수확물을 주신다고 약속하셨다. 이는 하나님께서 광야에서 이스라엘 민족에게 일곱째 날(안식일)의 양식을 주시기 위해 여섯째 날에 갑절의 만나를 주신 것과 비슷했다. 안식년은 이스라엘이 삶의 기본 필수품을 위해서라도 주님을 바라봐야 한다는 사실을 정기적으로 상기하게 하였다.

안식년은 유대인의 새해와 동시간대인 티쉬리월(9월~10월)에 시작했다. 땅의 경작을 금지하는 것은 이보다 30일 전부터 효력을 발휘했다. 여섯째 해의 마지막 달의 농경 활동은 일곱째 해 농사를 준비하는 것이기 때문이다. 이처럼 땅의 경작을 금지하는 것은 전통적으로 오직 이스라엘 땅에 국한했고(레 25:2) 외국의 비유대인의 땅에는 적용하지 않았다.

둘째, 일곱째 해에 자연적으로 자란 모든 작물은 마을에 있는 누구라도 취할 수 있었다(출 23:11, 레 25:6-7). 그 누구도 스스로 자란 곡물에 대한 소유권을 주장할 수 없었다.

셋째, 안식년에 자란 모든 농작물은 제철에만 먹을 수 있었다. 곡물을 거두는 것(저장을 목적으로 추수하는 것)을 엄격히 금했기 때문에 (레 25:5) 나중에 사용할 목적으로 쌓아둘 수 없었다.

넷째, 안식년에는 빚을 면제했다(신 15:1-4). 안식년은 특별한 은혜의 기간이었고 채무 원금 상환의 압박을 받지 않았다. 빚 자체를 탕감해 주는 것은 아니라, 안식년 동안 채무를 상환하지 않아도 될 뿐이었다. 토지를 경작할 수 없기 때문에 농사로 얻는 수입이 없었다. 따라서 채무 상환은 연기되었다. 그러나 이스라엘 백성에게 빚진 외국인 채무자들은 안식년에도 채무 상환 의무를 면제받지 못했다(신 15:3). 외국인들은 그들의 땅에서 농사를 지을 수 있기 때문이다.

다섯째, 안식년 초막절에는 여호와의 율법을 백성 앞에서 큰 소리로 읽어야 했다(신 31:10-13, 비교 느 8:2, 13-18).

고대 이스라엘의 경제 구조에서 모든 가족은 작은 사업체의 주인이었다. 빚을 상환할 수 없는 극한 상황에 처할 경우, 빚진 자는 최후 수단으로 채권자를 위해 일하는 것이(종살이) 허용되었다. 어떤 사람들은 안식년에 종들을 돌려보내 그들의 사업을 돌볼 수 있도록 모든 이스라엘의 종들을 풀어 줘야 한다고 오해했다. 그러나 이것은 사실이 아니다. 유대인 종들은 섬긴 지 7년 차가 되면 그들에게 맡겨진 일에서 자유롭게 된다고 성경은 말한다. 이것을 땅의 안식을 위한 일곱째 해(안식년)와 혼동해서는 안 된다. 고대 유대인들은 이 해석에 동의했다(Talmud Yerushalmi, Kiddushin 1:2, 59a).

안식년의 역사

주님은 만일 이스라엘이 이 율법을 거절하면 땅의 안식을 위해 그들이 포로가 될 것이라고 경고하셨다. "너희가 원수의 땅에 살 동안에 너희의 본토가 황무할 것이므로 땅이 안식을 누릴 것이라 그 때에 땅이 안식을 누리리라"(레 26:34). 개국 초기에 이스라엘은 안식년을 지키라는 주의 명령을 지키지 않았다. 그 결과 주님은 '땅이 안식년을 즐겨 누릴 때까지'(대하 36:21) 그들을 70년 동안 바빌론으로 옮기셨다.

역사는 바빌론 포로 생활에서 귀환한 후부터 안식년을 조심스럽게 지켰다는 것을 보여 준다. 이스라엘은 느헤미야 때 안식년을 지킬 것을 엄히 맹세했다(느 10:31). 그리스의 통치 시절 이스라엘은 안식년 동안 알렉산더 대왕에게 바치는 공물 납세를 면제받았다(주전 324년, 유대 고대사 11.8.5-6). 2세기 후 유대인 독립 기간에도 여전히 안식년을 성실하게 지켰다(주전 165-135년. 마카비 1서 6:49, 53, 유대 고대사 13.8.1, 유대 전쟁사 1.2.4). 후에 로마 역시 안식년 중에는 유대 지역에 조공을 면제하는 그리스 정책을 이어갔다(유대 고대사 14.10.6). 마지막으로 역사는 헤롯의 예루살렘 포위가 아주 참담했다고 기록한다. 왜냐하면, 안식년 때문에 식량이 고갈되었기 때문이다(주전 37년, 유대 고대사 14.16.2).

주후 70년 성전 파괴 후 대부분의 유대인은 이스라엘 땅 바깥으로 흩어졌기 때문에 안식년을 널리 지키지 못했다. 이것은 결국 안식년의 시간에 대한 불확실성을 촉발했고 랍비들 사이에 많은 논쟁거리가 되었다. 정확한 시간에 대한 불확실성에도 불구하고 오늘날까지 계속 안식년의 시간을 계산하고 있다. 하지만 현재 이스라엘 국가에서 실제로 지키는 사람은 극소수에 불과하다. 20세기 마지막 온전한 안식년은 1993년 9월 16일에 시작되었다.

□ 희년

이스라엘의 다른 거룩한 해는 희년이다. 샤부옷의 시간을 날수로 계산하듯 희년의 시간은 연수로 계산한다. 희년은 매

50년, 곧 일곱 번의 안식년 혹은 일곱 번의 7년 다음해에 있다(레 25:8-11). 샤부옷(칠칠절)은 50일째, 곧 초실절부터 7주가 지난 다음날이었다.

어떤 이들은 희년이 특별한 안식년, 즉 49년째 해라고 주장한다. 한 희년을 49년으로 계산하는 희년의 책이 그 주장을 지지한다. 그렇지만 이것은 50번째 해를 희년으로 특정한 하나님의 말씀과 완전히 상충한다(레 25:10-11). 다른 이들은 희년이 50번째 해이자 다음 안식년 주기를 계산하는 첫해에 포함됐다고 주장한다. 하지만 이 또한 성경적 근거가 전혀 없다. 게다가 압도적으로 많은 고대 유대인 현자들은 희년이 50번째 해(일곱 번의 안식년 주기가 완성되었을 때)이며 다음 안식년 주기의 첫해와 구별된다고 명확히 가르쳤다(Nedarim 61a, Talmud Yerushalmi, Kiddushin 1:2, 59a). 일곱 번의 완벽한 안식년 주기가 매 희년 앞에 선행했고 일곱 번의 완벽한 주기가 희년을 뒤따랐다.

히브리어로 희년은 요벨(Yovel)이다. 많은 사람이 이 단어의 기원을 히브리어 '숫양'(비교 수 6:5)에서 왔다고 믿는다. 왜냐하면, 욤 키푸르 날 양각 나팔을 불어 희년의 시작을 공포했기 때문이다(레 25:9). 요세푸스는 이 단어가 '자유'를 뜻한다고 했다(유대 고대사 3.12.3).

희년의 의무사항

안식년을 위한 주요한 법은 희년에 그대로 적용되었다. 땅은 안식해야 했고, 누구도 그 어떤 토지의 소산물에 대한 소유권을 주장할 수 없었으며, 미래에 사용할 목적으로 희년의 생산물을 저장할 수 없었다(레 25:11-12). 자비로우신 주님은 희년 다음해인 9년째까지 연이은 해(안식년과 희년)에 필요한 것을 공급해 주기 위해 마지막 안식년 주기의 여섯째 해에 세 배의 수확을 약속하셨다(레 25:20-22).

성경은 희년을 위한 세 가지 부가적인 필요조건을 알려 준다.

첫째, 희년의 시작을 공포하기 위해 욤 키푸르 날 쇼파르를 불어야 했다(레 25:9).

둘째, 고용한 모든 일꾼에게 자유를 주어야 했다(레 25:39-54). 이것은 무조건적인 자유였다. 6년간의 종살이 의무 기간을 다 채우지 못한 채 희년을 맞이해도 모든 종을 풀어 줘야 했다. 이 법은 7년의 종살이를 마친 후 자유를 거절하고 스스로 종이 된 사람들도 포함했다. 모두가 자유를 얻었다.

셋째, 모든 토지는 원주인에게 돌려주어야 했다(레 25:13, 23-28). 이 법은 각 지파의 정체성과 그들이 분배받은 땅의 유산을 지켜주었다(민 36:4, 7).

희년의 주된 목적은 이스라엘에서 압제를 막는 것이었다(레 25:14, 17). 이스라엘 사람은 빚을 갚기 위해 자신을 종으로 팔 수 있지만, 자신이나 가족을 영원히 종으로 팔 권리는 없었다. 하나님께서 그들을 이집트에서 대속하셨기 때문에 오직 주님만 이스라엘 자손의 주인이셨다(레 25:42, 55). 이와 마찬가지로 이스라엘 사람은 자신의 토지를 여러 해 동안 대여할 수는 있지만, 지파의 유산인 토지를 영구히 팔 권리는 없었다. 오직 주님만 이스라엘 땅의 주인이시며(레 25:23) 그분이 각 지파에게 땅을 분배해 주셨기 때문이다. 이것은 반론의 여지가 없는 사실이다. 온 우주의 주권자이며 왕이신 하나님은 그 백성과 그 땅의 주인이셨다.

희년의 역사

이스라엘 역사 초기에 안식년과 마찬가지로 희년을 지키는 것 역시 무시되었다. 사실 이스라엘이 희년을 단 한 번이라도 지켰다는 것을 알려 주는 역사적·성경적 기록, 심지어 성경 외의 기록조차 찾을 수 없다. 요세푸스는 안식년을 지켰다는 것을 종종 인용했지만, 희년을 지켰다는 말은 단 한 번도 하지 않았다.

일반적으로 고대 랍비들은 북쪽의 열 지파가 앗수르의 포로로 잡혀간 후(주전 722년) 더는 희년이 효과가 없다고 믿었다. 왜냐하면, 성경이 이 절기를 '모든 거주민'(레 25:10)을 위해 지키라고 명했기 때문이다. 그들은 모든 유대 민족이 그 땅에서 지파별로 자기 지역에 살 때만 비로소 희년을 지킬 수 있다고 믿었다. 어쩌면 이것이 느헤미야 시대에 맺은 백성의 엄중한 맹세에 (희년이 아닌) 안식년만 언급한 이유일지도 모르겠다(느 10:31).

다시 한번 강조하고 싶다. 희년의 날짜의 근거를 제공하는 확실한 역사적 기록은 없다. 설령 있다 해도 앗수르의 포로, 바빌론 유수, 로마의 성전 파괴 그리고 국가적 재난으로 세계로 흩어졌기 때문에 도출한 날짜는 불확실하였다. 이스라엘이 나라 밖으로 쫓겨났을 때 희년의 날짜를 계산했을까? 만일 그렇지 않다면, 희년을 중지했던 곳에서 그 주기를 다시 시작해야 할까? 아니면 이스라엘이 돌아왔을 때 새롭게 시작해야 할까? 오늘날까지 그 시간을 모르기 때문에 매년 욤 키푸르를 마무리할 때 희년을 기념하기 위해 회당에서는 쇼파르를 분다.

그러므로 희년의 시기를 기준으로 메시아가 재림할 해를 예측하려는 노력은 헛된 것이다. 희년의 시작점을 계산하려는 모든 시도는 그저 추정일 뿐이기 때문에 오늘날 희년의 시기를 아는 것은 불가능하다.

이렇게 날짜를 지정하려는 사람들이 갖는 보다 근본적인 문제가 있다. 성경은 메시아께서 반드시 희년에 다시 오신다고 말씀하지 않는다는 것이다. 그것은 입증되지 않은 하나의 가정일 뿐이다.

미래의 성취

희년의 성취는 시기가 아니라 희년이 그려주는 예언적 진리에서 찾아야 한다. 희년은 메시아에 의한 이스라엘의 회복과 메시아 평화의 왕국에 기대를 걸게 한다. 과연 이것을 어떻게 성취할 수 있을까?

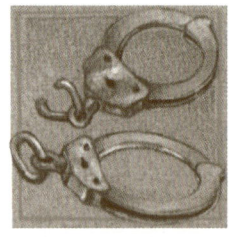

☐ 이스라엘의 압제는 종식될 것이다

이스라엘은 적어도 주전 586년 바빌론 포로기부터(주전 722년 앗수르 포로기부터라고 볼 수도 있지만) 이방인 압제의 멍에 아래 살았다. 심지어 오늘날에도 세 명의 유대인 중 두 명은 이방인의 통치 아래 살고 있다. 이런 나라들 때문에 이스라엘은 약속의 땅의 극히 미미한 땅만 차지하고 있고, 성전은 없으며, 다윗왕이 부동산 권리를 가지고 있는 성전산에서조차 기도할 수 없다.

다니엘은 이방인의 압제가 이 시대의 끝에 도저히 믿을 수 없을 만큼 극심해질 것이라고 예언했다. 악한 이방인 권력자가 일어나 "자기 마음대로 행하며 스스로 높여 모든 신보다 크다 하며 비상한 말로 신들의 신을 대적할 것이다"(단 11:36). 이 통치자는 이스라엘을 끔찍하게 박해할 것이다. "또 환난이 있으리니 이는 개국 이래로 그 때까지 없던 환난일 것이며 그 때에 네 백성 중 책에 기록된 모든 자가 구원을 받을 것이다"(단 12:1).

예레미야 선지자 역시 '야곱의 환난의 때'에 관해 말했고 동일하게 이스라엘이 구원받을 것을 약속했다(렘 30:4-7). 그의 예언이다. "만군의 여호와의 말씀이라 그 날에 내가 네[이스라엘의] 목에서 그[악한 통치자의] 멍에를 꺾어 버리며 네 포박을 끊으리니 다시는 이방인을 섬기지 않으리라 그들은[이스라엘] 그들의 하나님 여호와를 섬기며 내가 그들을 위하여 세울 그들의 왕 다윗[메시아]을 섬기리라"(렘 30:8-9).

주님은 또 다른 유대인 선지자를 통해 비슷한 약속을 주셨다. "그 날에 그의 무거운 짐이 네 어깨에서 떠나고 그의 멍에가 네 목에서 벗어지되 기름진 까닭에 멍에가 부러지리라"(사 10:27). 고대 유대인의 관점에 의하면(Targum Jonathan), '기름진 오일'(문자적으로는 '기름진

분')은 메시아(기름 부음 받은 자)를 지칭하며 또한 이방인의 압제 멍에에서 이스라엘의 구원을 뜻한다고 해석했다.

메시아가 오시면 이스라엘을 압제하는 족쇄를 끊으실 것이다. 하지만 이 구원은 오직 그 나라가 먼저 자신의 죄를 회개할 때 올 것이다. 이스라엘의 포로 생활에서 자유(희년)를 선포할 쇼파르를 불기 전(욤 키푸르에) 이스라엘은 반드시 회개해야 한다. 이 과정은 필수적이다. 주님께서 선포하신 대로 죄가 압제의 뿌리이기 때문이다. "내가 어느 채주에게 너희를 팔았느냐 보라 너희는 너희의 죄악으로 말미암아 팔렸느니라"(사 50:1). 메시아의 영광스러운 날 이스라엘은 주님께 돌아올 것이다. 그러면 더는 열국의 종이 아닌 살아 계신 하나님의 구속받은 종이 될 것이다. 이스라엘의 압제는 종식될 것이다.

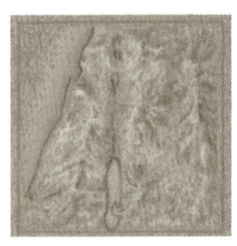

☐ 이스라엘의 주권은 회복될 것이다

메시아가 오시면 쇼파르 소리가 크게 울리고 추방된 이스라엘 사람들은 고토로 모이게 될 것이다. 히브리 선지자가 예언한 대로 성전산에 마음껏 나아갈 수 있을 것이다. "그 날에 큰 나팔[쇼파르]을 불리니 앗수르 땅에서 멸망하는 자들과 애굽 땅으로 쫓겨난 자들이 돌아와서 예루살렘 성산에서 여호와께 예배하리라"(사 27:13). 게다가 주님이 약속하신 대로 그 땅의 소유권에 대한 분쟁도 없을 것이다. "주 여호와께서 나팔[쇼파르]을 불게 하시며…이 날에 그들의 하나님 여호와께서 그들을 자기 백성의 양

떼 같이 구원하시리니 그들이 왕관의 보석 같이 여호와의 땅의 깃발처럼 빛나리로다"(슥 9:14-16).

이사야 선지자는 메시아께서 "야곱의 지파들을 일으키며 이스라엘 중에 보전된 자를 돌아오게" 하기 위해 오신다고 예언했다(사 49:6). 그분은 또한 "그 황무하였던 땅을 기업으로 상속하게" 하실 것이다(사 49:8, 비교 겔 47:13~48:29, 암 9:14-15, 옵 1:17). 달리 말하면, 메시아는 이스라엘 땅(황폐해진 지파들의 유업)을 분배하시고 야곱 지파들에게 그것을 회복하실 것이다. 그 땅의 주인은 오직 주님 한 분이다. 그리고 주님은 그 땅을 아브라함과 그의 자손에게 '영원한 소유'로 주기로 약속하셨다(창 17:8).

사람들은 계속 중동의 평화를 위해 열심히 노력할 것이다. 하지만 그들의 계획은 성공하지 못할 것이다. 주님께서 평화의 계획을 가지고 계시기 때문이다. 그 계획은 다윗의 아들 안에서 체현될 것이

다. 모든 역사는 메시아의 재림을 향해 움직이고 있다.

그날에 사탄은 제거될 것이고(겔 28:2, 8, 13-19) 악인의 반역은 파쇄될 것이다(시 2:9). 그날에 이스라엘 자손은 "여호와의 이름을 의탁할" 것이며(습 3:12) "오직 우리 하나님 여호와의 이름을 의지하여 영원히" 행할 것이다(미 4:5). 그날에 메시아는 다윗의 왕좌와 메시아 왕국을 '영원 영원히' 세우실 것이다(사 9:7).

마지막으로 메시아의 영광스러운 날, 그 땅에는 희년의 안식과 하나님 백성의 자유가 있게 될 것이다. 모든 사람은 '자기 포도나무 아래와 자기 무화과나무 아래에' 앉을 것이다. (이것은 매우 확실하다.) "만군의 여호와의 입이 이같이 말씀하셨기 때문이다"(미 4:4).

유대인의 명절 시간표

연도	유월절	샤부옷	로쉬 하샤나	욤 키푸르	수콧	티샤 바브	하누카	부림절
2021	3월 28일	5월 17일	9월 7일	9월 16일	9월 21일	7월 18일	11월 29일	2월 26일
2022	4월 16일	6월 5일	9월 26일	10월 5일	10월 10일	8월 7일	12월 19일	3월 17일
2023	4월 6일	5월 26일	9월 16일	9월 25일	9월 30일	7월 27일	12월 8일	3월 7일
2024	4월 23일	6월 12일	10월 3일	10월 12일	10월 17일	8월 13일	12월 26일	3월 24일
2025	4월 13일	6월 2일	9월 23일	10월 2일	10월 7일	8월 3일	12월 15일	3월 14일
2026	4월 2일	5월 22일	9월 12일	9월 21일	9월 26일	7월 23일	12월 5일	3월 3일
2027	4월 22일	6월 11일	10월 2일	10월 11일	10월 16일	8월 12일	12월 25일	3월 23일
2028	4월 11일	5월 31일	9월 21일	9월 30일	10월 5일	8월 1일	12월 13일	3월 12일
2029	3월 31일	5월 20일	9월 10일	9월 19일	9월 24일	7월 22일	12월 2일	3월 1일
2030	4월 18일	6월 7일	9월 28일	10월 7일	10월 12일	8월 8일	12월 21일	3월 19일
2031	4월 8일	5월 28일	9월 18일	9월 27일	10월 2일	7월 29일	12월 10일	3월 9일
2032	3월 27일	5월 16일	9월 6일	9월 15일	9월 20일	7월 18일	11월 28일	2월 26일
2033	4월 14일	6월 3일	9월 24일	10월 3일	10월 8일	8월 4일	12월 17일	3월 15일
2034	4월 4일	5월 24일	9월 14일	9월 23일	9월 28일	7월 25일	12월 7일	3월 5일
2035	4월 24일	6월 13일	10월 4일	10월 13일	10월 18일	8월 14일	12월 26일	3월 25일
2036	4월 12일	6월 1일	9월 22일	10월 1일	10월 6일	8월 3일	12월 14일	3월 13일
2037	3월 31일	5월 20일	9월 10일	9월 19일	9월 24일	7월 21일	12월 3일	3월 1일
2038	4월 20일	6월 9일	9월 30일	10월 9일	10월 14일	8월 10일	12월 22일	3월 21일
2039	4월 9일	5월 29일	9월 19일	9월 28일	10월 3일	7월 31일	12월 12일	3월 10일
2040	3월 29일	5월 18일	9월 8일	9월 17일	9월 22일	7월 19일	11월 30일	2월 28일
2041	4월 16일	6월 5일	9월 26일	10월 5일	10월 10일	8월 6일	12월 18일	3월 17일
2042	4월 5일	5월 25일	9월 15일	9월 24일	9월 29일	7월 27일	12월 8일	3월 6일
2043	4월 25일	6월 14일	10월 5일	10월 14일	10월 19일	8월 16일	12월 27일	3월 26일
2044	4월 12일	6월 1일	9월 22일	10월 1일	10월 6일	8월 2일	12월 15일	3월 13일
2045	4월 2일	5월 22일	9월 12일	9월 21일	9월 26일	7월 23일	12월 4일	3월 3일

참고문헌

Agnon, S. Y. *Days of Awe*. New York: Schocken Books, 1965.

Danziger, Yehezkel (ed.). *The Mishnah, Seder Zeraim* Vol. III(b). Brooklyn: Mesorah Publications, Ltd., 1993.

De Sola Pool, David. *The Traditional Prayer Book for Sabbath and Festivals*. New Hyde Park: University Books, 1960.

Edersheim, Alfred. *The Temple*. Grand Rapids: Wm. B. Eerdmans Publishing Company, 1972.

Glaser, Mitch, and Zhava Glaser. *The Fall Feasts of Israel*. Chicago: Moody Press, 1987.

Goldwurm, Hersh, Meir Zlotowitz, and Nosson Scherman. *Chanukah*. Brooklyn: Mesorah Publications, Ltd., 1981.

Goldwurm, Hersh, Avie Gold, and Nosson Scherman. *Rosh Hashanah*. Brooklyn: Mesorah Publications, Ltd., 1983.

Goodman, Philip. *The Purim Anthology*. Philadelphia: The Jewish Publication Society, 1949.

– . *The Rosh Hashanah Anthology*. Philadelphia: The Jewish Publication Society, 1970.
– . *The Shavuot Anthology*. Philadelphia: The Jewish Publication Society, 1974.

Grunfeld, Dayan I. *Shemittah and Yobel*. New York: The Soncino Press, 1972.

Josephus, Flavius. *The Complete Works of Josephus*. Translated by William Whiston, Grand Rapids: Kregel Publications, 1960.

Kolatch, Alfred J. *The Jewish Book of Why*. New York: Jonathan David Publishers, 1981.

Rosen, Moishe, and Ceil Rosen. *Christ In The Passover*. Chicago: Moody Press, 1978.

Schauss, Hayyim. *The Jewish Festivals*. Translated by Samuel Jaffe, New York: Schocken Books, 1962.

Strassfeld, Michael. *The Jewish Holidays*. New York: Harper & Row, 1985.

Copyright ©1997 by Kevin Howard and Marvin Rosenthal
Originally published by in English as The Feasts of the Lord
by Thomas Nelson, Inc., Nashville, Tennessee, U.S.A
Illustrations by Tom Allen.
Published by arrangement with Thomas Nelson, a division of HarperCollins Christian Publishing,
Inc. through rMaeng2, Seoul, Republic of Korea.

This Korean translation edition ©2022 by Brad Books,
116-18, Baengma-ro 502beon-gil, Ilsandong-gu, Goyang-si, Gyeonggi-do, Republic of Korea.
All rights reserved.

이 한국어판의 저작권은 알맹2를 통하여 Thomas Nelson과 독점 계약한 브래드북스에 있습니다.
저작권법에 의하여 보호받는 저작물이므로 무단 전재와 무단 복제를 금합니다.

메시아닉 유대인이 말하는 여호와의 절기

초판 발행	2022년 6월 30일
2판 2쇄	2024년 6월 18일
발행인	이금선
발행처	브래드북스
번역	박철수
편집	신승의
교정	김은옥
디자인	김다은
출판등록	2011년 5월 13일 (신고번호 제2011-000085호)
주소	경기도 고양시 일산동구 백마로 502번길 116-18
전화	031-926-2722
홈페이지	www.book.bradtv.net
이메일	bradfilm123@gmail.com

ISBN 979-11-973024-5-9
가격 22,000원